员工管理实用必备全书

肖 剑 编著

EMPLOYEE MANAGEMENT !

中国友谊出版公司

图书在版编目（CIP）数据

员工管理实用必备全书 / 肖剑编著. -- 北京：中国友谊出版公司, 2018.3

ISBN 978-7-5057-4255-0

Ⅰ. ①员… Ⅱ. ①肖… Ⅲ. ①企业管理-人事管理 Ⅳ. ①F272.92

中国版本图书馆 CIP 数据核字(2017)第 319439 号

书名 员工管理实用必备全书

作者 肖 剑 编著

出版 中国友谊出版公司

发行 中国友谊出版公司

经销 新华书店

印刷 北京市兆成印刷有限责任公司

规格 710×1000 毫米 16 开

23 印张 370 千字

版次 2018 年 3 月第 1 版

印次 2018 年 3 月第 1 次印刷

书号 ISBN 978-7-5057-4255-0

定价 59.00 元

地址 北京市朝阳区西坝河南里 17 号楼

邮编 100028

电话 （010）64668676

前 言

人才是企业首要和根本的要素，员工管理是人力资源管理的一个重要内容。在工作实践中，员工管理对现代企业管理而言是非常重要的。员工管理可以直接促进企业管理规则的落实，“制度好定，落实难”，管理规则的落实情况体现着企业的管理水平。如果我们从员工管理的角度出发，通过分析员工的需求差异、个性差异等特征，来深入了解员工个体，并在此基础上建立企业的管理规则，这种管理一定是高效的。

那么，员工管理到底指什么呢？员工管理应具体包括哪些内容呢？简单地说，我们可以把员工管理理解为微观的、局部的人力资源管理，是面向员工个体的管理。《员工管理实用必备全书》一书正是建立在这样的基础上编写而成的。

《员工管理实用必备全书》涉及员工管理概述、员工工作分析、员工素质测评、员工压力管理、员工激励管理、员工沟通管理、员工授权管理、员工冲突管理、员工职业发展管理、员工工作满意度、知识型员工管理、防止人才流失及员工管理操作实务等各个环节的整套综合动态过程，是一把打开员工成功管理之门的金钥匙。

本书自出版以来，一直深受广大读者和业内专家的好评，销量不断攀升，这让作者深受鼓舞。近几年来，特别是近两年，随着国际大环境的改变，员工管理又出现了许多新现象、新方法、新技术和新理念。为了尽快将这些新知识传递给广大喜爱和支持本书的读者，使本书与时俱进，更切实用，我们对本书进行了再次修订。本次修订，除了修改上一版中的个别错误之外，还增添了许多新内容，比如避免走进员工满意度调查的误区、正向激励管理、如何防止知识型员工的流失等都是本次修订新增的重点内容。

在本次修订过程中，我们参考了一些相关文献和管理书籍，在此一并向各位作者表示感谢。书中难免有纰漏之处，希望各位读者能够谅解。

目　录

第1章

员工管理概述

1.1　什么是员工管理

1.1.1　管理学中关于人性的假设

人的本性是什么？自古以来人们对此莫衷一是。亚里士多德从分析政治体系的形成与变迁入手时认为人是“政治动物”。马克思在分析社会存在和发展时认为人是“社会人”。基于对人性的不同理解，不同的管理学者对人性做过不同的假设。其中比较著名的有经济人假设、社会人假设、自我实现人假设及复杂人假设等。

1. 经济人假设

所谓“经济人”就是使市场经济得以运行的人，即会计算、有创造性、能寻求自身利益最大化的人。

经济人概念的明晰经历了一个长期的过程，直到市场制度建立，经济人的概念才有了一个确定的内涵，因为人的社会存在决定其社会意识。在自给自足的自然经济中尚未摆脱人身依附关系的人们不可能具有强烈的利己主义意识，占主流地位的意识是重农抑商，而不是鼓励利己主义。因此，经济人是伴随着市场制度的产生而产生的，它只是一个历史的产物。然而只要存在市场制度，经济人就在行动。

经济人概念的明确提出是在英国古典经济学家亚当·斯密的《国富论》中，其整个经济理论体系就是从“经济人”出发建立起来的。亚当·斯密认为每个人都只考虑自己的利益，但又需要他人的帮助。然而任何人都不会白白地帮助他人，只能在互利互惠的基础上互相帮助，从而产生了交换，由交换又产生了分工，以致其他所有一系列的经济范畴和经济规律得以产生。因此经济学的主流学派一向是以建立在个人利益基础上的自由竞争为增进社会经济效益的最佳机制。

经济人假设所倡导的管理方式为：

（1）要有严格的工作流程，并加强规章制度管理；

（2）通过管理者对员工的控制来实现组织的目标；

（3）将经济报酬作为引导员工工作的主要方式，实行严格的经济奖罚措施。

2. 社会人假设

自从“经济人”这个名词被引入经济学以来，便不断受到各种各样的挑战。现代经济学越来越关注到，在现实社会中，个人趋利避害的竞争行为有可能导致经济资源的非生产性耗费。制度经济学家认为，处于孤立状态下的个人根本就不存在，相反，恰恰是社会才使得个人的行为得以形成。那种认为人的选择是内化于独立的个人偏好基础上作出的个人主义观点，即个人选择不受他人决策及自身习惯影响的观点，完全是错误的。真实的情况是，人乃是一种社会存在，他作出的选择，不仅以其内在的效用函数为基础，更重要的是还要受下列因素的影响：个人的社会经验、随时间而变的学习过程以及构成其日常生活一部分的人们之间的相互作用。一言以蔽之，个人选择是直接镶嵌到社会文化结构之中的。人具有的是多维人性，是“社会人”，而不是什么总在寻求自身经济利益最大化的独立经济人。行为经济学家莱宾斯坦则抓住新古典经济学基本假设与现实不一致的缺点，认为人在生产领域中同在消费领域中一样，其行为不是最大化的。究其原因是由于人缺乏竭尽全力去有效利用各种经济机会的动力。

经济人的假设受到最主要的挑战来自西蒙的有限理性说。正是这个挑战促使经济人假设不断发展和完善。经济人假设实际上暗含了关于人是理性的假设，这就是指人在经济生活中总是受利己的动机所驱使，在作出一项经济决策时，总是深思熟虑地通过成本—收益分析来对其所面临的各种可能的机会和目标以及实现目标的手段进行权衡比较，以便找出一个方案，这个方案能够给自己带来最大限度的利益。但西蒙认为，由于环境的不确定性和复杂性、信息的不完全性以及人类认识能力的有限性，不可能把所有的价值考虑统一到单一综合性效用函数中。因此，决策过程中人们寻求的并非是最优解，而是满意解。

社会人理论所倡导的管理方式为：

（1）管理者要多与员工进行沟通；

（2）通过员工参与活动，来增强员工的集体荣誉感；

（3）提倡员工之间的协作，提倡对集体进行奖励，而非个人。

3. 自我实现人假设

马斯洛在梅奥等人奠定的行为科学的基础上，就人的需要、动机、激励等问题进行了专门研究，提出了需求层次学说。根据该学说，人的各类需求可以归纳为五个等级，即生理需要、安全需要、社交需要、尊重需要和自我实现需要。自我实现的需要是指人希望从事与自己能力相称的工作，使自己潜在的能力得到充分的发挥，从而实现自己心中的理想。

麦格雷戈将“自我实现人”假设做了进一步的总结，提出了Y理论。Y理论认为，人并非天生好逸恶劳，人们从事各种劳动才是人的天性。如果环境适当，人们就会在工作中取得满足感，并热爱工作。来自外界的控制和惩罚并不是促使人们去实现组织目标的唯一方法，人在自己承诺和参与决定的目标和工作中，能进行自我指挥和自我控制。缺乏进取心、逃避责任和过分强调安全并非人的天性，而是过去的经验造成的结果。人最重要的报酬不是金钱，而是自主、自尊、自我实现的需要的满足。

自我实现人理论所倡导的管理方式为：

（1）管理者的主要工作是创造一个和谐的工作环境，在这个环境中员工会得到尊重、鼓励和自我管理的权利；

（2）要使工作更富有意义和挑战性，让员工在工作中得到满足；

（3）通过提高员工工作生活质量，满足员工不同层次的需求，以调动员工的积极性。

4. 复杂人假设

美国心理学家杰伊·洛希和约翰·莫尔司根据实验研究，提出了与麦格雷戈不同的假说，即超Y理论或权变理论，这种人性假说称之为“复杂人”。

该假说认为，人都是怀着不同的需要加入组织的，其中最主要的需要是实现胜任感。这种胜任感人人都有，但是根据不同人的不同情况，应采用不同的方法来满足。组织的形式应该根据组织目标、工作性质和员工的需要和能力来决定。当组织形式同组织目标，工作性质和个人需要结合时，员工的胜任感最容易满足。

不同的人有不同的需要结构。有的人追求低层次的金钱需要；有的人要求参与决策，愿意承担更大的责任；还有的人则宁愿接受正规的组织结构及其规章的约束，而不愿意参与决策和承担责任。人对不同的组织或组织的不同部门会有不同的需要。一个人是否肯为某一组织贡献力量，其关键问题在于该组织的状况是否同他的需要相一致。由于每个人的需要和能力各不相同，因而他们对一定的管理方式就会产生不同的反映。

复杂人理论所倡导的管理方式为：

(1) 管理者本身要有较大弹性，其行为应能随时改变和调整，以适应不同人的不同情况；

(2) 要了解员工的能力差异和需求差异，在安排工作时要充分考虑这些差异。

1.1.2 员工的需要

全球著名的管理咨询顾问公司盖洛普公司曾经进行过一次关于如何建立一个良好的工作场所的调查，所谓良好的工作场所必须是这样的地方：

(1) 员工对自己的工作感到满意；

(2) 员工还要有良好的业绩。

研究人员采用问卷调查的方式，让员工回答一系列问题，这些问题都与员工的工作环境和对工作场所的要求有关。最后，它们对员工的回答作了分析和比较，并得出了员工的12个需要。这些需要是薪酬和福利待遇以外的需要，它们集中体现了现代企业管理中员工管理的新内容。

这些需要是：

(1) 在工作中我知道公司对我有什么期望；

(2) 我有把工作做好所必需的器具和设备；

(3) 在工作中我有机会做我最擅长做的事；

(4) 在过去的7天里，我出色的工作表现得到了承认和表扬；

(5) 在工作中我的上司把我当一个有用的人来关心；

(6) 在工作中有人常常鼓励我向前发展；

(7) 在工作中我的意见一定有人听取；

(8) 公司的使命或目标使我感到工作的重要性；

(9) 我的同事们也在致力于做好本职工作；

(10) 我在工作中经常会有一个最好的朋友；

(11) 在过去的6个月里，有人跟我谈过我的进步；

(12) 过去的一年，我在工作中有机会学习和成长。

从上述需要可以看出，在员工满足他的生存需要之后，更加希望自己得到发展并有成就感。

1.1.3 员工管理的内容和目标

1. 员工管理的内容

根据 Han Williams 在 *Managing People*（《员工管理》）的描述，员工管理应该包括以下内容：

（1）布置任务和行动；

（2）对正在做的事情进行检查；

（3）激励员工，让他们做得更好；

（4）对一些做事的方法进行批评；

（5）了解无法完成工作的原因；

（6）确定工资和奖金；

（7）对职业生涯发展进行建议；

（8）帮助员工渡过个人生活中的危机。

2. 员工管理的目标

阿布雷在其所著的《管理的演进》（*The Management Evolution*）中提出了“管理的十大要领”。在这十大要领中有六项是关于员工管理的，可见公司中对人的管理的重要性，这六项要领也可以作为人力资源部门进行员工管理的六大目标，它们分别是：

（1）应使员工明白企业制定的目标，以确保其实现；

（2）应使企业中的每一位成员都了解其职责、职权范围以及与他人的工作关系；

（3）定期检查员工的工作绩效及个人潜力，使员工个人得到成长和发展；

（4）协助并指导员工提高自身素质，以作为企业发展的基础；

（5）应有恰当及时的鼓励和奖赏，以提高员工的工作效率；

（6）使员工从工作中得到满足感。

1.1.4 管理者的职责

从员工管理的角度来讲，管理者的职责可以分为四个方面的内容，它们分别是员工的工作安排、工作执行、职业发展和个人生活。

1. **工作安排**

解决“员工做什么”的问题，包括员工的工作任务、工作步骤和工作责任等。

管理者的职责是：

（1）确保员工有工作任务；

（2）确保员工能够按照要求完成工作；

（3）确保员工能够按时完成工作；

（4）确保员工下一次还能做这些工作。

管理者应具有这样的能力：

（1）评估任务的要求和员工个人能力；

（2）将任务要求和员工个人能力相匹配；

（3）向员工讲解任务要求，如果需要，教授必要的知识和技能；

（4）进行阶段检查，提供支持、评估和结论。

2. **工作执行**

解决“员工如何做好”的问题，包括员工的自我管理、通讯和交流等。

管理者的职责是：

（1）确保员工能正确地执行任务；

（2）解决引起工作效率低下的因素；

（3）激励员工提高他们的工作技术和能力；

（4）提供学习和发展的机会。

要求管理者有这样的能力：

（1）向员工清楚地表明期望的执行水平；

（2）诊断在工作执行中出现的问题；

（3）通过增加支持和挑战，促进员工学习；

（4）总结员工的工作，让他们从经验中获得最大的收益。

3. **职业发展**

解决“员工将去什么地方”的问题，它涉及组织的下一个目标，组织职业发展的长期规划等。

管理者的职责是：

（1）识别职业发展中员工个人的潜力；

（2）选择时机，向员工提供有用的职业发展建议；

（3）支持他们达成职业发展各阶段的要求。

要求管理者有这样的能力：

（1）理解员工基本的需要和激励；

（2）客观地评估员工的优点与缺点，帮助他们实现职业期望；

（3）根据内部和外部的现实情况，协助员工制定最佳的职业发展计划；

（4）根据员工的能力、经验和社会关系，制定实现职业发展目标的策略。

4. 个人生活

这里特指可能会影响到员工工作和职业发展的非工作因素。比如照顾孩子、生活危机、健康问题、人际关系等。

管理者的职责是：

（1）了解这些个人生活因素对员工和团队工作可能产生的影响；

（2）制定有利于协调员工和团队利益的实用措施；

（3）帮助员工制定改进生活质量的计划；

（4）在适宜的情况下，从情感上对员工进行支持。

要求管理者有这样的能力：

（1）了解并能够理解员工的感情需求；

（2）清楚所提供的支持的界限；

（3）能够从员工的角度来考虑员工所面对的问题。

1.2 工作生活质量

1.2.1 工作生活质量概述

衡量企业员工管理政策是否有效的重要方法之一，就是看员工的工作生活质量是否得到了改善，员工是否对他们当前的工作生活质量感到满意。

具体地讲，员工的工作生活质量包括以下内容：

（1）工作环境：员工是否对工作环境感到满意？在这种工作环境中，是否可以使员工有效地进行工作？

（2）工作氛围：公司是否有良好的工作气氛？在这种气氛中工作，员工是否感到舒心和畅快？

（3）职业发展：公司是否考虑过员工的未来职业发展？是否为员工的职业发展提供帮助？

（4）沟通：公司部门与部门之间、同事与同事之间、上级与下级之间沟通是否顺畅？员工是否因为沟通不畅而发生过工作冲突？

（5）组织结构：公司的组织结构是否合理？这种组织结构是否会让员工有序工作？

（6）管理规范：公司是否有合理的管理规范？公司的各项工作流程、规章制度是否被员工所接受？

重视员工工作生活质量可以提高员工对工作的满意感，可以促进员工对公司发展的认同，可以增强员工对工作的责任感，并最终提高工作效率。

1.2.2 提高工作生活质量的途径

加强企业的员工管理可以有效地提高工作生活质量。

首先要倡导“以人为本”的员工管理理念。只有真正将员工的利益放在重要的位置上，才能体现出员工管理的价值和意义。对现代企业而言，员工已经成为企业最为重要和最为宝贵的资源，如果企业不能重视员工的利益，员工也不可能重视企业的利益，它们是相辅相成的关系。“以人为本”不单单是一种理念，更应该是管理者的行动指南。在具体的管理活动中，要彻底地摒弃一些与该理念不符的管理行为。

其次要强化民主管理，使员工参与到企业的重大决策中去，并且使每个员工的意见、建议和想法都能表达出来。企业要建立正式和非正式的沟通渠道，促进各个层面的沟通。

最后，要尽可能为员工提供舒适、卫生、安全的工作环境，使员工在工作中得到更大的满足感和优越感。

1.3 工作满足感

1.3.1 什么是工作满足感

提高员工对工作的满足感是员工管理的重要目的。根据著名心理学家洛克的定义，工作满足感是“对一个人的工作或工作经验的评价所产生的一种愉快的或有益的情绪状态”。

工作满足程度取决于员工个体对工作及其回报的期望值和实际值的差异。对工作的期望主要包括对工作环境、管理环境、工作重要性、工作挑战性和工作优越性等的期望；工作回报的期望主要包括对工作报酬、工作评价、工作奖励等的期望。

当现实水平达到或超过了员工的期望值，员工就会有工作的满足感。比如说，公司进行了搬迁，新的工作环境比员工想象中的要舒适；领导给员工安排了一件重要的工作，等等。

当现实水平没有达到员工的期望值，员工的工作满足感就会减少，失败感和挫折感就会增强。比如，员工优秀的工作表现没有获得相应的评价、员工的薪酬没有得到晋升等。

需注意的是，员工的工作满足感是员工个体的感受，同样的职务、同样的工作环境、同样的待遇，不同的员工由于期望值不同，对工作的满足程度也是不尽相同的。所以，当管理者在分析员工的工作满足程度时，要将重点放在多数员工所共有的问题上，提高整体员工的工作满足感。

1.3.2 员工期望的依据

不同的员工由于期望值不同，所以工作满足感也不相同。员工期望的程度取决于员工个体横向和纵向比较。

横向比较是员工个体将自身与周围的环境进行比较。比如，将自己的工作与同事的工作相比较，将自己的能力与朋友的能力相比较等。

比如，同事的薪酬比自己低，则自己对薪酬的期望值也会比较低；与自己能力相当的朋友在另外一家公司的工作内容和待遇都比自己差，则自己期望值也不会高。当然，如果员工发现他周围的同事或朋友的状况要比他好，这时他的期望值就会提高。

相同层次的两位员工，由于横向比较的对象不同，就会产生不同的，甚至差异很大的期望值。比如，一位员工来自农村，他现在的工作和生活水平要比他那些朋友好得多，经过这种比较，他的期望值就不会很高；相同能力的另一位员工来自沿海城市，他的很多朋友的收入要比他高得多，他的期望值就会比较高。

除了横向比较，员工还进行纵向比较。纵向比较是将自己的现在与自己的历史进行比较，从而得出自己的期望值。比如，一位员工在公司已经工作两年了，在这期间他的薪酬仅作过一次小幅的调整，那么他对薪酬的期望值就会提高。但是，如果他在这两年中的薪酬发生了很大变化，已经从公司的低水平工资的行列进入到高水平行列，那么他对薪酬的晋升不会有太多的期望。

由于每位员工的历史状况都不相同，所以相同层次的员工从纵向比较中也会得出不同的期望值。

员工的期望来源于横向比较和纵向比较，由于每位员工的横向比较和纵向比较的对象不同，所以期望值也不会相同。另外，横向比较和纵向比较在确定期望值中的贡献比例是不定的。员工更倾向于将他感触最深刻的比较作为确定期望值的基础。

1.3.3 工作满足感的调查

进行员工工作满足感调查是提高员工工作满足程度的第一步，调查的分析结果将为管理者着手改善提供依据。常用的员工工作满足感调查方式有两种：交谈法和问卷法。工作满足感调查的内容主要包括工作环境、管理环境、工作重要性、工作挑战性、工作优越性、工作报酬、工作评价、工作奖励等内容。

下面是一份员工工作满意感调查问卷。

做下面 30 道题，选择最适合你的答案。

1. 你工作时是否看表？

   a. 不断地看

   b. 不忙的时候看

   c. 不看

2. 星期一早晨，你：

a. 觉得自己愿意去上班

b. 希望获得不去上班的理由

c. 开始工作时觉得很勉强，但过一会儿就置身于工作中了

3. 一天的工作快要结束时，你：

a. 感到疲惫不堪，全身不舒服

b. 为能维持生活而感到高兴

c. 有时感到累，但通常很满足

4. 你对自己的工作是否感到忧虑？

a. 偶尔感到忧虑

b. 从来不感到忧虑

c. 经常感到忧虑

5. 你认为你的工作：

a. 对你来说是大材小用

b. 很难胜任

c. 使你做了从来没想到自己能做的事

6. 你属于以下哪种情况？

a. 我不讨厌自己的工作

b. 我通常对自己的工作感兴趣，但有一些困难

c. 我工作时总觉得心烦

7. 你用多少工作时间打电话或做些与工作无关的事？

a. 很少的时间

b. 一定的时间，特别是在个人生活遇到麻烦时

c. 很多时间

8. 你是否想换个职业？

a. 不想

b. 不是换职业，而是在本行业找个好的位置

c. 想换个职业

9. 你觉得：

a. 自己总是很有能力

b. 自己有时很有能力

c. 自己总是没有能力

10. 你认为你：

a. 喜欢并尊敬自己的同事

b. 不喜欢自己的同事

c. 比自己的同事差得多

11. 以下哪种情况最符合你的实际？

a. 我不想在工作方面再学什么东西了

b. 我开始工作时很喜欢学习

c. 我愿意多学点与工作有关的东西

12. 请指出你认为自己具有的特点：

a. 同情心 b. 思维敏捷 c. 情绪稳定

d. 记忆力好 e. 能专心致志 f. 体力好

g. 喜欢创新 h. 有专长 i. 有魅力 j. 有幽默感

13. 根据 12 题列出的特点，指出你的工作需要其中的哪一些。

14. 你最赞成哪种说法？

a. 工作就是赚钱谋生

b. 工作主要为了赚钱，但如果可能，应当有令人满意的工作

c. 工作就是生活

15. 你是否加班加点地工作？

a. 如果付加班费就加班

b. 从不加班加点

c. 经常加班加点，即使没有加班费也是如此

16. 除了假日或病假外，你是否还缺过勤？

a. 没有缺勤

b. 仅有几天缺勤

c. 经常缺勤

17. 你认为自己：

a. 工作劲头十足

b. 工作没有劲头

c. 工作劲头一般

18. 你认为自己的同事们：

a. 喜欢你

b. 不喜欢你

c. 并非不喜欢，只是不特别友好

19. 对于工作方面的事，你：

a. 只和同事们谈

b. 同家里人或朋友们谈

c. 能避免就不谈

20. 你是否常患小病或不知原因的病？

a. 从不患这类病

b. 不经常患这类病

c. 经常患这种病

21. 你是怎样选择你目前从事的工作的？

a. 靠父母或教师帮助选择

b. 该工作是我唯一能找到的工作

c. 当时就觉得该工作对自己很合适

22. 在家庭与工作发生矛盾时（如家里有人患病了），你先顾哪一方面？

a. 每次都是先顾家庭

b. 每次都是先顾工作

c. 如果家里确实有紧急情况，就先顾家庭，反之则先顾工作

23. 如果少付你三分之一的工资，你是否还愿意干这项工作？

a. 愿意

b. 本来愿意，但负担不了家庭生活，只好作罢

c. 不愿意

24. 如果你被列为多余的工作人员而应离开，你首先想的是什么？

a. 钱

b. 工作本身

c. 所在的公司

25. 你会为了消遣一下而请一天事假吗？

a. 会的

b. 不会

c. 如果工作不太忙，就有可能

26. 你觉得自己在工作中不受赏识吗？

a. 偶尔这样想

b. 经常这样想

c. 很少这样想

27. 关于你的职业，你不喜欢哪一点？

a. 自己支配的时间太少

b. 乏味

c. 总不能按自己的想法做事

28. 你是否把个人生活与工作截然分开（请你爱人回答这个问题）？

a. 严格地分开

b. 时常分开，但也存在一些不分开的地方

c. 完全没有分开

29. 你是否希望自己的孩子做你从事的工作？

a. 是的，如果他有能力并且适合的话

b. 不会的，而且要警告他不要做这种工作

c. 不希望他做，也不反对他做

30. 如果你赚了或继承了一大笔钱，你会：

a. 辞职，后半生不去工作

b. 找一个一直想要找的工作

c. 继续做现在的工作

表 1－1　　　　工作满足感调查记分表

题目	选项	得分	选项	得分	选项	得分
1	A	1	B	3	C	5
2	A	5	B	1	C	3
3	A	3	B	1	C	5
4	A	5	B	3	C	1
5	A	1	B	3	C	5
6	A	5	B	3	C	1

续表

题目	选项	得分	选项	得分	选项	得分
7	A	5	B	3	C	1
8	A	5	B	3	C	1
9	A	5	B	3	C	1
10	A	5	B	3	C	1
11	A	1	B	3	C	5
12 13	两题的答案选择每重叠一项得 5 分。					
14	A	1	B	3	C	5
15	A	3	B	1	C	5
16	A	5	B	3	C	1
17	A	5	B	1	C	3
18	A	5	B	1	C	3
19	A	3	B	5	C	1
20	A	5	B	3	C	1
21	A	3	B	1	C	5
22	A	1	B	5	C	3
23	A	5	B	3	C	1
24	A	1	B	5	C	3
25	A	1	B	5	C	3
26	A	3	B	1	C	5
27	A	3	B	1	C	5
28	A	1	B	3	C	5
29	A	5	B	1	C	3
30	A	1	B	3	C	5

说明：

总分 30～50 分：说明你对工作很不满意，目前的工作实在不宜再干下去了。

总分 51～84 分：说明你对目前的工作不太满意，可能是你选择错了职业，或者讨厌目前的领导或同事，或者是你对自己的估计太高。

总分 85～144 分：说明你对工作比较满意。

总分 145～175 分：说明你对工作很满意。

总分在 175 分以上：说明你对工作投注的热情及喜欢程度有些过头了，可以说是“工作狂”。

（资料来源：《北京劳动就业报》）

小　结

基于对人性的不同理解，不同的管理学者对人性做过不同的假设。其中比较著名的有经济人假设、社会人假设、自我实现人假设及复杂人假设等。

从员工管理的角度来讲，管理者的职责可以分为四个方面的内容，即员工的工作安排、工作执行、职业发展和个人生活。

衡量企业员工管理政策是否有效的重要方法之一，就是看员工的工作生活质量是否得到了改善，员工是否对他们当前的工作生活质量感到满意。要倡导“以人为本”的员工管理理念，要强化民主管理，使员工参与到企业的重大决策中去。最后，要尽可能为员工提供舒适、卫生、安全的工作环境。

提高员工对工作的满足感是员工管理的重要目的。工作满足感是“对一个人工作或工作经验的评价所产生的一种愉快或有益的情绪状态”。

工作满足程度取决于员工对工作及其回报的期望值和实际值的差异。

对工作的期望主要包括对工作环境、管理环境、工作重要性、工作挑战性和工作优越性等的期望；工作回报的期望主要包括对工作报酬、工作评价、工作奖励等的期望。

第 2 章

员工管理的前提——做好员工工作分析

2.1 什么是员工工作分析

2.1.1 为什么要进行员工工作分析

我们先从一个案例讲起：

最近，某公司销售部经理老张和一所著名大学签订了一份利润丰厚的合同，这所大学同意从该公司进其电脑所需要的所有软硬件。作为交换，公司将给该大学及大学的学生、教职工所使用的产品提供7~8折的优惠。

老张认为，目前的销售人员足以应付这一新增长的销售需要。但当人力资源部经理和服务部经理小王交谈时，小王认为，在这种情况下如果公司还想保持以往的服务质量，就需要再补充三位技术服务人员，公司现在已有三名技术服务人员，由服务部经理负责，他们都接受过培训，并为公司销售的每一件产品提供技术支持服务。

更为重要的是，这六位技术服务人员的工作需要进行重新分工，否则极易引起管理混乱。人力资源部经理让小王尽快拿出一份服务部各岗位的职务说明书和任职资格说明书，有了这两份说明书，人力资源部经理就可以明确招聘岗位的人员要求和工作内容，以便尽快开始招聘工作。

小王认识到目前技术服务人员的工作岗位确实没有职务说明书，他们的工作是随着时间的发展自然形成的，她决定立即起草这两份文件。而当她开始工作时，却发现，自己虽然是服务部的经理，但从来没有认真考虑过员工工作内容的划分和对员工的具体要求。于是小王请求人力资源部经理协助她完成这项工作，人力资源部经理告诉她：了解员工，首先要做好工作分析。

人力资源部经理协助小王完成了服务部员工的工作分析。由于有了明确的用人要求，招聘工作进展得非常顺利。新员工的加入也没有造成服务部的混乱，因为他们都明确知道自己的工作内容和职责。

员工工作分析的作用在此可见一斑。

2.1.2 员工工作分析的内容

简单地讲，员工工作分析就是要通过一系列科学的方法，把员工职位的工作内容和职位对员工的素质要求弄明白。专业的描述是这样的：工作分析是指通过观察和研究，确定关于某种特定的性质的确切情报和（向上级）报告的一种程序。

外国的人力资源管理心理学家从人力资源管理的角度出发提出了一个非常容易记忆的1H和6W工作分析公式，从七个方面对职务进行分析：

（1）WHO：谁来完成这项职务；

（2）WHAT：这项职务具体做什么事情；

（3）WHEN：职务时间的安排；

（4）WHERE：职务地点在哪里；

（5）WHY：为什么做这项职务（职务的意义是什么）；

（6）FOR WHO：他在为谁做这项职务；

（7）HOW：他是如何完成职务的。

工作分析的最终成果是产生两个文件：职务描述和职务资格要求。有的书上也将他们叫做“工作描述”和“职位要求”，我们也可以把它们合称为“职务说明书”。

职务描述规定了对“事”的要求，如任务、责任、职责，等等；职务资格要求规定了对“人”的要求，如知识、技术、能力、职业素质，等等。人力资源部门应通过职务说明和职务资格要求来指导人力资源管理职务。

1. 职务描述的具体内容

基本信息：包括职务名称、职务编号、所属部门、职务等级、制定日期等；

工作活动和工作程序：包括工作摘要、工作范围、职责范围、工作设备及工具、工作流程、人际交往、管理状态等；

工作环境：工作场所、工作环境的危险、职业病、工作时间、工作环境的舒适程度等；

任职资格：年龄要求、学历要求、工作经验要求、性格要求等。

2. 职务资格要求的具体内容

基本素质：最低学历、专长领域、工作经验、接受的培训教育、特殊才能等；

生理素质：体能要求、健康状况、感觉器官的灵敏性等；

综合素质：语言表达能力、合作能力、进取心、职业道德素质、人际交往能力、团队合作能力、性格、气质、兴趣等。

2.1.3 员工工作分析的方法

进行员工工作分析的方法有很多，这里介绍几种常用的方法：

1. 观察法

观察法是指工作分析人员通过对员工正常工作的状态进行观察，获取工作信息，并通过对信息进行比较、分析、汇总等方式，得出工作分析成果的方法。观察法适用于体力工作者和事务性工作者，如搬运员、操作员、文秘等职位。

由于不同的观察对象的工作周期和工作突发性有所不同，所以观察法具体可分为直接观察法、阶段观察法和工作表演法。

（1）直接观察法。

工作分析人员直接对员工工作的全过程进行观察。直接观察适用于工作周期很短的职务。如保洁员，他的工作基本上是以一天为一个周期，工作分析人员可以一整天跟随着保洁员进行直接工作观察。

（2）阶段观察法。

有些员工的工作具有较长的周期性，为了能完整地观察到员工的所有工作，必须分阶段进行观察。比如行政文员，她需要在每年年终时筹备企业总结表彰大会。工作分析人员就必须在年终时再对该职务进行观察。有时由于时间阶段跨度太长，分析工作无法拖延很长时间，这时采用“工作表演法”更为合适。

（3）工作表演法。

对于工作周期很长和突发性事件较多的工作比较适合。如保安工作，除了有正常的工作程序以外，还有很多突发事件需要处理，如盘问可疑人员等，工作分析人员可以让保安人员表演盘问的过程，来进行该项工作的观察。

在使用观察法时，工作分析人员应事先准备好观察表格，以便随时进行记录。条件好的企业，可以使用摄像机等设备，将员工的工作内容记录下来，以便进行分析。另外要注意的是，有些观察的工作行为要有代表性，并且尽量不要引起被观察者的注意，更不能干扰被观察者的工作。

2. 问卷调查法

工作分析人员首先要拟订一套切实可行、内容丰富的问卷，然后由员工进行填写。问卷法适用于脑力工作者、管理工作者或工作不确定因素很大的员工，比如软件设计人员、行政经理等。问卷法比观察法更便于统计和分析。要注意的是，调查问卷的设计直接关系着问卷调查的成败，所以问卷一定要设计得完整、科学、合理。

国外的组织行为专家和人力资源管理专家研究出了多种科学的，也很庞大的问卷调查方法。其中比较著名的有：

（1）工作分析调查问卷（PAQ）。

工作分析调查问卷是美国普渡大学（Purdue University）的研究员麦考米克等人研究的一套数量化的工作说明法。虽然它的格式已定，但仍可用来分析许多不同类型的职务。PAQ 有 194 个问题，分为六个部分：资料投入、用脑过程、工作产出、人际关系、工作范围、其他工作特征。

（2）阈值特质分析方法（TTA）。

劳普兹（Lopez）等人在 1981 年设计了“阈值特质分析”（TTA）问卷。特质取向的研究角度是试图确定那些能够预测个体工作成绩出色的个性特点。TTA 方法的依据是：具有某种人格特性的个体，如果职务绩效优于不具有该种特质者，并且特质的差异能够通过标准化的心理测验反映出来，那么就可以确定该特质为完成这一工作所需的个体特质之一。

（3）职业分析问卷（OAQ）。

美国控制数据经营咨询企业在 1985 年设计了职业分析问卷，对职务进行定量描述。OAQ 是一个包括各种职业的任务、责任、知识技能、能力以及其他个性特点的多项选择问卷。例如，在 OAQ 中，软件职务被规划分为 19 种责任、310 个任务和 105 个个性特点。

然而，我们的中小企业很难利用这些研究成果来进行问卷调查。我们可以根据企业的实际情况，来自制工作分析问卷，这样效果可能会更好些。

3. 面谈法

也称采访法，它是通过工作分析人员与员工面对面的谈话来收集职务信息资料的方法。在面谈之前，工作分析人员应该准备好面谈问题提纲，一般在面谈时能够按照预定的计划进行。面谈法对工作分析人员的语言表达能力和逻辑思维能力有较高的要求。工作分析人员要能够控制住谈话的局面，既要防止谈话跑题，又要使谈话对象能够无所顾忌地侃侃而谈。工作分析人员要及时准确地做好谈话记录，并且避免使谈话对象对记录产生顾忌。面谈法适合于脑力职务者，如开发人员、设计人员、高层管理人员等。

美国普渡大学研究员麦考米克提出了面谈法的一些标准，它们是：

（1）所提问题要和工作分析的目的有关；

（2）工作分析人员语言表达要清楚、含义准确；

（3）所提问题必须清晰、明确，不能太含蓄；

（4）所提问题和谈话内容不能超出被谈话人的知识和信息范围；

（5）所提问题和谈话内容不能引起被谈话人的不满，或涉及被谈话人的隐私。

4. 其他方法

参与法：也称职务实践法。顾名思义，就是工作分析人员直接参与到员工的工作中去，扮演员工的工作角色，体会其中的工作信息。参与法适用于专业性不是很强的职务。参与法与观察法、问卷法相比较，获得的信息更加准确。要注意的是，工作分析人员需要真正地参与到工作中去，去体会工作，而不是仅仅模仿一些工作行为。

典型事件法：如果员工太多，或者职位工作内容过于繁杂，应该挑具有代表性的员工和典型的时间进行观察，从而提高工作分析的效率。

工作日志法：是由员工本人自行进行的一种工作分析方法。事先应该由工作分析人员设计好详细的工作日志单，让员工按照要求及时填写职务内容，从而收集工作信息。需注意的是，工作日志应该随时填写，比如以 10 分钟、15 分钟为一个周期，而不应该在下班前一次性填写，这样是为了保证填写内容的真实性和有效性。工作日志法最大的问题可能是工作日志内容的真实性。

材料分析法：如果工作分析人员手头有大量的工作分析资料，比如类似的企业已经做过的相应的工作分析，比较适合采用本办法。这种办法最适合于新创办的企业。

专家讨论法：专家讨论法是指请一些相关领域的专家或者经验丰富的员工进行讨论，来进行工作分析的一种方法。这种方法适合于发展变化较快，或职位职责还未定型的企业。由于企业没有现成的观察样本，所以只能借助专家的经验来规划未来希望看到的职务状态。

上述这些工作分析方法既可单独使用，也可结合使用。由于每个方法都有自身的优点和缺点，所以每个企业应该根据本企业的具体情况进行选择。最终的目的是一致的，即：为了得到尽可能详尽、真实的职务信息。

2.2 员工工作分析的一般步骤

2.2.1 员工工作分析的五个阶段

对于一个运行稳定的企业来讲，最常用的工作分析方法是问卷调查法和面谈法。下面我们就结合这两种方法具体讲一下工作分析的步骤。一般来讲，工作分析可以分为五个阶段：计划阶段、调查设计阶段、调查实施阶段、信息分析阶段和结果表达阶段。

1. 计划阶段

计划阶段是工作分析的第一阶段。在计划阶段中，应该明确工作分析的目的和意义、方法和步骤；确定工作分析的方法；限定工作分析的范围，并选择具有代表性的职务作为样本；明确工作分析的步骤，制定详细的工作分析实施时间表；编写《工作分析计划》，并请有关人员进行工作分析方面的宣传。在工作计划书得到批准后，即可组建工作分析小组，进入工作分析的设计阶段。

2. 调查设计阶段

在设计阶段要设计出具体的工作分析实施内容。

（1）问卷调查法。

问卷调查法的设计阶段需要编写一份比较详细的《工作分析调查表》。该《工作分析调查表》能够比较全面地反映出该职务的工作内容、工作职责、职务任职资格等内容。

（2）面谈法。

面谈法的设计工作需要形成一个有效和完整的面谈提纲，面谈提纲的内容和《工作分析调查表》的内容基本相同。

3. 调查实施阶段

下面介绍两种最常用的调查实施方法：问卷调查法和面谈法。

问卷调查法步骤：

（1）事先需征得样本员工直接上级的同意，尽量获取直接上级的支持；

（2）为样本员工提供安静的场所和充裕的时间；

（3）向样本员工讲解工作分析的意义，并说明填写问卷调查表的注意事项；

（4）鼓励样本员工真实客观地填写问卷调查表，不要对表中填写的任何内容产生顾虑；

（5）工作分析人员随时解答样本员工填写问卷时提出的问题；

（6）样本员工填写完毕后，工作分析人员要认真地进行检查，查看是否有漏填、误填的现象；

（7）如果对问卷填写有疑问，工作分析人员应该立即向样本员工进行提问；

（8）问卷填写准确无误后，完成信息收集任务，向样本员工致谢。

面谈法步骤：

（1）事先需征得样本员工直接上级的同意，并尽量获取其直接上级的支持；

（2）在无人打扰的环境中进行面谈；

（3）向样本员工讲解工作分析的意义，并介绍面谈的大体内容；

（4）为了消除样本员工的紧张情绪，工作分析人员可以以轻松的话题开始；

（5）鼓励样本员工真实、客观地回答问题，不必对面谈的内容产生顾忌；

（6）工作分析人员按照面谈提纲的顺序，由浅至深地进行提问；

（7）营造轻松的气氛，使样本员工畅所欲言；

（8）注意把握面谈的内容，防止样本员工跑题；

（9）在不影响样本员工谈话的前提下，进行谈话记录；

（10）在面谈结束时，应该让样本员工查看并认可谈话记录；

（11）面谈记录确认无误后，完成信息收集任务，向样本员工致谢。

在信息收集完成之后，要形成调研报告，本节的最后将给出一个调研报告的实例。

4. 信息分析阶段

信息分析阶段是将各种收集信息方法所收集到的信息进行统计、分析、研究、归类的一个过程。在信息分析阶段最好参照企业以前的工作分析资料和同行业同职位其他企业的相关工作分析资料，以提高信息分析的可靠性。

在信息分析过程中，还可以请求基层管理者提供帮助，确保没有疑点。

信息分析阶段，需要分析以下几方面的内容：

（1）基本信息如职务名称、职务编号、所属部门、职务等级等；

（2）工作活动和工作程序，如工作摘要、工作范围、职责范围、工作设备及工具、工作流程、人际交往、管理状态等；

（3）工作环境如工作场所、工作环境的危险性、职业病、工作时间、工作环境的舒适程度等；

（4）任职资格如年龄要求、学历要求、工作经验要求、性格要求等；

（5）基本素质如学历要求、专长领域、职务经验、接受的培训教育、特殊才能等；

（6）生理素质如体能要求、健康状况、感觉器官的灵敏性等；

（7）综合素质如语言表达能力、合作能力、进取心、职业道德素质、人际交往能力、团队合作能力、性格、气质、兴趣等。

5. 结果表达阶段

结果表达阶段主要是编写职务描述和职务资格要求。具体的工作如下：

（1）工作分析人员编写职务描述和任职资格要求初稿；

（2）与样本员工、样本员工上级、企业管理顾问等人员讨论职务描述和任职资格要求的具体内容；

（3）确定试行稿；

（4）试行期使用无误后，确定为正式文件。

2.2.2 工作分析调查表实例（见表2－1）

表2－1　　工作分析表

姓名		职位名称	
部门		工作地点	
填表日期		直属上级签署	

工作时间：

—— 正常的工作时间为：每日自（　　）时开始至（　　）时结束

—— 每周平均加班时间为（　　）小时

—— 实际上下班时间是否随业务情况经常变化（总是、有时是、否）

—— 所从事的工作是否忙闲不均（是、否）

—— 若工作忙闲不均，则最忙时常发生在哪段时间：＿＿＿＿＿＿

—— 每周外出时间占正常工作的（　　%）

—— 外地出差情况每月平均（　　）次；每次平均需要（　　）小时

—— 本地外出情况每周平均（　　）次；每次平均（　　）小时

续表

工作目标：

工作概要（简要描述您的工作）：

工作内容：

工作内容项目：

权限：

占工作时间比重（%）：

工作顺序：

费用支出：

费用支出项目：

您的权限（万元）：

失误造成的损失：

若您的工作出现失误，将会给公司带来哪些损失？

工作名称	损失类型	等级	严重程度 1 2 3 4 5 轻 较轻 一般 较重 重
1. 2. 3.	经济损失		
1. 2. 3.	公司形象损害		
1. 2. 3.	经营管理损害		
1. 2. 3.	其他损害（请注明）		

续表

若您的工作出现失误，影响的范围将是： 1. 不影响其他人工作的正常进行 2. 只影响本部门内少数人 3. 影响整个部门 4. 影响其他几个部门 5. 影响整个公司
内部接触 频繁程度： 偶尔　　　　经常　　　　非常频繁 1. 在工作中不与其他人接触 □ 2. 只与本部门内几个同事接触 □ 3. 需要与其他部门的人员接触 □ 4. 需要与其他部门的部分领导接触 □ 5. 需要同所有部门的领导接触 □
外部接触 频繁程度： 偶尔　　　　经常　　　　非常频繁 1. 不与本公司以外的人员接触 □ 2. 与其他公司的人员接触 □ 3. 与其他公司的人员和政府机构接触 □ 4. 与其他公司、政府机构、外商接触 □
监　　督： 直接和间接监督的属下人数（　　　） 监督你的上司人数（　　　） 直接监督人员的层次：一般员工、下级管理人员、中级管理人员
管　　理： □ 只对自己负责 □ 对属下有监督指导的责任 □ 对属下有分配工作、监督指导的责任 □ 对属下有分配工作、监督指导和考核的责任

续表

□对自己的工作结果不负责任 □仅对自己的工作结果负责 □对整个部门负责 □对自己的部门和相关部门负责 □对整个公司负责 □在工作中时常作些小的决定，一般不影响其他人 □在工作中时常作一些决定，对相关人员有些影响，但一般不影响整个部门 □在工作中要作一些决定，对整个部门有影响，但一般不影响其他部门 □在工作中要作重大决定，对整个公司有重大影响 □有关工作的程序和方法均由上级详细规定，遇到问题时可随时请示上级解决，工作结果须报上级审核 □分配工作时上级仅指示要点，工作中上级并不时常指导，但遇困难时仍可直接或间接请示上级，工作结果仅受上级审核 □分配任务时上级只说明要达成的任务或目标，工作的方法和程序均由自己决定，工作结果仅受上级原则审核 □完成本职工作的方法和步骤完全相同 □完成本职工作的方法和步骤大部分相同 □完成本职工作的方法和步骤有一半相同 □完成本职工作的方法和步骤有大部分不同 □完成本职工作的方法和程序完全不同
工作内容与能力要求： 在每天工作中是否经常要迅速作出决定？ 没有□　很少□　偶然□　许多□　非常频繁□ 您手头的工作是否经常被打断？ 没有□　很少□　偶然□　许多□　非常频繁□ 您的工作是否经常需要注意细节？ 没有□　很少□　偶然□　许多□　非常频繁□ 您所处理的各项业务彼此是否相关？ 完全不相关□ 大部分不相关□ 一半相关□ 大部分相关□ 完全相关□ 您在工作中是否要求高度集中，如果是，约占工作总时间的比重是多少？ 20%□　40%□　60%□　80%□　100%□ 在您的工作中是否需要运用不同方面的专业知识和技能？ 否□　很少□　有一些□　很多□　非常多□

续表

在工作中是否存在一些令人不愉快、不舒服的感觉？

没有 □ 有一点□ 能明显感觉到□ 多□ 非常多□

在工作中是否需要灵活地处理问题？

不需要□ 很少□ 有时□ 较多□ 非常多□

您的工作是否需要创造性？

不需要□ 很少□ 有时□ 较需要□ 很需要□

您在履行工作职责时是否有与其他员工发生冲突的可能？

否□ 很少可能□ 有可能□ 可能较大□ 很可能□

1. 您常起草或撰写的文字资料有哪些？

等级 1——2——3——4——5

频率：极少 偶尔 不太经常 经常 非常频繁

通知、便条、备忘录 □

简报 □

信函 □

汇报文件或报告 □

总结 □

公司文件 □

研究报告 □

合同或法律文件 □

其他 □

2. 学历要求：

初中□ 高中□ 职专□ 大专□ 大本□ 硕士□ 博士□

3. 受培训情况及要求：

培训科目：

培训内容：

培训时限（日）：

4. 你认为你的职位的继任者，要多长时间才能基本胜任工作？

5. 为了顺利履行您所从事的工作，需具备哪些方面的工作经历，约多少年？

工作经历：

最低时间要求：

6. 在工作中您觉得最困难的事情是什么？您通常是怎样处理的？

困难的事情：
处理方式 ：

7. 您所从事的工作有何体力方面的要求？
轻□　较轻□　一般□　轻重□　重□
8. 其他能力要求。
等级：1——2——3——4——5
程度：极少 偶尔 不太经常 经常 非常频繁
领导能力　□
指导能力　□
激励能力　□
授权能力　□
创新能力　□
计划能力　□
资源分配能力　□
管理技能　□
时间管理　□
人际关系　□
协调能力　□
谈判能力　□
说服能力　□
公共关系　□
表达能力　□
写作能力　□
信息管理能力　□
分析能力　□
决策能力　□
实施能力　□
其 他　□
请您详细填写从事工作所需的各种知识和要求程度。
等级：1——2——3——4——5
程度：低　较低　一般　较高　高
知识内容：
1.
2.
3.

其 他
您还有哪些需要说明的问题？

2.2.3 工作分析调查文件实例

某公司工作分析问卷

姓　　名：	职位名称：
部　　门：	职位代码：
主管职位：	主管姓名：

1. 任务综述：

（1）主要任务：

（2）次要任务：

2. 特定资格要求：请列举完成由你的职位所承担的任务，需要具有哪些证书、文凭或许可证。

3. 设备：请列举为了完成本岗位的工作，你通常使用的所有设备、机器。

4. 常规工作任务：请用概括的语言描述你的常规工作任务。请根据各项任务的重要性以及每个月每项任务所花费时间的百分比将其从高到低排列，并尽可能全面地列出工作任务。

5. 工作接触：你所从事的工作要求你同其他部门和其他人员，其他公司或其他机构有所接触吗？如果是，请列出要求与他人接触的工作任务并说明其频繁程度。

6. 监督：你的职位负有监督职责吗？如果有，请将监督事项按照重要性列出。如果你的职位对其他人还负有责任，但不是监督职责的话，请加以解释。

7. 决策：请解释你在完成常规工作过程中所要作出的决策有哪些。

如果你所作出的判断或决定的质量不高或所采取的行动不恰当，那么可能会带来的后果是什么？

8. 文件记录责任：请列出需要由你准备的报告或保存的文件资料有哪些，并概括说明每份报告都是递交给谁的。

（1）报告名称：

递交给____

（2）保存的资料：

9. 协商的频率：为进行决策或决定采取某种正确的行动程序，你必须以一种怎样的频率同你的主管或其他人协商？

（1）经常（2）偶尔（3）很少（4）从来不

10. 工作条件：请描述你是在一种什么样的条件下进行工作的，包括内部条件、外部条件、空调办公区域等，请一定将所有令人不满意或非常规的工作条件记述下来。

11. 资历要求：请指出为令人满意地完成本职工作，工作承担者需要达到的最低要求是什么？

（1）教育：

最低学历____

受教育年限____

专业或专长____

（2）工作经验：

工作经验的类型______________________________________

工作经验的年限______________________________________

（3）特殊培训（类型、年限）：

（4）特殊技能：

12. 其他信息：请提供前面各项目中所未能包括，但你认为对你的职位来说十分重要的其他信息。

员工签名：　　　　　　　　　　　　　　主管签名：

日　　期：　　　　　　　　　　　　　　日　　期：

2.2.4　工作分析调研报告实例

工作分析调研报告

时间：×月×日 9：30 至 11：30　　　地点：小会议室

工作分析人员姓名：×××

被调研职务：开发部经理　　　　姓名：×××

1. 部门及你个人做哪些工作？

（1）具体开发

（2）审查其他开发人员的开发文档

（3）安排调研及外出工作

（4）召开部门会议

（5）组织技术讨论与学习

（6）向行政部申请本部门办公用品

（7）系统维护

（8）组织整理部门办公环境

（9）整顿部门纪律

（10）请假审批

（11）设备申请预批

（12）与部门人员沟通

2. 部门现行开发作业流程：

（1）收到要求调研的信息［来源：（副）总经理、市场部］

（2）准备调研计划（包括确定调研时间、地点、调研提纲；第一次调研由市场部进行联系）

（3）实施调研

（4）整理调研报告

（5）出需求规格说明书（要取得用户签字）

（6）出概要设计书、详细设计书

如果中标：

（7）修改概要设计书、详细设计书

（8）编码（产生的技术文档有：开发报告、变更报告、开发总结等）

（9）测试及调试（产生的技术文档有：测试报告、软件问题报告等）

（10）编写验收报告、使用说明书、维护手册

（11）组织验收（小项目：开发部组织；大项目：开发部、市场部联合组织）

（12）交工（文档：项目总结）

（13）软件维护（由相关开发人员进行）

3. 工作中最难解决的问题是什么？

（1）文档管理。文档不齐，会给以后开发造成相当大的阻碍

（2）上级领导安排的临时任务

（3）不必要的维护，浪费时间

（4）越权领导

4. 最容易职责不明的工作有哪些？

（1）光盘管理

（2）上网

（3）小设备的申请及调换

（4）其他部门的幻灯片制作

5. 建议：

（1）由开发部保管光盘

（2）只有大批新员工同时到来时才进行培训，个别进入公司的新员工通过具体工作进行培训

（3）建立细致的技术人员的考核办法，并与工资挂钩

（4）由×部负责公司NT服务器的软件管理、硬件管理及SUN服务器的网络管理

2.3 常见岗位员工的职务说明书

2.3.1 会计职务说明书

职位名称（Position）：会计

部门（Department）：财务部

职务概念：

负责公司日常财务管理与费用核销工作，保证公司的资金安全。

关系（Relationship）：

汇报给（Report to）： 财务部经理

直属下级（Underling）： 无

内部关系（Internal Relationship）： 出纳

外部关系（External Relationship）： 银行、税务局、财政局、外管局

组织结构图（Organization Chart）：（本职位的上下级关系：实线框表示；协调关系：虚线框表示，如图2－1所示）

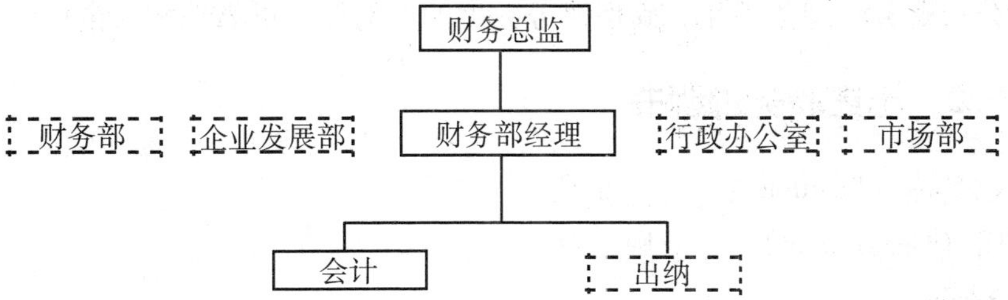

图2－1

工作职责（Responsibilities）：

◇负责公司产品的成本核算，提供产品财务报价；

◇负责公司固定资产增减的登记、核对工作，计提折旧费用；

◇负责结算公司应缴税金，并及时向税务机构申报；

◇负责员工工资发放、货款结算等日常会计业务；

◇负责核实各类原始凭证和业务单据，如实登记总账、明细账等；

◇ 负责编制各种会计报表及公司内部报表，做到账实、账账、账表相符；
◇负责及时按月、季、年对外报送各种财务报表；
◇负责每月正确提取各项基金，根据先提后使用的原则，合理使用；
◇负责按合同执行情况及时催缴应收款，及时清理各种借款；
◇负责进行年终决算，保证财务数据真实、清晰、准确；
◇负责对会计资料年终存档，统一保管；
◇负责作好外汇结算及出口退税等工作；
◇财务部经理交办的其他工作。

主要权力：

◇人事权力：对部门内部人员任职、晋升、降级等有建议权；
◇财务权力：对公司日常财务支出方式等有建议权；
◇ 决策权力：对税金提取、基金缴纳、福利发放等有决策权/建议权。

必备能力和要求：

◇财务专业本科学历，35 岁以下，具有会计师资格，英语良好；
◇熟练使用计算机和相关财务软件，熟悉国家相关财务法规与政策；
◇ 熟悉国外会计管理制度与进出口业务，责任心强，工作认真，有较强的团队合作精神。

工作目标：

使公司财务管理条理化，确保财务数据的真实性、可靠性和安全性。

2.3.2 出纳职务说明书

职位名称（Position）：<u>出纳</u>
部门（Department）：<u>财务部</u>
职务概念：
管理好公司的货币资金，确保资金安全。
关系（Relationship）：
汇报给（Report to）：财务部经理
直属下级（Underling）：无
内部关系（Internal Relationship）：会计
外部关系（External Relationship）：银行、税务、工商
组织结构图（Organization Chart）：（本职位的上下级关系：实线框表示；协

调关系：虚线框表示，如图 2－2 所示）

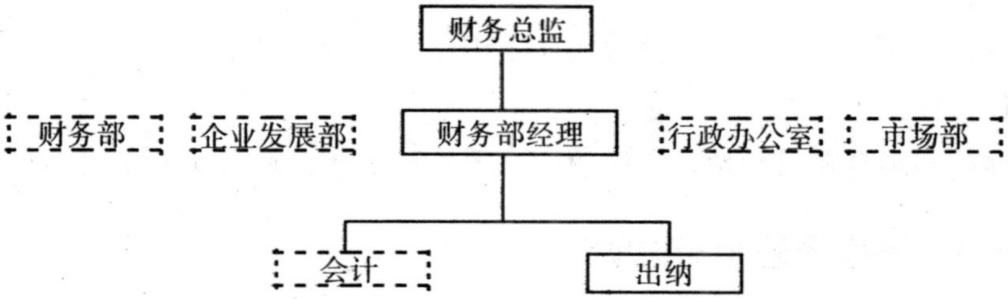

图 2－2

工作职责（Responsibilities）：

◇ 负责公司现金流的存取、发放、保管；

◇ 负责公司各银行户头支票的管理；

◇ 负责往来支票、汇票的银行结算；

◇ 负责公司各类发票（含收据）的开具与保管；

◇ 负责公司各类税金的申报和缴纳；

◇ 负责已开出票据未到款项的追踪；

◇ 负责根据当日会计凭证记录现金、银行存款日记账，及时结出余额；

◇ 负责每月编制银行存款余额调节表；

◇ 负责做好会计资料的存档、保管；

◇ 负责公司各项固定费用的及时缴纳；

◇ 负责登记固定资产明细账，按月计提固定资产折旧，保证固定资产账实相符；

◇ 负责公司员工的各项借款，根据预计报销期限，及时跟踪并督促报销；

◇ 负责对外协调、保持与银行的关系，做好公司进出口业务的外汇核销工作；

◇ 负责协助会计做好日常财务核算工作及年终财务决算；

◇ 财务部经理交办的其他工作。

主要权力：

◇ 人事权力：对部门内部人员任职、晋升、降级等有建议权；

◇ 财务权力：对公司日常财务支出方式等有建议权；

◇ 决策权力：对现金提取、基金缴纳、福利发放等有决策权/建议权。

必备能力和要求：

◇ 专科以上学历，26 岁以下，有会计上岗证及会计电算化证书，一年以上工作经验；

◇ 有银行信贷工作经验或相关项目经历，熟练掌握电脑基本操作。

工作目标：

确保公司现金账目清楚，合法使用公司各种票据，确保现金安全。

2.3.3 销售经理职务说明书

职位名称（Position）：销售经理

部门（Department）：市场部

职务概念：

在指定的产品/区域内开发和维系客户，完成市场部下达的销售定额及回款目标，巩固市场占有率。

关系（Relationship）：

汇报给（Report to）：市场部经理

直属下级（Underling）：无

内部关系（Internal Relationship）：营销经理、渠道经理、技术支持工程师、销售助理

外部关系（External Relationship）：行业组织、国内外客户、分支机构、代理商、供应商等

组织结构图（Organization Chart）：（本职位的上下级关系：实线框表示；协调关系：虚线框表示，如图 2－3 所示）

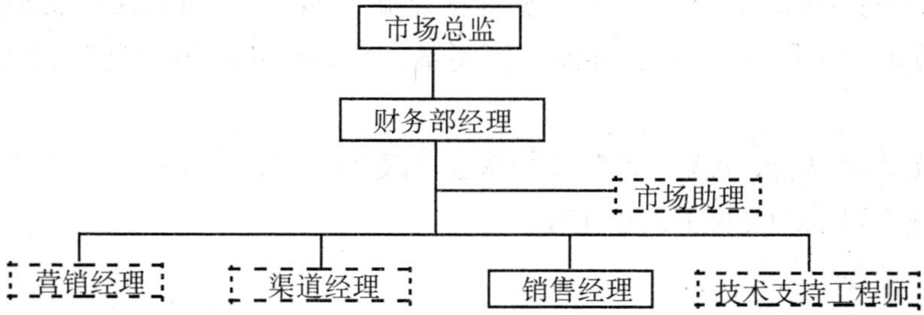

图 2－3

工作职责（Responsibilities）：

◇ 制订销售工作计划，开发和维系客户资源；

◇ 负责代表公司与客户进行商务谈判，拟订合同条款；
◇ 负责组织技术人员与客户进行技术谈判，拟订技术条款；
◇ 负责代表公司签署授权的商业合同；
◇ 负责客户的售前咨询和售中、售后技术服务；
◇ 负责合同（订单）的执行、产品的供应；
◇ 负责收集客户反馈意见，提出产品性能改进要求，完善销售策略；
◇ 负责整理客户档案，及时移交客户资料卡；
◇ 负责公司指定新产品的市场调研和同类产品供应商的市场动态；
◇ 负责及时恰当处理客户投诉，在规定期限内解决用户疑难问题；
◇ 负责按合同约定追缴货款，保证客户与公司利益不受侵害；
◇ 其他与销售经理相关的事项。

主要权力：

◇ 人事权力：对部门内部人员是否称职等有建议权；
◇ 财务权力：对销售费用的支出方式等有建议权；
◇ 决策权力：对产品的性能改进、营销计划、营销方式等有建议权。

必备能力和要求：

◇ 电子类本科以上学历，30 岁以下，英语良好；
◇ 2 年以上集成电路芯片营销经验；
◇ 良好的组织管理、协调能力以及人际沟通能力；
◇ 乐于挑战，具有团队精神；
◇ 熟悉国内外 IC 设计及产品市场。

工作目标：

◇ 有效分析市场，以恰当的方式和合理的支出，使公司产品取得最佳的市场占有率和良好的效益。

2.3.4 技术支持工程师职务说明书

职位名称（Position）：技术支持工程师

部门（Department）：市场部

职务概念：

负责销售产品的售前技术支持和售后技术服务，确保用户需求的满足。

关系（Relationship）：

汇报给（Report to）：市场部经理

直属下级（Underling）：无

内部关系（Internal Relationship）：营销经理、渠道经理、销售经理、销售助理

外部关系（External Relationship）：行业组织、国内外客户、分支机构、代理商、供应商等

组织结构图（Organization Chart）：（本职位的上下级关系：实线框表示；协调关系：虚线框表示，如图2－4所示）

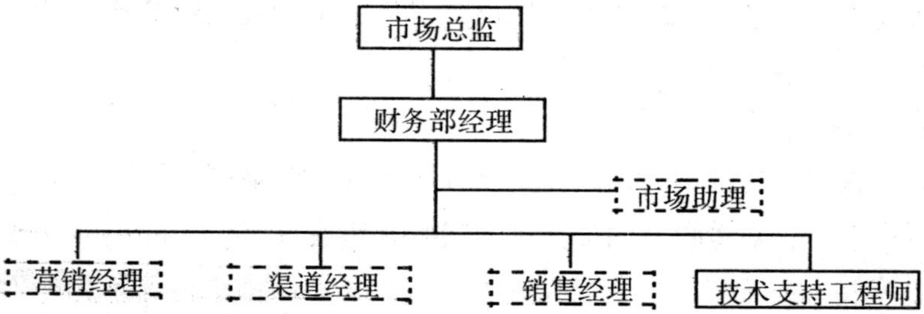

图2－4

工作职责（Responsibilities）：

◇ 负责代表公司与客户进行技术谈判，拟订技术协议条款；

◇ 负责代表公司签署授权的技术协议；

◇ 负责为客户提供公司产品的应用解决方案；

◇ 负责制作公司产品的应用模版；

◇ 负责开发公司产品的应用系统；

◇ 负责解决用户提出的技术问题；

◇ 负责客户要求的公司产品应用方案设计；

◇ 负责客户的售前咨询和售中、售后技术服务；

◇ 负责收集客户反馈意见，提出产品性能改进要求；

◇ 其他与技术支持工程师相关的事项。

主要权力：

◇ 人事权力：对部门内部人员是否称职等有建议权；

◇ 财务权力：对技术支持费用的支出方式等有建议权；

◇ 决策权力：对产品的技术支持方式等有决策权/建议权。

必备能力和要求：

◇ 电子类本科以上学历，30 岁以下，英语良好；

◇ 熟悉电路知识，3 年以上硬件电子系统开发经验和软件编程能力；

◇ 良好的组织管理、协调能力以及人际沟通能力；

◇ 乐于挑战，具有团队精神；

◇ 熟悉国内外 IC 设计及产品市场。

工作目标：

◇ 为客户提供产品技术应用方案和售后技术支持。

2.3.5 办公文员职务说明书

职位名称（Position）：<u>办公文员</u>

部门（Department）：<u>行政办公室</u>

职务概念：

协助部门经理处理日常事务和突发事件。

关系（Relationship）：

汇报给（Report to）：行政办公室主任

直属下级（Underling）：无

内部关系（Internal Relationship）：行政助理、库管员、采购员、司机等

外部关系（External Relationship）：公司所有来宾等

组织结构图（Organization Chart）（本职位的上下级关系：实线框表示；协调关系：虚线框表示，如图 2－5 所示）

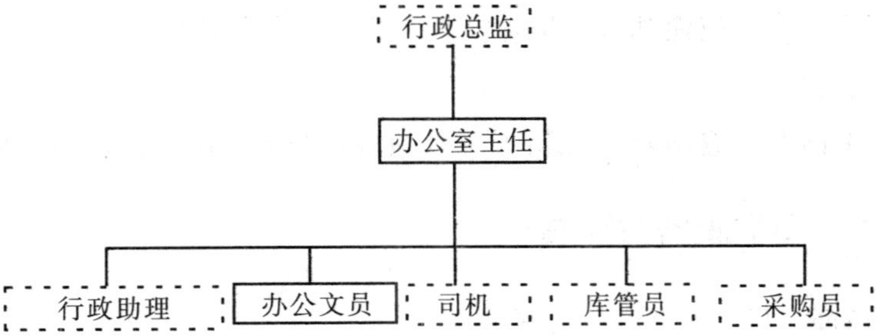

图 2－5

工作职责（Responsibilities）：

◇ 负责接转公司来电，必要时作记录并通知到人（铃声不过三）；
◇ 负责来访客人登记、接待、引领；
◇ 负责公司考勤监督、记录、汇总、申报；
◇ 负责公司会议室、会客室使用的管理、时间安排；
◇ 负责保持前台、会议室、会客室的整洁美观；
◇ 负责传真机、复印机的日常使用及维护；
◇ 负责公司各种行政表格的管理与发放；
◇ 负责公司、个人所订报纸、期刊的分发；
◇ 负责公司传真、信件、包裹的收发、传送；
◇ 负责水票的管理及饮用水的供给；
◇ 负责飞机及火车票订票工作；
◇ 上级主管交办的其他事务性工作。

主要权力：

◇ 人事权力：对部门内部人员任职、晋升、降级等有建议权；
◇ 财务权力：对日常费用开支与节流等有建议权；
◇ 决策权力：对自己所负责事项的改进方法等有决策权/建议权。

必备能力和要求：

◇ 中专以上学历，25 岁以下，2 年以上相关工作经验；熟练应用各类办公软件，具备一定英语会话能力；

◇ 仪表端庄，嗓音甜美，身高 165CM 左右；办事干练，工作热情认真，责任感强，诚实可靠；

◇ 良好的沟通技能和服务精神，有外企工作经验者优先。

工作目标：

◇ 给来访者（含电话）以恰如其分的接待服务，树立公司第一形象。

2.3.6 司机职务说明书

职位名称（Position）：司机

部门（Department）：行政办公室

职务概念：

保证车辆状况良好，按时出车，确保车辆正常使用和安全。

关系（Relationship）：

汇报给（Report to）：行政办公室主任

直属下级（Underling）：无

内部关系（Internal Relationship）：行政助理、采购员、库管员、办公文员等

外部关系（External Relationship）：车管所、各级供应商、置业

组织结构图（Organization Chart）：（本职位的上下级关系：实线框表示；协调关系：虚线框表示，如图2－6所示）

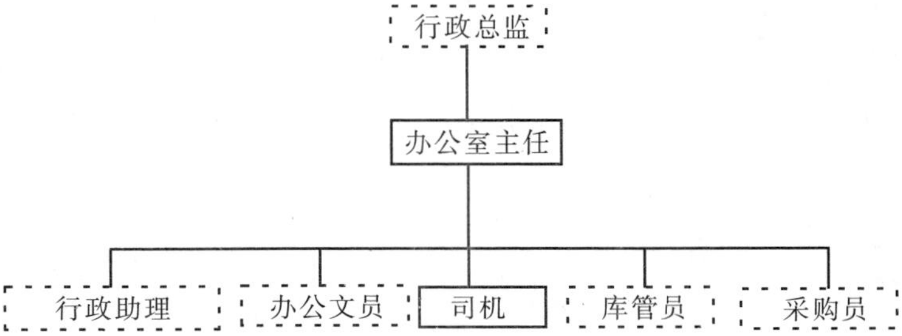

图2－6

工作职责（Responsibilities）：

◇ 负责公司所有车辆的保管、维修及调配；

◇ 负责公司车辆的使用安排及保养；

◇ 负责车辆的日常清洁与油料加载；

◇ 负责按时出车，确保公司各部门业务用车；

◇ 负责公司紧急情况下的出车；

◇ 负责办理车辆的年审；

◇ 负责公司车辆交通事故的处理；

◇ 其他与司机相关的事项。

主要权力：

◇ 人事权力：对部门内部人员任职、晋升、降级等有建议权；

◇ 财务权力：对车辆日常费用开支与节流等有建议权；

◇ 决策权力：对车辆维修、保养等有决策权/建议权。

必备能力和要求：

◇ 中专以上学历，5年以上驾车经验；

◇ 有大宗货物的采购工作经验或相关项目经历；

◇ 有物业管理的工作经验或相关项目经历；

◇ 工作认真负责，有团队合作精神。

工作目标：

◇ 使车辆性能始终处于良好状态。

第3章

了解你的员工

3.1 员工人格差异

3.1.1 员工的人格

在企业中，每个员工之间都存在着差异。对待同一件事情，每个员工的心理活动、行动反应等都会有所不同。这种差异就是人格的差异。在员工管理活动中，了解员工的人格差异将对提高员工管理的水平有很大帮助。

所谓人格，《中国大百科全书》是这样定义的："人格是个体特有的特质模式及行为倾向的统一体，又称个性……较为综合的界说可称个体内在的行为上的倾向性，表现一个人在不断变化中的全体和综合，是具有动力一致性和连续性的持久自我，是个人在社会化过程中给人以特色的身心组织。在伦理学中，人格是指人的尊严、价值和品格的总和。"

人格具有相对稳定性和可塑性，人体的人格具有共性和差异性。

人格的相对稳定性和可塑性。虽然员工有时在受到外界强烈刺激之后，做出与人格不符的行为；但在大多数情况下，员工的心理活动和行为模式是相对稳定的。随着时间的推移，员工的人格有可能会发生缓慢的变化，这种变化在短时间内是不易被察觉的，只有相处时间较长的员工（一年，两年甚至更长时间）才有可能会发现这种变化。

人格具有共性和差异两个方面。每位员工都有与其他员工相同的地方和与众不同的地方。即便是两个个性很像的员工，他们之间的差异也是存在的，员工的人格差异为员工管理带来了挑战。

比如，同样是批评，不同的员工对批评的感受和反应是不同的，管理者如果要取得批评的最佳效果，就必须根据受批评员工不同的人格特征，设计不同的批评方式。

充分体察不同员工的人格特征，并根据人格特征采取不同的管理方式进行管理，已经成为许多优秀管理者的一种良好的管理习惯。

3.1.2 影响人格形成的因素

影响员工人格形成的因素有很多，基本上可以划分为遗传因素、环境因素和经验因素三个方面。

1. 遗传因素

遗传因素是人格形成的生理基础。遗传决定了人的体型、性别、相貌、神经系统特征等生理构造。比如父母和孩子之间存在着某种相像，不仅是相貌、体型上的相像，有时还会有一些性格、行为习惯方面的相像。另外，遗传因素会对人的学习潜力、生物节律、反应时间、耐心等方面产生重要的影响。

一些遗传的生理性因素，如内分泌功能失调等也会对人格的形成产生重要的影响。比如，甲状腺激素分泌过多会让人表现出烦躁、神经过敏、焦虑等症状。

2. 环境因素

环境因素是人格形成和发展的重要因素。遗传因素属于先天因素，环境因素和个人因素都属于后天因素。环境因素可分为家庭环境、学校环境和社会环境。

家庭环境对人的影响是巨大的，特别是在孩提时代的影响，这种影响有时会伴随人的一生。家庭因素的影响主要来自于家庭成员，家庭成员的行为方式、思想观念、生活习惯等都会对孩子产生影响。

人的青少年时期都是在学校度过的，这个时期正是青少年长身体、长知识的时期，个体行为在青少年时期逐渐成熟，道德标准和为人处世的态度也逐渐形成，人格基本定型。

社会环境对人格的形成和发展具有潜移默化的作用。在任何一种文化特征下的人们都会被现有价值观所影响。但是，社会环境的影响力对每个个体是不相同的，甚至存在很大的差异。

3. 个人因素

个人因素对人格的发展产生了重要的影响。个人因素主要分为角色因素和主观因素两个方面。

角色因素是指由于个体在组织中长期地扮演着某种角色，而使个体朝角色个性趋势发展。比如，一个起初不太善于与人交往的员工，由于长期从事市场销售工作，从而使自己变得善于与人交往。父亲和丈夫的角色也可以使人变得更加善于关心别人和负有责任感。

主观因素是指通过个体的主观努力而改善了个体的人格因素。比如一个不敢当众发言的年轻人十分羡慕口若悬河的演讲家，于是自己刻苦训练，寻找一切机会练习口才，最终成为了一名著名的演讲家。需要说明的是，很多人对自己人格中的缺点往往采取回避的态度，而惧怕去改善它。

3.1.3 西方人格理论

1. 认知理论

美国心理学家凯利的认知理论认为，所有人的独特的人格来自于他们对待人生的独特模式或风格。这种模式或风格也称为个人观念，个人观念是人们去努力地认识现实世界时所产生的结论。人们通过个人观念去预测和控制他们的环境，使这些环境为自己的奋斗提供帮助。

认知理论最根本的观点就是人们为事件预先准备的方式在很大程度上决定着他们的行为。

2. 显著特性理论

美国心理学家奥尔波特的显著特性理论认为，不同的人之所以能够对刺激作出不同的反应，是因为每个人对刺激反应的倾向和偏爱不同，这种倾向和偏爱就是人的显著特性。显著特性就是人的人格。

显著特性理论还认为，每个人的显著特性的集合总是不同的，所以世界上的每个人也都是唯一的。

3. 心理分析理论

奥地利心理学家弗洛伊德的心理分析理论认为人格包括三个不同的部分。它们是本我、自我和超我。

本我是人性最初和最基本的体系，它包括大脑遗传的部分和本能；自我是指导人的行为的引导者，自我可以区分只存在于主观意念中的东西和存在于客观现实中的东西；超我是个性的道德武器，它代表了由父母教给孩子的典型的、社会的价值观和传统。

心理分析理论认为，行为是人格三个部分结合运用的结果。从另一个角度出发，可以将本我看作是人格的生理部分，自我是人格的心理部分，超我是人格的社会部分。

3.1.4 中国传统人格类型划分

南京师范大学杨鑫辉教授、华东师范大学叶奕乾教授等学者认为，中国古代思想家的人格学说可以分为三种：

1. "阴阳五行"气质类型人格说

《黄帝内经》按金、木、水、火、土将人分为五种类型，再根据五行各属的宫、商、角、徵、羽五音将每一种类型划分为一个主型和四个亚型，共推演出25种：

（1）金形之人：禀性廉洁，性情急躁，行动刚猛强悍，有管理才能。

主型：上商之人，坚韧刚毅

亚型：中商之人，廉洁自守

右商之人，潇洒舒缓

大商之人，明察是非

少商之人，威严庄重

（2）木形之人：有才智，好用心机，体力不强，多忧劳于事。

主型：上角之人，雍容柔美

亚型：太角之人，谦和优柔

左角之人，随和顺从

钛角之人，努力进取

判角之人，正直不阿

（3）水形之人：不恭敬不畏惧，善于欺诈。

主型：上羽之人，人格卑下

亚型：大羽之人，常洋洋得意

少羽之人，忧郁内向

众羽之人，文静清廉

桎羽之人，安然少动

（4）火形之人：行走时身摇步急，心性急，有气魄，轻财物，少信用，多忧虑，判断力敏锐。

主型：上徵之人，做事主实效、认识明确深刻

亚型：中徵之人，认识浅薄

少徵之人，多疑善虑

右徵之人，勇猛而不甘落后

判徵之人，乐观无忧而怡然自得

（5）土形之人：行步稳重，做事取信于人，安静不急躁，好助人不争权，善

与人相处。

主型：上宫之人，诚恳忠实

亚型：太宫之人，平和柔顺

加宫之人，善乐快活

少宫之人，圆滑灵活

左宫之人，极有主见

2. 品德个性说

古人将人格品质划分为不同的等级。例如《尚书》中的“九德”（即宽而栗、柔而立、愿而恭、乱而敬、扰而毅、直而温、简而塞、强而义）实际上就是把人分为九种人格类型。春秋战国时，孔子将人划分为“上智”、“中人”、“下愚”三种，唐朝韩愈把人格划分为“上”、“中”、“下”三个等级。

3. “习与性成”个性说

明代李贽在《明灯道古录》中说道：“夫天下至大也，万民至众也，物之不齐，又物之情也。”明确提出“物情不齐”的个性说。他认为天下万物万民都是不同的，重视人与人之间的人格差异。

（资料来源：叶奕乾主编《现代人格心理学》P9～17，上海教育出版社2005年8月第一版）

3.2 员工气质差异

3.2.1 员工的气质

在企业中，我们会发现每个员工的脾气和性情都有所差别，有的员工直率、热情、精力充沛；有的员工安静、内向、善于忍耐；而有的员工孤僻、敏感、非常情绪化；还有的员工反应迅速、善于交际，等等。

我们通常所说的“性情”、“脾气”都是气质最通俗的说法。气质是人的个性特征之一，它是人心理活动的动力特征。所谓动力特征是指人心理活动进行的速度、强度、灵活性、稳定性和指向性。

心理活动的速度是指知觉的速度；强度是指情绪的强弱，意志努力的程度；灵活性是指思维的灵活程度；稳定性是指注意力集中的时间长短；指向性是指人是倾向于外部事物，还是内心感受。

气质不会因为活动的内容、个人的动机和目的的转移而改变，气质是一种稳定的心理特征。在不同的实践活动中，心理状态、气质都会在个体身上以相同的形式表现出来。巴甫洛夫认为，气质是每个人最一般的特征，是他神经系统最基本的特征，而这种特征在每个人的一切活动中都打上了一定的烙印。

气质只表明不同的个体在行为中的差异，气质本身并没有优劣之分。更不能用气质类型来对一个人未来成就的可能性加以区别。另外，气质也可以随着人的受教育程度、生活阅历和身体状况而发生变化。

3.2.2 气质的类型

1. 气质的类型

我国古代学者对气质进行过分类。比如孔子就把人分为“狂”、“狷”和“中行”三类。“狂”是指狂妄的人，“狷”是指拘谨的人，“中行”是指中庸的人。根据五行学说，将人分为金、木、水、火、土五种类型。按阴阳理论，把人分为太阴型、少阴型、太阳型、少阳型及阴阳和平型。

目前最常用的气质分类方法源于古希腊著名医生希伯克拉底提出的气质学说。根据该气质学说，人的气质分为粘液质、多血质、胆汁质和抑郁质四种类型。

粘液质：其特征是反应速度慢、情绪兴奋性较低、内倾明显、安静沉稳、自制力强、稳定性强、偏固执、冷静、外部表现少；

多血质：其特征是反应敏捷、情绪兴奋性高、外部表现明显、性情活跃、善于交际、注意力和情绪容易转移；

胆汁质：其特征是反应速度快、情绪兴奋性高、精力旺盛、控制能力差、不灵活、容易激动、急躁、易怒、情绪体验强烈而持久、直爽热情；

抑郁质：其特征是反应速度慢、情绪兴奋性低、体验深刻、不灵活、好静、内倾、多愁善感。

2. 气质类型的自我测试

任何人的气质都具有多种因素，一般的分类方法是看你的气质中哪种因素多，就可以将自己划归为哪一类。

评分标准很简单，在你读完一道题后，如果认为该题与你平时所想和所做的事情“完全符合”，则可为该题计 3 分；如果处于模棱两可之间，“既符合又不太符合”，则应为该题计 2 分；如果是涉及一二，大部分“不符合”，则计 1 分；如果差之千里，则只能计 0 分（见表 3－1～3－4）。

表 3－1　　多血质测试表

序号	多血质因素测评表	计分
1	假如工作枯燥无味，马上就会情绪低落	
2	反应敏捷，大脑机智	
3	在人群中不觉得过分拘束	
4	在多数情况下情绪是乐观的	
5	希望做变化大、花样多的工作	
6	能够很快忘记那些不愉快的事情	
7	疲倦时只要短暂休息，就能精神抖擞地投入工作	
8	能够同时注意几件事物	
9	讨厌做那种需要耐心、细致的工作	
10	符合兴趣的事情，干起来劲头十足，否则就不想干	
11	接受一件任务后，就希望把它迅速解决	
12	工作和学习时间长了，常常感到很疲倦	
13	理解问题比别人快	
14	善于和人交往	
15	到一个新的环境很快就能适应	

评语：

如果你的统计最后得分超过 30 分，那么毫无疑问，你一定是个典型的多血质类型的人，想必你平时会表现出这样的特征：活泼、好动、反应迅速、喜欢与人交往、注意力和兴趣容易转移，具有外倾向性等。

表 3－2 **胆汁质测试**

序号	胆汁质因素测评表	计分
1	做事有些莽撞，常常不考虑后果	
2	兴奋的事情常常使自己失眠	
3	做事总有旺盛的精力	
4	羡慕那些能够克服自己感情的人	
5	宁愿侃侃而谈，不愿窃窃私语	
6	别人说我“出语伤人”，可我并不觉得这样	
7	喜欢运动量大的剧烈运动，或参加各种文体活动	
8	情绪高昂时，觉得干什么都有趣；情绪低落时，又觉得干什么都没有意思	
9	认准一个目标就希望尽快实现，不达目的，誓不罢休	
10	遇到可气的事情就怒不可遏，想把心里的话一吐为快	
11	喜欢参加气氛热烈的活动	
12	爱看情节起伏跌宕、激动人心的小说或文学作品	
13	和周围人们的关系总是相处不好	
14	对学习、工作、事业怀有很高的热情	
15	和人争吵时，总是先发制人，喜欢挑衅	

评语：

如果你的总分超过 30 分，则为典型的胆汁质类；如果得分介于 15 与 30 分之间，则为一般型的胆汁质类。该类气质具有直率、热情、精力旺盛、情绪易于激动、心境变化剧烈的特点。你是否具有这一特点呢？

表 3－3 **粘液质测试**

序号	粘液质因素测评表	计分
1	喜欢安静的环境	
2	做事力求稳妥、不做无把握的事	
3	理解问题时常比别人慢	
4	遇到令人气愤的事，能很好地自我控制	
5	当注意力集中于一件事物时，别的事物就难以使自己分心	

续表

序号	粘液质因素测评表	计分
6	能够长时间做枯燥、单调的工作	
7	与人交往不卑不亢	
8	喜欢有条理而不甚麻烦的工作	
9	喜欢有规律，很少违反制度	
10	别人讲授新知识、新技术时，总希望他讲慢些，并且多重复几遍	
11	不能很快地把注意力从一件事情转移到另一件事情上去	
12	在学习和生活中，常常因为反应慢而落后于人	
13	认为墨守成规比冒风险强些	
14	对工作报以认真、严谨、始终如一的态度	
15	不喜欢长时间谈论一个问题，愿意实际动手干	

评语：

很显然，在粘液质因素测试表中获得高分的人一定具有与前两组迥然不同的气质类型。这类人安静、稳定、反应缓慢、沉默寡言、情绪不易外露、注意力稳定而又难以转移，善于忍耐，但缺乏热情。

表 3－4　　抑郁质测试

序号	抑郁质因素测评表	计分
1	别人说我总是闷闷不乐	
2	别人讲新概念，我常常听不懂，但是听懂后就很难忘记	
3	碰到陌生人觉得很拘束	
4	遇到问题时常常举棋不定，优柔寡断	
5	小时候会背的诗歌，我似乎比别人记得清楚	
6	爱看感情细腻、描写人物内心活动的文学作品	
7	宁可一个人干事，不愿很多人在一起	
8	心里有事，宁愿自己想，也不愿说出来	
9	同样和别人学习、工作一段时间后，常比别人更疲惫	

续表

序号	抑郁质因素测评表	计分
10	喜欢复习学习过的知识，重复做已经做过的工作	
11	做作业或完成一件工作总比别人花更多的时间	
12	当我烦闷的时候，别人很难使我高兴起来	
13	一点小事情就能引起情绪波动	
14	碰到危险情况时，常常有一种极度恐惧感	
15	厌恶那些强烈的刺激，如尖叫、噪音、危险镜头	

评语：

如果你的结果超过了30分，那么你无疑应该归为典型的抑郁质类了。不用多说，一个孤僻、行动迟缓、体验深刻、善于觉察别人不易察觉到的细小事物的形象，已出现于眼前，这个人是你吗？

值得注意的是，当你答完全部问题后，如果某类气质得分明显高出其他三种，均高出4分以上，则可以确定你就是该种气质类型；如果两种气质类型的总分十分接近，二者之间的差数小于3，而又明显高于其他两种类型，其高出部分超过4分以上，则可定为两种气质的混合型；如果有三种气质的总分相差无几，但又明显高于第四者，那么你的气质属于三种气质的混合型。

（资料来源：刘仲仁主编《大学生择业指南》P24～29，中国物资出版社 2000年1月第一版）

3.2.3 气质与职业

不同的气质特征为一个人从事某种职业提供了便利条件。比如说，要求迅速灵活反应的工作，多血质和抑郁质的人比较合适；要求持久、细致的工作，粘液质和抑郁质的人较为合适。对于一些特殊的职业，如宇航员、雷达观测员等对人的气质有较严格的要求，必须经过气质特征的测定，进行严格的选择和淘汰，才能确定能够胜任这些活动的人员。

另外，根据前苏联学者鲁萨罗夫对气质类型与群体协同活动关系研究发现，两个气质类型不同的人在协同活动中，比气质类型相同的两个人配合所取得的成绩要好。皮卡洛夫的研究表明，气质特征相反的两个人合作，不仅合作效果好，而且还有利于团结。

1. 职业气质的类型

根据国外职业分类规范和国内心理学界的研究成果，职业气质可以分为以下12 种类型（见表3－5）：

表 3－5　　**职业气质类型表**

变化型	这些人在新的、意外的活动或工作环境中感到愉快，喜欢工作内容经常有些变化。在有压力的情况下，他们的工作往往很出色。他们追求多样化的活动，善于将注意力从一件事情转移到另一件事情上。典型的职业有记者、推销员、采购员、演员、公安消防员等
重复型	这些人适合连续不断地从事同样的工作，喜欢按照一个机械的、别人安排好的计划和进度办事，爱好重复的、有计划的、有标准的工作。典型的职业有纺织工、印刷工、装配工、电影放映员、机械工、中小学教师等
服从型	这些人喜欢按别人的指示办事，不愿意自己独立作出决策，而喜欢让他人对自己的工作负起责任。典型职业有秘书、办公室职员、翻译人员等
独立型	这些人喜欢计划自己的活动和指导别人的活动，在独立和负有职责的工作环境中感到愉快，喜欢对将要发生的事情作出预测。典型的职业有管理人员、律师、警察、侦察人员等
协作型	这些人在与人协作工作时感到愉快，善于让别人按自己的意愿办事，也能按别人的意愿办事，很想得到同事们的喜欢。典型职业有社会工作者、咨询人员等
孤独型	这些人喜欢单独工作，不愿与人交往，较适合的职业有校对、排版、雕刻等
劝服型	这些人喜欢设法使别人同意自己的观点，一般通过谈话、写作来表达思想，对别人的反应有较强的判断力，且善于影响他人的态度、观点和判断。典型的职业有政治辅导员、行政人员、作家、宣传工作者等
机智型	这些人在紧张和危险的情况下能很好地执行任务，在危险情况下能自我控制镇定自如，在意外的情况下工作得很出色，当事情出现了差错也不易惊慌。典型的职业如驾驶员、飞行员、消防员、救生员、潜水员等

续表

经验决策型	这些人喜欢根据自己的经验作出判断，当别人犹豫不决时，他们能当机立断，作出决定。善于处理那些能直接经历或感觉到的事情，在必要时，用经验和直觉来解决问题。典型职业如采购、供应、批发、推销、个体摊贩等
事实决策型	这些人喜欢根据事实作出决定，根据充分的证据来下结论，喜欢使用调查、测验、统计数据来说明问题，引出结论。典型的职业如化验员、检验员、自然科学研究者等
自我表现型	这些人喜欢表现自己的爱好和个性，喜欢根据自己的感情来作出抉择，通过自己的工作来表达自己的理想。典型职业如演员、诗人、音乐家和画家等
严谨型	这些人注意细节的精确，按一套规则和步骤尽可能将工作做得完美。典型的职业如会计、出纳、统计和档案管理等

3.3 员工性格差异

3.3.1 员工的性格

员工与员工之间的个性差异最明显的就是性格差异。一个人的性格可以从这个人的态度和行为中表现出来。严格地讲，性格是指一个人对客观现实的态度和在习惯的行为方式中所表现出来的较稳定的心理特征。人的性格是受一定思想、意识、信仰、世界观的影响和制约的。性格是行为方式、心理方式、情感方式的总和。

性格决定心理反应的内容，性格制约着能力、气质的表现。能力和气质都是个性的成分，只是从不同角度来说明个性的。心理学研究和实践证明，某些性格特征可以促进能力的形成和发展，而某些性格特征则可以支配和控制气质。

一个人性格的形成包括先天因素和后天因素。先天因素主要是生理遗传状况的差别，后天因素包括自然环境和社会环境两个方面的影响。即便是双胞胎，在不同的环境下成长，性格的差异也会很大。

人的性格特征主要可以从四个方面进行考察。首先是情绪特征，人对情绪是否有较强的控制力、情绪对人行为的影响程度，等等；其次是理智特征，它是指人们表现在感知、记忆、想象和思维等认知方面的个体差异；再次是意志特征，当人为了达到自己的目标时，是否有坚强的意志，来自觉地控制自己的行为；最后是对现实的态度，比如如何处理个人、组织与社会的关系，对他人、对自己的态度，等等。

3.3.2 性格的类型

根据性格的指向性，可以把人的性格分为外向型和内向型。外向型通常善于交际，不拘小节，重视客观世界，对客观事物和他人感兴趣；内向型通常对事物比较敏感，非常在意别人的评价，不善交际，重视自己的内心世界，对客观事物和他人比较冷漠。

另外，还可以按生活方式分类。著名的心理学家斯普兰格根据人类的生活方式将性格分为六类：

（1）宗教类：信仰宗教，坚信永存的绝对生命；

（2）经济类：用经济的手段来衡量一切事物，非常关心自己获得的财产，并以追求利润为奋斗目标；

（3）社会类：关心他人，也喜欢被别人重视，非常注重别人的感受，以帮助他人为乐趣；

（4）理论类：有较强的逻辑分析能力，喜欢冷静而客观地观察事物和分析问题，对很多事情有自己的独到见解；

（5）权力类：热衷于权力的争夺和权力的使用，以命令、指挥和控制别人为乐趣；

（6）审美类：以艺术的眼光看待周围的一切事物，可以从非常普通的事物中发现美的存在，不关心现实生活。

3.3.3 性格与职业

性格与职业选择的自测表是测定性格与职业关系的最常用的一种测量工具。英国职业顾问处的心理学家们根据一项为期三年的研究，制定出了这套衡量个性特点的试题以求科学地解答每个人所能适应的工作。

这种测试将现代职业分为四大类：人、程序与系统、交际与艺术、科学与工程，每一大类又可进一步分为若干项（见表3－6～3－9）。

表3－6　　**第一类　人**

问　　题	选择答案 是	否
1. 我在作出决定前常考虑别人的意见	A	C
2. 我愿意处理统计数据	C	A
3. 我总是毫不犹豫地帮助别人解决家庭问题	A	C
4. 我常常忘记东西放在哪儿	B	C
5. 我很少能通过讨论说服别人	C	B
6. 大多数人认为我可以忍辱负重	C	A
7. 在陌生人中我常感到不安	C	B
8. 我很少吹嘘自己的成就	A	C
9. 我对世事感到厌倦	B	C
10. 我参加一项活动的主要目的是取胜	C	A
11. 我容易被大多数人所动摇	C	B
12. 我作出选择后就会按照我的办法去做	C	A
13. 我的工作成就对我很重要	B	C
14. 我喜欢既需要大量体力又需要大量脑力的工作	A	C
15. 我常问自己的感受如何	A	C
16. 我相信那些使我心烦意乱的人自己心里清楚	C	B

得分（不计算答案C）

A得分　　（　　）照料人

B得分　　（　　）影响于人

A和B总分（　　）人

表 3－7 **第二类　程序与系统**

问　　题	选择答案 是	否
1. 我喜欢整洁	A	C
2. 我对大多数事情都能迅速作出结论	C	A
3. 受过检验和运用过的决议最值得遵循	A	C
4. 我对别人的问题不感兴趣	B	C
5. 我很少对别人的话提出疑问	C	B
6. 我并不总是能遵守时间	C	A
7. 我在各种社交场合下都感到坦然	C	B
8. 我做事总愿意先考虑后果	A	C
9. 在限定的时间内急迫地完成一件事很有趣	B	C
10. 我喜欢接受紧张的新任务	C	A
11. 我的论点通常可信	C	B
12. 我不善于查对细节	C	A
13. 明确、独到的见解对我是很重要的	B	C
14. 别人会制约我的自我表达	A	C
15. 我总是努力完成已经开始的事情	A	C
16. 大自然的美使我震惊	C	B

得分（不计算答案 C）

A 得分　　（　　）语言

B 得分　　（　　）财经/数据处理

A 和 B 总分（　　）程序与系统

表 3－8　　**第三类　交际与艺术**

问　　题	选择答案 是	 否
1. 我喜欢在电视节目中扮演角色	A	C
2. 我有时难于表达自己的意思	C	A
3. 我觉得我能写短篇故事	A	C
4. 我能为新的设计提供蓝图	B	C
5. 关于艺术我所知甚少	C	B
6. 我愿意做实际事情，而不愿读书或写作	C	A
7. 我很少留意服妆设计	C	B
8. 我喜欢同别人谈自己的见解	A	C
9. 我满脑子的独创思想	B	C
10. 我发现大多数小说很无聊	C	A
11. 我特别不具备创造力	C	B
12. 我是个实实在在的人	C	A
13. 我愿意将我的照片、图画给别人看	B	C
14. 我能设计有直观效果的东西	B	C
15. 我喜欢翻译外文	A	C
16. 不落俗套的人使我感到很不舒适	C	B

得分（不计算答案 C）

A 得分　　（　　）文学、语言、传导

B 得分　　（　　）可视艺术与设计

A 和 B 总分（　　）交际与艺术

表 3－9　　　　　　　　　　　第四类　科学与工程

问题	选择答案 是	否
1. 辩论中，我善于抓住别人的弱点	C	A
2. 我几乎总是自由地作出决定	C	A
3. 想个新主意对我来说不成问题	A	C
4. 我不善于令别人相信	B	C
5. 我喜欢事前将事情准备好	C	B
6. 抽象的想象有助于解决问题	C	A
7. 我不善于修修补补	C	B
8. 喜欢谈不可能发生的事	A	C
9. 别人对我的议论不会使我难受	B	C
10. 我主要是靠直觉和个人感情解决问题	C	A
11. 我办事有时半途而废	C	A
12. 我不隐藏自己的情绪	C	A
13. 我发现解决实际问题很容易	B	C
14. 传统方法通常是最好的	B	C
15. 我珍惜我的独立性	A	C
16. 我喜欢读古典文学作品	C	B

得分（不计算答案 C）

A 得分　　（　　）研究

B 得分　　（　　）实际

A 和 B 总分（　　）科学与工程

上面四个表中共有 64 个具体问题，每个问题后都有两个可供选择的答案，如果这个问题与你本人的情况相符，你在“是”栏中的字母上画圈；如果不符，可在“否”栏中的字母上画圈。最后按画圈的字母多少计分。要仔细阅读，每一条只选择一个答案。

问题都答完后，将你所选择的 A 与 B 按要求分别填入计分栏内，不要管所选定的 C。C 只表示你对某一类型工作缺乏兴趣，故不具体计分。

四个表中，分别有 4 个总分。0 ~4 分表明对某一类工作兴趣不大；5 ~12 分表明居中；13 分以上表明兴趣很浓。这四个表中总分最高的，说明这一类型工作最适合你，能满足你的个性要求。

根据 A 和 B 的得分多少，可以进一步来确定职业范围的具体工作。

人：

在这一大类中如果 A 得分多于 B，则说明你应该在医务工作、福利事业或教育事业中寻找职业。例如医生、健康顾问、照相师、社会工作人员、教师或演说家。如果 B 得分多于 A，那么你对治理、商业或者管理方面会感到得心应手。例如，军队、警察、监狱、安全警卫、贸易代理、市场管理、资本开发、广告经营或市场研究等工作。

程序与系统：

在这一大类中，如 A 得分多于 B，表明你适合做行政管理、法律或宗教工作。例如，办公室主任、人事管理、公司秘书、律师、职业秘书、图书馆员、档案员、书籍研究或记录员。如 B 得分多于 A，那么你更适合做金融和资料处理工作，包括会计、银行、估价、保险统计、计算机程序和系统分析等工作。

交际与艺术：

在这一类中，A 得分比 B 多表明你适合做编辑、文学或语言工作，如记者、翻译、电台或电视台研究员、广告抄写员或公共事务管理员。如果 B 得分多于 A，表明你更适合做设计和可视艺术工作，例如图案设计、制图、建筑、内部设计、剧场设计、时装设计或摄影等工作。

科学与工程：

这类工作可分为研究和实际。A 得分多适于前者，B 得分多适于后者。但由于这类工作中的大部分职业既包含研究又有应用，所以不可能按照 A 或 B 得分多少而作出更具体的规定。这类工作包括生物学家、物理学家、化学家、机械工程师和土木工程师等。

3.4 员工能力差异

3.4.1 员工的能力

在工作中，每位员工的能力特点是不同的。比如有的员工口齿伶俐，善于语言表达；而有些员工文笔流畅，善于书面写作；有的员工思维非常缜密，细小的错误都逃不过他的眼睛。如果我们能够根据员工的特长来安排工作岗位，则可以很大地提高工作效率。

能力是指一个人顺利完成某种活动的必要条件和心理特征的总和。能力是人的某种个性心理特征，而这些心理特征是稳定的。能力只有与人的活动联系在一起时，才能表现出来。

影响一个人能力的因素主要有生理因素、环境因素、活动因素和性格因素。生理因素是能力形成的生理基础；环境因素主要包括家庭因素、学校教育和社会历史条件等；活动因素与能力的发展息息相关，参加实践活动越多，能力发展就越快；性格和能力相互作用，相互影响，性格既可以阻碍某项能力的发展，也可以促进某项能力的发展。

3.4.2 能力的分类及结构

根据最容易理解的方式，可以将能力分为九大类。它们是空间判断能力、书写能力、语言能力、数理能力、察觉细节能力、组织管理能力、社会交往能力、运动协调能力及动手能力。

另外，还可以从一般能力、特殊能力和创造性能力的角度进行分类。一般能力又称智力，是指从事一切活动所必须具备的一些基本能力，比如注意力、记忆力等；特殊能力是指在从事具体的活动中所表现出来的专业能力，不同的特殊能力适合不同的专业活动的要求；创造性能力是指人的创造力，是指根据已有的知识和原理，来创造出新的知识、事物、产品等的能力。

由于能力具有复杂的心理结构特征，所以不同的学者对能力的构成因素也有不同的看法。

美国心理学家吉尔福特的“智慧结构”学说认为能力的第一个变项是操作，

它包括认识、记忆、分析思维、综合思维和评价五种能力类型；能力的第二个变项是材料内容，它包括图形、符号、语言和行为四种类型；能力的第三个变项是产品，即能力的活动结果，它包括单元、门类、关系、系统、转换和含蓄六个方面。三个变项相互结合就可以得到120种结合。每一种结合代表一种能力因素。

英国心理学家斯皮尔曼的二因素结构理论则认为，能力是由一般因素和特殊因素构成的，完成任何一项作业都是由一般因素和特殊因素决定的。在能力结构中，第一位的是一般因素，各种能力测验就是通过广泛取样而求出一般因素。

3.5 职业适应理论

3.5.1 职业适应理论

美国著名职业指导专家霍兰曾提出一种世界上颇有影响的职业指导理论。他认为，每个人的个性都划分为一定的类型，职业和个性一样也能划分成相应的类型，目前的个性和社会的职业类型可以划分成六种，即：实际型、研究型、艺术型、社会型、企业型和传统型。每一种类型的人对相应的职业类型感兴趣，个性类型和职业要进行合理的搭配。

实际型的人喜欢做有规则的、按基本程序进行的技术性和技能性的工作，这种类型的人不善于与别人交往。相应的职业有摄影师、机床操作工、修理工、电工、裁缝、木匠、建筑工等。

研究型的人喜欢独立解决一些抽象的问题，擅长分析和推理，喜欢一些能发挥创造力和想象力的工作，不喜欢担任管理工作。和研究型相应的职业有自然科学的研究人员、机电工程师、建筑设计师、计算机程序设计员、数学教师等。

艺术型的人喜欢通过艺术作品来表达自己的思想。这类人感情丰富，想象和创造能力都很强，但他们的操作能力比较差。相应的职业有诗人、画家、作曲家、作家、歌唱演员、音乐教师、雕塑家、编辑等。

社会型的人喜欢社交活动，善于与人接触和交际，善于处理各种人际关系，乐意帮助别人，比较关心社会问题。相应的职业有教师、医生、护士、律师、营业员、供销人员、宾馆服务人员、公关人员、商业个体户等。

企业型的人才有一定的组织管理能力，能掌管一些事物，喜欢做管理人的工作。相应的职业有厂长、车间主任、商店经理、车间调度员、校长、民警等。

传统型的人喜欢接受稳定的、有条理的、具体的工作任务，希望较快地看到自己的劳动成果，能有效地调节自己的行为，能在较长时间内从事某一种工作。相应的职业有会计、打字员、办公室秘书、售货员、理发师、园林工、厨师、邮递员、图书馆员、工作人员、统计员、档案管理员等。

3.5.2 职业索引

R：实际型 I：研究型 A：艺术型 S：社会型 E：企业型 C：传统型（见表3－10～3－15）

表3－10 实际型职业

代 号	职 业
RIA	建筑图纸设计员 牙科技术员 模型工 模型制造员 细木工
RIS	工艺教师 电工 报务员 玻璃装配工 织机修车工 电厂操作工 面包点心师 厨师 汽车加油站服务员 热处理工 焊接工 印刷操作工 潜水员 电器修理工
RIE	机动车工程师 机械工程师 交通工程师 电力工程师 电话工程师 电子技术员 机械工程技术员 飞机机械工 锅炉制造工 制图设计员 线路安装维修工 无线电修理工 汽车修理工 手表修理工 船舶装配工 雕刻工 钻石工 小型机器操作工 工具仓库管理员 房修工
RIC	机械设备技工 船上工作人员 电梯机修工 货物检验员 锁匠 托儿所负责人 钢琴调音工 缝纫机装配工 鞋匠 机床操作工 印刷工 装运工 接收办事员 卡车司机 制帽工 汽车装配工 钟表装配工 检验工
RAI	排字工 手工雕刻工 玻璃雕刻工 家具木工 手工绣花工 手工钩针编织工 印刷拼版工
RSE	制模工 管道安装工 铁道管理员 出租汽车驾驶员 消防员 餐馆招待员 仓库管理员 停车场服务员 警官 交通警 门卫 理发师
RSC	汽车驾驶员 电梯操作工 厨房助手 娱乐场所服务员 货物搬运工 起卸机操作工
RSI	农业职校教师 器械维修工 纺织工 编织工
REC	抄水表员 保姆 医学实验室动物饲养员 动物管理员

续表

代　号	职　　业
REI	船长 领航员 大副 商店经理
RES	旅馆服务员 火车工程技术员 捕鱼工 铺轨工 公园服务员 水手长 行李搬运工 救生员 导游 建筑工
RCI	勘测员 木匠 仪器操作员 电影放映员 化学工程师 资料室管理员 电焊工 油漆工 按摩师
RCS	电话维修工 公共汽车司机 游泳池服务员 泥瓦工 裁缝 邮递员 泥水匠 仪表抄表工 车工 矿工 裱糊工 水手 纺纱工 货车司机
RCE	起重机操作工 牵引车、铲车、拖拉机司机 邮件分类员 农场工人

表 3－11　　研究型职业

代　号	职　　业
IAS	经济学家 数学家 统计学家 国际贸易经济人员 内科医生 心理学家 哲学家
IAR	人类学家 天文学家 物理学家 医学病理学家 化学家 病理学家 画面修复者 艺术品管理员
ISC	侦察员 土木工程师 电气工程师 电视修理 医学实验室技术员
IRC	飞机领航员 飞机飞行员 计算机程序开发人员 工程技术员 动植物技术专家 纺织品检验员 制模工 工具设计者 仪器维修工
IRE	化验员 化学、纺织、航空工程师
ISR	生物学家 牙科医生 骨科医生 细菌学家 保健专家 气功师 推拿按摩师 自然科学教师
ISA	心理学家 内科医生 精神病医生 医学技术专家 医生 护士
IES	细菌学家 生理学家 药剂师 化验师 药房营业员
IEC	保险公司统计员 档案保管员
ICR	质量检验技术员 计算机操作工 研究助理人员 法官 图书馆技术辅助员
IRA	地质学家 外科医生 城市规划工程师 气象学家 人口统计学家地震学者 地理学家 石油地质学家 原子分子物理学家
IRS	农学家 动物学家 植物学家 生物化学家 遗传学家 园艺家 海洋科学家 环保专家 地理学家 兽医 X 光技术专家 食品科学家
ISE	邮政服务检查员 饮食顾问 营养学家

表3－12　　艺术型职业

代　号	职　　业
ASE	演员 舞蹈教师 戏剧、电影导演 英语教师 记者 外语翻译
ASI	哲学家 作家 时装模特儿 广告美术家 音乐教师 美术教师 文学教师 音乐家 歌唱家 乐队指挥 演奏员
ASC	法官 律师
AEC	时装模特 流行歌手 广播节目主持人
AIC	剧作家 画家 编辑 评论家 时装设计师 家具设计师 包装设计师 布景设计师 文学作者 记者
AIR	建筑师 绘图员 摄影师 漫画家 照相修描工 雕刻家
AER	新闻摄影师 电视摄影师 录音指导 魔术师 木偶戏演员 艺术指导
AEI	电影导演 舞台指导 音乐指挥
AES	流行歌手 舞蹈演员
AIE	花匠 工业产品设计师 复制雕刻品大师

表3－13　　社会型职业

代　号	职　　业
SEC	职业指导者 社会活动家 就业接待员 工商会事务代表 宿舍管理人员 旅馆经理 饮食服务管理员
SEI	医院行政管理者 大学校长 历史学家 职业学校教师 历史教师 资料员
SCE	戏院经理 生产协调人 餐馆经理 售票员
SRE	体育教师 儿童家庭教师 警察 安全人员 情报人员 专业运动员 传达员
SER	体育教练 游泳指导
SRC	理发师 护理员 公务员 医院勤杂工
SIA	临床心理学家 政治学家 大学教师 社会科学家 成人教育教师
SIE	体育治疗人员 海关检查员 营养学家
SIC	社会科学教师 描图员 食品检查员 咨询人员 药品检查员
SIR	伤科医师 理疗员 救护队工作人员 外科医生 教师
SEA	高中教师 小学教师 幼儿园教师 辅导员 国外服务办事员 劳动就业咨询人员
SAC	整容专家 发型设计师 美容师 理疗辅助人员
SAE	图书馆管理专家 特殊教育教师 飞行指导员 托儿所保育员

表 3－14 **企业型职业**

代　号	职　　　业
ECI	银行行长 审计员 房地产管理员 商业管理员
ERI	承包商 管理员 工业工程师 护士长
ERS	仓库管理员 房屋管理员
EAR	无线电、电视台播音员 舞台管理人员 播音员
ESC	商业经理 行政管理人员 办公室主任 人事负责人 调度员 劳动工资管理负责人 售货员
ESR	长途汽车驾驶员 护士长 书店售货员
ESI	福利机构负责人 批发部负责人 百货店经理 杂货店店员 出租汽车站调度员 博物馆管理人员
ESA	法官 律师 导游 推销员 飞行服务员
ECS	海关服务经理 零售商 会计 售票员 采办服务代理

表 3－15 **传统型职业**

代　号	职　　　业
CRI	开账单者 打字员 按键操作工 复印机操作工
CRS	档案管理员 缝纫工 仓库保管员 收款员
CRE	电机装配工 缝纫机操作工 实验室工作者
CIS	会计师 记账员 商店估价员 报刊发行员 统计员 邮政检查员 外贸检查员
CIE	办公室工作人员 报表制作人员 校对员 统计员
CIR	发报员 检修计划员
CSE	商业学校教师 旅馆服务员 电话接线员 接待员
CSR	旅游办事员 卖票员
CSI	交通检查员 铁路职员 办公室通信员
CSA	图书管理员 秘书 办公室办事员
CER	航空邮件检查员 邮递员 数据处理员
CEI	经济分析专家 推销员
CES	会计 法院报告人 速记员

3.6 员工素质测评

3.6.1 员工素质测评的种类

1. 四种能力倾向测评

（1）综合能力倾向：考查综合智力水平

（2）语言理解能力：考查语言的理解和表达能力

（3）数学运算能力：考查数学常识和数学运算能力

（4）类比推理能力：考查逻辑推理能力

被测者以上四项的得分越高则表明其各项能力越强。

2. 十六种人格特点测评

（1）实验性 Q1：低分者保守、尊重传统观念与行为标准
　　高分者自由、批评、激进、不拘泥于现实

（2）独立性 Q2：低分者依赖、随群附众
　　高分者自力自强、当机立断

（3）自律性 Q3：低分者矛盾冲突、不顾大体
　　高分者知己知彼、自律严谨

（4）紧张性 Q4：低分者心平气和、闲散宁静
　　高分者紧张困扰、激动挣扎

（5）乐群性 A：低分者缄默、孤独、冷淡
　　高分者外向、热情、乐群

（6）聪慧性 B：低分者思维不够敏捷、知识面窄、抽象思考能力较弱
　　高分者聪明、富有才识、善于抽象思考

（7）稳定性 C：低分者情绪激动、易烦恼
　　高分者情绪稳定而成熟，能面对现实

（8）恃强性 E：低分者谦逊、顺从、通融、恭敬
　　高分者好强、固执、独立、积极

（9）兴奋性 F：低分者严肃、审慎、冷静、寡言
　　高分者轻松兴奋、随遇而安

（10）有恒性 G：低分者苟且敷衍，缺乏奉公守法的精神

高分者有恒心、负责、做事尽职

（11）敢为性 H：低分者畏怯退缩、确乏自信心

高分者冒险敢为、少有顾虑

（12）敏感性 I：低分者理智、着重实际

高分者敏感、感情用事

（13）怀疑性 L：低分者信赖、随和、易与人相处

高分者怀疑、刚愎自用、固执己见

（14）幻想性 M：低分者现实、合乎成规、力求妥善合理

高分者幻想、狂放、任性

（15）世故性 N：低分者坦白、直率、天真

高分者精明能干、世故

（16）忧虑性 O：低分者安详、沉着、通常有自信心

高分者忧虑、抑郁、自寻烦恼

3. 四种二元人格测评

（1）适应与焦虑：低分者生活顺利、容易心满意足、能做到所期望及所认为重要及有意义的事情。但极端低分者，可能缺乏毅力、知难而退、不肯努力奋斗。

高分者通常易于激动焦虑，对于自己境遇常感不满，高度焦虑不但降低工作效率，而且也会影响身心健康。

（2）内向与外向：低分者内向，通常羞怯审慎，与人相处多拘谨不自然。内向的性格无所谓利弊，须以生活工作的条件为准，例如：内向者较专心，能从事较精确性的工作。

高分者善于交际，不拘小节，不受拘束。

（3）冲动与安详：低分者情绪多困扰不安，常有挫折感、气馁，遇到问题，必须再三思虑后才能采取行动；不过，较为含蓄敏感、温文尔雅、讲究生活艺术。

高分者安详警觉，果断刚毅，心平气和而稳重，深思熟虑，有进取精神；但过分安详者的态度常常使他过分现实，忽视了生活的情趣，甚至遇到重大变故时可能错失良机。

（4）怯懦与果断：低分者常常人云亦云，优柔寡断，受人驱使而不能独立，依赖别人的抉择，事事迁就，以获得别人的欢心。

高分者独立、果断、锋芒毕露、有气魄，能自动地寻找施展所长的环境，以充分表现自己的独创能力。

4. 六种实际应用素质测评

根据心理学家们长期的研究结果发现，人格特点在我们的实际生活中十分重要。因此，在上述人格特点的基础上，我们也可以通过统计推算出实际应用素质的得分，包括下列六种：

（1）心理健康水平：心理健康状况几乎是一切职业和事业成功的基础。心理不健康者，学习和工作效率都会降低。高分者可担任艰巨的工作。

（2）从事专业者素质：智力的高低固然是选择专业人才的标准，但是某些人格因素也是构成专业者气质的重要成分。高分者从事专业的素质较好。

（3）敬业精神：指专注职业而有成就的人格因素，高分者应有所成就。

（4）创造力：创造力的大小也与人格因素有密切的关系。高分者创造力强。

（5）适应新环境能力：指在新的工作环境中，有学习能力的人格因素。低分者成功的可能性较小，高分者则有希望适应新环境。

（6）事务管理能力：指在管理事务中比较重要的人格因素。高分者事务管理能力强。

3.6.2 员工素质测评工具实例

《人才素质测评及综合管理系统》（THINKER）技术概述

《人才素质测评及综合管理系统》（THINKER2.0 通用版）是北京大学心理学系与北京五同经济文化发展有限公司联合开发的一套科学地、全面地评价企业员工素质的测评软件系统。

THINKER 系统是严格按照心理测验的理论与方法研制出的测评系统。我们在比较和分析了大量国内外有关人员素质测评的资料后，认为可以从能力倾向和人格特点两个角度来评价员工素质。因此，THINKER 系统是由五种测验组成的，包括综合能力测验、语言理解能力测验、数学运算能力测验、类比推理能力测验及人格测验。

其中大部分题目是我们在参照有关的测验和企业中的实际情况自己编制的。它的各项指标均符合心理测量的标准。下面简单地介绍一些它的技术指标，包括常模的构成、信度、效度的检验。

1. THINKER 的常模的构成

从实用及市场开发的角度出发，我们的常模取样重点在于公司和企业的员工。与经典的心理测验的编制略有不同的是，我们对常模的取样是采用方便抽样，原因是要随机抽取一些企业，让他们的员工抽出两个小时来完整地作这种测试，几乎是不可能的，只能根据企业的实际情况，当有完整的时间段（如政治学习时间）时，见缝插针地做几个测试，实际实施起来相当困难。尽管如此，我们还是在2001 年3 ~6 月间先后在17 家单位做了近700 份测试，最后共获得有效数据584 份。在常模的建立过程中，我们充分考虑了年龄、性别、职业及文化程度的分布情况。例如下表就是常模中的性别、职业分布表。因为目前在我国还没有完整的职业分类，这给我们的职业取样带来了许多困难。我们从企业应用的角度出发，选取了所有企业或公司都必须具备的一些职业类型，并适当加以扩展，如文秘、财会、业务员、管理人员、研究开发人员，等等。根据取样的结果，又增加了文教这一栏（见表3 -16）。

表3 -16 **文教**

	文教	文秘	金融财会	业务人员	管理人员	科研人员	合计
男	45	40	25	43	65	36	254
女	121	61	42	44	28	34	330
总计	166	101	67	87	93	70	584

2. 量表的项目分析

我们对每个测验都进行了项目分析，以判断测验中的题目是否具有鉴别力。具体做法是求出每个测验中每道题的难度和鉴别力。难度以通过率表示，鉴别力是以高分组的通过率减去低分组的通过率来表示的。这里报告的只是其中的一部分。以语言理解能力测验为例，结果见下表。

表 3－17　　项目分析语言部分

测验一题号	低分组	高分组	鉴别力	难度	测验一题号	低分组	高分组	鉴别力	难度
V1	56.3	86.5	30.2	71.4	V11	23.1	46.0	22.9	34.9
V2	75.6	97.5	21.9	88.9	V12	39.4	89.6	50.2	69.9
V3	60.6	96.3	35.7	81.7	V13	15.0	65.0	50.0	37.5
V4	77.5	96.9	19.4	90.8	V14	9.4	78.5	69.1	41.3
V5	51.3	94.5	43.2	77.1	V15	31.3	92.6	61.3	65.4
V6	64.4	97.5	33.1	83.9	V16	23.1	85.9	62.8	59.6
V7	53.1	98.2	45.1	78.9	V17	32.5	98.2	65.7	74.0
V8	48.1	98.8	50.7	78.4	V18	26.9	82.8	55.9	58.6
V9	15.0	36.2	21.2	21.6	V19	6.3	15.3	9.0	11.0
V10	32.5	90.8	58.3	68.2	V20	5.0	16.6	11.6	11.0

从这里可以看出，并不是所有的题目都有较好的鉴别力，V8 太容易，通过率很高，鉴别力指数较低，而 V20 较难，通过率很低，鉴别力指数也很低。

3. 测验的信度分析：

（1）重测信度。

我们在两家单位做了重复测验，共 34 人，间隔时间为两个月。重测信度见下表。

表 3－18　　信度分析

	删项前	删项后
语言理解能力测验	0.4747*	0.5594*
类比推理能力测验	0.7913**	0.8183*
数学运算能力测验	0.8596**	0.8751*
综合能力测验	0.8417**	0.8417**

（注：*：$p<.01$，**：$p<.001$）

从上表可以看出，类比推理能力、语言理解能力和数学运算能力这三个分测验，删项后，重测信度均有提高，说明对部分项目不计分是很必要的。

（2）内部一致性系数（Cronbach's α 系数见表 3－19）。

表 3-19　　信度分析系数

样　　本	α 系数		
	语　言	推　理	数　学
N=584	0.7464	0.8715	0.8949
n=N×.05	0.8050 (n=27)	0.9198 (n=23)	0.8563 (n=27)
n=N×.07	0.7017 (n=41)	0.8409 (n=40)	0.8707 (n=37)
n=N×.10	0.6846 (n=65)	0.8214 (n=56)	0.8690 (n=58)

（注：n 是表示由 SPSS/PC+中 SAMPLE 命令抽取的随机小样本）

Cronbach's α 系数也是表示内部一致性高低的一个指标，其值越高说明所测验的内容越“单纯”、越一致，从上表来看，我们所采用的三个分测验内部一致性都较高，尽管下面我们可以看到，每个分测验都可以抽取出两个因素，但这两个因素仍是测量一个内容的。

4. **测验的效度分析**

（1）题目和总分相关分析。

题目和总分的相关也是判断测验题目是否有效的一个重要的指标。我们分别计算了各个测验中每题与该测验总分的相关。下表仍然是以语言理解能力测验为例来求其项目和总分的相关。

表 3-20　　效度分析 I

测验题号	相关系数	测验题号	相关系数
V1	.3075**	V11	.2025**
V2	.3278**	V12	.4610**
V3	.4118**	V13	.3979**
V4	.3293**	V14	.5263**
V5	.4727**	V15	.5203**
V6	.3866**	V16	.5372**
V7	.4919**	V17	.6336**
V8	.5375**	V18	.4634**
V9	.1763**	V19	.1256*
V10	.5155**	V20	.1304*

（注：*：$p<.01$，**：$p<.001$）

从上表可见，每题与总分的相关均达到.01的显著性水平，但这有可能是由于被试样本较大而造成的，可以看出，还是有些题目相关较低。

（2）因素分析。

因素分析方法也是确定构想效度的重要手段。我们对每个测验都做了因素分析。

下面报告的仍是对语言理解能力测验因素分析的结果。这些结果均是通过题目筛选后获得的（见表3－21）。

表3－21　　　　效度分析Ⅱ

	FACTOR1	FACTOR2
V3	.29802	
V5	.44907	
V6		.32401
V7		.34812
V8		.53565
V10		.41853
V11		.18582
V12		.45164
V13	.33562	
V14	.44640	
V15	.49855	
V16	.60771	
V17	.53433	
V18	.27386	

因素分析结果为题目的筛选提供了更加可靠的依据。在这里，语言理解能力测验基本上都能得到两个因素，说明这个测验的结构效度较好。

以上只是以语言理解能力测验为例说明THINKER的技术指标。其实该测评系统已经通过了中国心理学会组织的由心理学家和计算机专家组成的专家鉴定。专家们在鉴定意见书中给予了高度的评价，他们认为：“《人才素质测评及综合管理系统》是国内首家综合有关人才素质测验的管理系统，它依据目前国际上通行的方法，以人的能力倾向和人格特质为基础，测验的项目分析（包括项目的难度、鉴别力及项目与总分相关的等）结果可靠；筛选出的测评项目，符合心理测量学的基本要求；所有测验的信度也符合心理测验的要求；测验的效度分析（包括内部一致性分析和结构效度分析）结果显示：整个系统中各测验是可靠且有效的，可以作为人才素质测评的一种手段。”“该系统的常模涉及企业、学校、机关和团体，而且以企业为主体，可以使企业有关领导了解本企业所拥有的人才概况，合理地开发、使用、调配已有的人才资源，还可作为企业人事部门进行科学管理的决策辅助工具。”

（资料来源：《人才素质测评与人力资源开发》论文，作者：李同归、陈绍建）

小　结

对待同一件事情，每个员工的心理活动、行动反应等都会有所不同。这种差异就是人格的差异。影响员工人格形成的因素有很多，基本上可以划分为遗传因素、环境因素和经验因素三个方面。中国传统人格类型有三种划分方法：“阴阳五行”气质类型人格说、品德个性说、“习与性成”个性说。

气质是人的个性特征之一，它是人心理活动的动力特征。人的气质分为粘液质、多血质、胆汁质和抑郁质四种类型。不同的气质特征为一个人从事某种职业提供了便利条件。

员工与员工之间个性差异最明显的就是性格差异。根据性格的指向性，可以把人的性格分为外向型和内向型。

能力是指一个人顺利完成某种活动的必要条件和心理特征的总和。能力可分为九大类：空间判断能力、书写能力、语言能力、数理能力、察觉细节能力、组织管理能力、社会交往能力、运动协调能力及动手能力。

每个人的个性都划分为一定的类型，职业和个性一样也能划分成相应的类型，目前的个性和社会的职业类型可以划分成六种：实际型、研究型、艺术型、社会型、企业型和传统型。

第4章

员工压力管理

4.1 员工压力的种类和性质

4.1.1 什么是压力

联合国国际劳工组织发表的一份调查报告认为："心理压抑将成为21世纪最严重的健康问题之一。"企业管理者已日益关注工作情景中的员工压力及其管理问题。因为工作中过度的压力会使员工个人和企业都蒙受巨大的损失。据美国一些研究者调查，每年因员工心理压抑给美国公司造成的经济损失高达3050亿美元，超过500家大公司税后利润的5倍。因此，重视员工压力管理，已成为企业人力资源管理的一个重要方面。过度、持续的压力会导致员工严重的身心疾病，而压力管理能预防压力对员工造成的这种毁灭性损害，有效地维护、保持企业的"第一资源"——人力资源。员工压力管理有利于减轻员工过重的心理压力，保持适度的、最佳的压力，从而使员工提高工作效率，进而提高整个组织的绩效、增加利润。企业关注员工的压力问题，能充分体现以人为本的理念，有利于构建良好的企业文化，增强员工对企业的忠诚度。

当员工碰到不顺心的事情，或者对工作一筹莫展的时候，员工就会产生压力。适当的压力可以使员工产生工作的动力，但过大的压力反而会让员工精神颓废，无所适从。

从心理学的角度讲，压力是指员工个体在环境中受到种种刺激因素的影响而产生的一种紧张情绪。这种情绪会正向地或负向地影响到员工的行为，当压力出现时，人会本能地调动身体内部的潜力来应付各种刺激因素，这时会出现一系列的生理和心理变化。

承受压力所表现出的常见症状或信号有：第一，生理方面有心悸和胸部疼痛、头痛、掌心冰冷或出汗、消化系统问题（如胃部不适、腹泻等）、恶心或呕吐、免疫力降低等；第二，情绪方面易怒、急躁、忧虑、紧张、冷漠、焦虑不安、崩溃等；第三，行为方面有失眠、过度吸烟喝酒、拖延事情、迟到缺勤、停止娱乐、嗜吃或厌食、吃镇静药等；第四，精神方面有注意力难集中，表达能力、记忆力、判断力下降，持续性地对自己及周围环境持消极态度，优柔寡断等。

适度的压力对员工产生的刺激，可以使员工处于兴奋状态，增强进行某种活动的动机。在工作中，让员工保持适当的工作压力，可以使员工的工作更具有成效，并且员工本身也可以在工作中得到满足感、成就感等自我实现的感觉。当然，如果压力过大，员工经常无法完成自己的工作，员工的兴奋感会逐渐消失，随之而来的是挫折感和失败感。从而使工作效率低下，并对员工个人的心理产生消极的影响。

所以，在工作中保持适度的压力是非常重要的，这要求管理者能够体察到员工工作压力的状况，并积极地采取相应的措施。

4.1.2 员工压力的种类

企业的员工可能会面临着多方面的压力。从大的方面讲，可以分为家庭压力、工作压力和社会压力。

1. 家庭压力

每位员工都属于一个家庭，家庭环境的和谐与否对员工有很大的影响。美国著名精神病学家赫姆斯（Helmes）列出了43种生活危机事件，按压力影响程度主要有：配偶死亡、离婚、夫妻分居、拘禁、家庭成员死亡、外伤或生病、结婚、解雇、复婚、退休等。可见，生活中的每一件事情都可能会成为生活压力源。比如配偶感情不和、父母生病住院、子女学习成绩不好等，都会对员工产生压力。

有时员工不得不为处理这些事情而请假。当员工因为这些压力而求助于企业的人事部门或管理者时，企业应该给予员工力所能及的帮助，比如帮助调解纠纷等。

虽然这些事情可能与员工的工作无关，但是企业只有协助解决了员工的这些压力，才能够让员工全身心地投入工作。同时，员工也可以感受到企业对他的关怀。

2. 工作压力

工作压力是指在工作中产生的压力。

比如新员工刚上岗时可能会出现不适应的压力。新的岗位的许多因素都发生了变化，新员工可能会担心自己是否能够适应这份工作，从而产生了压力。

另外，当打破了日常的工作流程和工作强度时，也会产生压力。比如当员工接受紧急任务或重大任务时，员工可能会担心自己能否按时完成，或者担心自己的失误会对全局产生严重的影响，从而会产生压力。

随着社会的前进，新技术层出不穷。当员工面对新技术时，也会产生压力。特别是年纪大一些的员工，由于接受新技术的能力不如年轻人，可能会担心自己无法掌握这些技术，面临着下岗、失业的危险。

工作环境中的人际关系压力也不容忽视。在工作中，每位员工都不可避免的要与自己的上级、下级、同事或客户打交道。如果这些沟通产生了障碍，或者被别人所误解，就会产生人际关系压力。如果该员工人际关系处理得较为融洽，这方面的压力就会小些。良好的人际关系还会对工作的开展提供不少便利。

3. 社会压力

每位员工都是社会中的一员，自然也要体会到社会的压力。比如住房问题，由于我国的住房紧张，能拥有一套自己的房子，是很多人的梦想。如果没有合适的住房，自然会影响到员工的心情。

另外，如果员工的社会地位处于较低的层次，也会产生压力。当员工将自己的职业、收入、开支等与社会中的其他成员进行比较之后，也会产生社会压力。

4.1.3 员工压力的性质

员工压力是员工个体与环境相互作用或相互影响的结果。从本质上讲，压力来自于员工的需求，而需求是由环境所引起的。

员工的需求可分为生理需求和心理需求两大类。这些需求就是压力的来源，简称压力源。当员工感到自己的需求可能会超过自己的能力时，就会产生压力或潜在的压力。

在工作中，员工是否能体会到工作压力，主要取决于以下几个方面：

1. 员工对环境的感受

虽然是相同的环境，但不同的两位员工的感受可能会完全不同。

小王和小章都是软件开发人员，由于公司成立了新的开发组，开发经理准备把他们调入新的组里。开发经理把这个想法告诉了他们，但他们的反应却完全不同。小王认为，“开发经理之所以这么做，是因为比较看重自己，说明自己的工作比较出色，在新的开发组中，要学习很多新的技术，这是一次难得的学习机会。另外，在新的组里，自己的发展空间会大一些。”而小章却觉得，开发经理是想将他从现在的组里排斥掉，难道是自己的工作不如人意？

小王和小章截然相反的态度，给他们带来的压力也是不同的。小王会在今后的工作中更加努力，变压力为动力，很可能会取得更大的成绩。而小章如果沉迷在消沉的压力中不能自拔，很可能工作能力会真的不如人意。

2. 员工的个体差异

每位员工由于个性不同，对压力的体验和反应也会有所差别。另外，每个人的价值观、兴趣爱好、职业发展倾向不同，也会影响到员工对压力的不同体验。比如，对于活泼开朗的员工，组织一些员工活动和讨论会，可能没有任何压力，但对于一个性格拘谨、不善与人交往的员工来说，这个工作对他带来的压力将是巨大的。

3. 员工过去的经验

员工过去的经验对压力的影响也是非常巨大的。当员工在过去的经验中遇到过的某种压力再次出现时，压力就会比上次有所缓解。如此反复几次，压力可能就会完全消失。所以，在员工培训时，采取一些情境训练或模拟训练可以有助于缓解员工在工作中遇到的压力，从而提高工作效率。

反复的练习对缓解压力有很大的帮助。比如，某员工要进行一次对外的技术演讲。由于是第一次，他可能会非常紧张。这时不妨让他先在公司内预讲几遍，这样就可以有效缓解压力。

4. 员工之间的相互影响

员工之间的相互作用也可以对压力产生影响。实际上，压力是可以传染的。当一位员工把他的心理压力告诉其他同事时，该员工的观点可能会引起其他员工的认同，有些以前没有压力的员工也可能会产生压力。同样，在一个积极向上、自信进取的团队中，由于受团队气氛的感染，团队成员的压力都可以得到不同程度的缓解。

4.2 员工压力源

员工压力源即员工压力的起因。压力源从内容上可分为生理压力源和心理压力源，从形式上可分为工作压力源和生活压力源。

4.2.1 从内容分类

1. 生理压力源

生理压力源是指由于身体状态的变化，对员工个体引起的压力。生理压力源包括疾病、疲倦、营养等。

2. 心理压力源

面对相同的事物不同的个体会产生不同的心理活动，因而产生的压力也会程度不一。几乎每种事物都可能成为心理压力源。从大的方面讲，生气、后悔、自卑感、不胜任感及挫折感都是心理压力源。

生气是指人对客观事物不满而产生的一种情绪活动；后悔是指个体未经深思熟虑，轻率地做错了事，事后醒悟过来而产生的自我埋怨、自我谴责以及自我惩罚；自卑感是指个体由于在人生道路上遇到挫折而把自己看得很低，从而产生一种轻视自己的情绪活动；不胜任感是指个体自己感到不能完成任务所产生的一种情绪状态；挫折感是指个体在遇到挫折时产生的一种消极的心理状态。

4.2.2 从形式分类

1. 工作压力源

工作压力源的表现形式很多，因为工作中的每一件事都有可能成为压力源。从总体上讲，工作压力源可以分为六种（见表4－1及如图4－1所示）：

表4－1　工作压力

工作特性：	工作过多或过少 工作条件恶劣 时间压力 其他
在组织中的角色：	角色冲突与角色模糊 个人职责不清晰 无法参与决策 其他
职业生涯开发：	越级晋升 晋升迟缓 缺乏工作安全感 抱负受挫 其他

续表

组织内部关系：	与老板关系紧张 与同事关系紧张 与下属关系紧张 不善于授权 其他
组织内部：	缺乏有效协商 行动的约束 官方政策 其他
组织与外界界限：	企业与家庭要求冲突 企业与个人兴趣冲突 其他

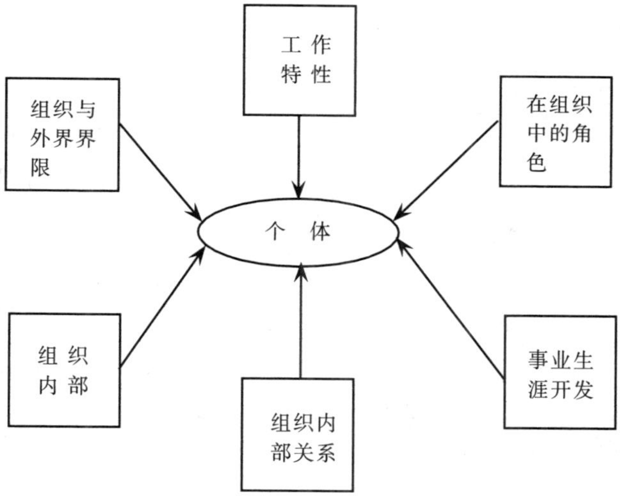

图 4–1 工作压力源与个体关系示意图

（资料来源：MBA 必修核心课程编译组编写《人力资源：组织和人事》，中国国际广播出版社 1997 年 8 月第一版）

2. 生活压力源

生活中的每一件事情都可能会成为生活压力源。根据一项研究表明，丧偶、离婚、分居、亲友去世等都是一些重大的生活压力源。下面的表中列出了常见压力源的影响程度的顺序。

表 4－2　　生活压力源

事件	分值
1. 丧偶	100
2. 离婚	73
3. 分居	65
4. 判刑	63
5. 亲属死亡	63
6. 受伤或生病	53
7. 结婚	50
8. 被解雇	47
9. 复婚	45
10. 退休	45
11. 家庭成员健康发生问题	44
12. 怀孕	40
13. 性别差异	39
14. 新添家庭成员	39
15. 业务调整	39
16. 经济条件变化	38
17. 密友死亡	37
18. 改换工作	36
19. 和配偶争执情况变化	35
20. 被取消抵押赎取权	30
21. 工作职责变化	29
22. 子女离开家庭	29
23. 与亲家产生矛盾	29
24. 突出的个人成就	28
25. 妻子开始或停止工作	26
26. 学业开始或结束	26
27. 生活条件改变	25
28. 恢复个人习惯	24
29. 与老板有冲突	23
30. 工作条件或时间变化	20

续表

事 件	分 值
31. 住址变动	20
32. 转学	20
33. 消遣变化	19
34. 社交活动变化	19
35. 睡眠习惯改变	16
36. 家庭成员人数变化	15
37. 饮食习惯发生变化	15
38. 轻微违法	11

4.3 员工压力诊断

4.3.1 工作压力源诊断

下面的调查表是对员工的工作压力源进行的一系列测试项目。测试项目包括五个工作压力源：角色模糊、角色冲突、角色负荷超载、事业生涯开发及个人职责。

下面问题的目的在于指出各种个体压力源对你的压力程度。每一个项目，你都应该指出它作为压力来源的频率。然后在每个项目后面写下评分值。这个数字必须能够最准确地描述这个条件作为压力来源的频率(见表4-3和4-4)。

表4-3　工作压力源诊断Ⅰ

评分值	压力程度具体描述
1分	表示给出的条件从来未成为压力来源
2分	表示给出的条件很少是压力来源
3分	表示给出的条件偶尔是压力来源
4分	表示给出的条件有时是压力来源
5分	表示给出的条件经常是压力来源
6分	表示给出的条件一般是压力来源
7分	表示给出的条件总是压力来源

表 4-4　　工作压力源诊断Ⅱ

问题	分数
1. 我不清楚我的工作任务和工作目标	
2. 我为一些没有必要的任务或目标工作	
3. 为了赶上进度，我不得不在晚上或周末加班	
4. 对我而言，对工作质量的要求毫无道理	
5. 我在组织中缺乏正常发展的机会	
6. 我对其他员工的发展负责	
7. 我不清楚该向谁汇报工作，也不清楚谁该向我汇报工作	
8. 我被夹在上司与下属之间	
9. 我在一些无关紧要的会议上耗时太多，影响了正常工作	
10. 我接受的任务有时太困难或太复杂	
11. 要得到提升，我得另找一家企业	
12. 我有责任听取下属的意见，并帮助下属解决问题	
13. 我缺乏行使职责的权威	
14. 正式指令渠道并未形成有机的整体	
15. 我同时负责数目多得几乎无法管理的项目或任务	
16. 任务似乎越来越复杂	
17. 继续留在这个组织中会损害我的职业生涯	
18. 我的行动或决策会影响其他人的安全和良好的工作	
19. 我不能完全理解对我的期望	
20. 我的工作只由一个人负责，与他人无关	
21. 我常完成超过正常工作日工作量的工作	
22. 组织对我的期望超过我的能力与技能的范围	
23. 我缺乏足够的训练和经验去正确授权	
24. 我感到我的事业生涯处于停顿状态	
25. 我在组织中的职责更多地与人有关而不是与事有关	
26. 在工作中我几乎没有成长的机会，也学不到什么新知识或技能	
27. 我无法理解在我工作中包含全部组织目标	
28. 我从两个或两个以上的人那儿接到相互冲突的要求	
29. 我必须对他人的未来（职业生涯）负责	
30. 我感到我甚至没有时间偶尔休息一下	

得分：

每个项目都与特定的压力有关，这些项目和有关内容的种类列在下面。将每种内各项目的得分相加，得到你在该种情况的总分。

你的得分：

角色模糊：1、7、13、19、25

合计：

角色冲突：2、8、14、20、26

合计：

角色负荷超载：3、9、15、21、27

合计：

职业生涯开发：5、11、17、23、29

合计：

员工职责：6、12、18、24、30

合计：

总分低于 10 分表示压力水平低；

总分在 20 至 24 之间表示中等程度的压力；

总分在 25 及 25 分以上表明压力水平高。

4.3.2 压力承受能力诊断

对于下列 18 个情况，你会有什么样的反应？假如提示的答案与你的反应类似，请选“会”，不是则选“不会”。

［例］半夜突然醒来，听到客厅有怪声（如果你很沉着，能冷静思考，既不兴奋，心也不会扑通扑通的跳，不冒冷汗也不会感到不安，则做如下选择）。

你的反应	会	不会
沉着	a	b
兴奋	b	a
心扑通扑通跳	b	a
冷静思考	a	b
冒冷汗	b	a
不安	b	a

测　验

1. 突然有人请你在宴会中上台演讲。

你的反应	会	不会
心扑通扑通的跳	b	a
焦躁不安	b	a
很高兴	b	a
很沉着	b	a
不知所措	b	a
脸红不好意思	b	a

2. 警车半路把你拦下来，请你出示驾照。警官发现你有点着急，反而开始问话。

你的反应	会	不会
友善回答	a	b
处于备战状态	b	a
手发抖	b	a
很镇定	a	b
感到不安	b	a
冒冷汗	b	a

3. 接到到机关报到的通知，按照指定时间前往，已经等了一个多小时，仍无动静。

你的反应	会	不会
产生敌意	b	a
生气	b	a
很镇定	a	b
心扑通扑通的跳	b	a
很愉快	a	b
手心冒汗	b	a

4. 在餐厅你把还没喝完的酒瓶打翻了。

你的反应	会	不会
很愉快	a	b
不知所措	b	a
不在乎	a	b
说不出话来	b	a
自然地笑	a	b
脸红不好意思	b	a

5. 在餐厅吃完午餐准备付钱时，发现忘了带钱包。

你的反应	会	不会
脸红不好意思	b	a
很镇定	a	b
心扑通扑通的跳	b	a
很高兴	a	b
不知所措	b	a
冒冷汗	b	a

6. 不幸被抓到没买票而坐霸王车。

你的反应	会	不会
脸红不好意思	b	a
很镇定	a	b
手发抖	b	a
无所谓	a	b
很丢脸	b	a
自然地笑	a	b

7. 车子半路爆胎，只好开到路旁。

你的反应	会	不会
镇定	a	b
生气	b	a
冒冷汗	b	a
保持平静	a	b
感到不安	b	a

很紧张	b	a

8. 采购完回家，一打开门发现洗衣机里的水溢出来，家中汪洋一片。

你的反应	会	不会
很镇定	a	b
万念俱灰	b	a
手发抖	b	a
保持平静	a	b
生气	b	a
很轻松	a	b

9. 等待中轮到自己口试时，听到主考官用生硬、不和善的声音叫你的名字。

你的反应	会	不会
有一股冲动	b	a
手脚颤抖	b	a
很镇定	a	b
冷静	a	b
冒冷汗	b	a
感到不安	b	a

10. 搭乘电梯时，电梯突然停在两层楼之间。

你的反应	会	不会
很轻松	a	b
很镇定	a	b
生气	b	a
心扑通扑通的跳	b	a
不高兴	b	a
冷静思考	a	b

11. 从国外旅行回来，海关要你打开装有超重烟酒的皮箱。

你的反应	会	不会
很镇定	a	b
很兴奋	b	a
冷静	a	b

感到不安	b	a
冒冷汗	b	a
手脚发抖	b	a

12. 讨论会上，大家认为你的论点错误，并嘲笑你。

你的反应	会	不会
脸红不好意思	b	a
无所谓	a	b
很镇定	a	b
生气	b	a
保持平静	a	b
不知所措	b	a

13. 和亲友激烈争论一件事，亲友以“再也不想和你谈了”一句话，终止争论。

你的反应	会	不会
充满敌意	b	a
很镇定	a	b
感到不安	b	a
无所谓	a	b
忐忑不安	b	a
保持平静	a	b

14. 准备一些有关的资料，以便和公司的人事科长面谈时用。面试时，人事科长却说：“你提出的资料不足以当推荐函。”

你的反应	会	不会
感到不安	b	a
很镇定	a	b
说不出话来	b	a
脸红不好意思	b	a
保持平静	a	b
不知所措	b	a

15. 舞会中跳舞跳得正高兴，对方却说：“你好像不太会跳。”

你的反应	会	不会
不在乎	a	b
不知所措	b	a
生气	b	a
脸红	b	a
很镇定	a	b
自然地笑	a	b

16. 在讨论会上，别人批评“你难道没有自己的意见吗?”

你的反应	会	不会
充满敌意	b	a
保持平静	a	b
不知所措	b	a
汗流浃背	a	b
说不出话来	b	a

17. 和人聊天时，把对方不想让人知道的秘密不小心说漏嘴，虽然极力找话搪塞、掩饰，对方还是察觉到了。

你的反应	会	不会
不知所措	b	a
脸红不好意思	b	a
结巴	b	a
很镇定	a	b
无所谓	a	b
手发抖	b	a

18. 上司对你的工作不满，抱怨了几句。

你的反应	会	不会
很镇定	a	b
脸红不好意思	b	a
保持平静	a	b
感到不安	b	a
说不出话来	b	a

无可奈何地笑　　　　b　　　　　　　　a

计分方法

把选 a 的总数加起来，就是测验的得分。对照下表看看你的压力抵抗力如何（先找出属于你的年龄栏）。

14～16 岁	17～21 岁	22～30 岁	31 岁以上	对压力之抵抗能力
96～100 分	98～108 分	100～108 分	104～108 分	非常强
88～95	90～97	88～99	92～103	强
73～87	70～89	66～87	90～91	普通（尚可）
47～72	50～69	50～65	50～69	普通（稍低）
0～46	0～49	0～49	0～49	很弱

说　　明

非常强是说对精神上的压力抵抗力非常强。只有在事态严重的时候无法保持平静。一般来说，不知所措的时候不多。

强是说在同年龄层中，精神上的压力抵抗力算强。不轻易动摇，即使因手脚不利落而受嘲笑时，也不会失控而发脾气。

普通（尚可）是说精神上的压力抵抗力在平均水准中算好。

普通（稍低）是说精神上的压力抵抗力在平均水准中稍低。精神一有负担，往往无法保持镇定。遭遇失败时，会出现精神失常、严重焦虑不安的情形。

很弱是说精神上的压力抵抗力在平均水准中很差，一有不快即感到不安，容易手忙脚乱。希望对一些轻微状况能幽默地面对，并努力保持镇静。

4.4　压力的控制

员工压力的控制是员工压力管理的核心内容。如果一位员工的压力大于他的心理承受能力，则会对工作带来负面的影响。员工的压力可能来自于工作，也可能来自于生活，但它们都会影响到员工的工作。人力资源部门或公司管理者有责任帮助员工去控制自己的压力，从而使员工能够更好地工作和生活。压力的控制大体上可以分为宣泄、咨询及引导三种方式。

4.4.1 宣泄

宣泄是一种发泄，即通过某种途径把自己的压力排挤出去。宣泄的途径很多，对于性格外向的员工可能会找个地方高声大叫，或借助某个机会与他人产生冲突等；对于性格内向的员工可能会把心中的不快写在纸上，寄给远方的朋友。

宣泄是一件私人的事情，企业的管理者往往感觉爱莫能助。其实，有些管理优秀的企业在这方面做得还是很好的。比如，日本一家企业专门设置了一间“宣泄室”，在宣泄室中放着一些玻璃器皿和木偶。玻璃器皿都是易于摔打的，专供员工发泄使用；木偶的外形甚至是企业管理者的样子，供员工选择发泄；更妙的是，在宣泄室的出口有一个记录本，宣泄后的员工可以把自己对企业的意见写到记录本上，供该企业管理者参考。

4.4.2 咨询

咨询是最常见的一种压力控制方式。每个人几乎都有咨询或被咨询的经历。当人们由于压力闷闷不乐时，一般都会主动找自己的好友或父母进行倾诉，并且征求对方的意见。有时，倾诉本身就可以达到控制压力的目的。

比较专业的咨询方式是心理咨询。心理咨询就是指专业心理咨询人员通过语言、文字等媒介与咨询对象进行信息沟通，以矫正咨询对象心理偏差的一个过程。

作为企业的员工管理人员，应该学习一些咨询的专业知识，能够为员工提供简单的咨询服务。在咨询过程中，应该注意以下几个原则：

（1）尊重：在咨询过程中应该尊重员工，并且给予员工充分的信任，让员工能够畅所欲言。

（2）保密：要对员工所讲述的内容保密，如果认为某些事情应该向上级反映，必须征求员工的意见。

（3）和谐：被咨询者和员工应始终保持和谐的关系，这种关系有时需要很长时间才能建立。

（4）疏导：整个咨询的过程就是一个疏导的过程，咨询的目的就是帮助员工减轻压力，如果通过咨询使员工变得更加抑郁，则无论如何咨询都是失败的。

（5）自愿：员工是否愿意接受咨询，是否愿意讲出实情，完全取决于员工的自愿。如果强迫员工去做一些事情，那么咨询会变得毫无意义。

（6）预防：在很多时候，并非一次咨询就能解决问题。它是一个长期而缓慢的过程。所以，当事态还没有发展到非常严重的时候，就要及时进行咨询。

4.4.3 引导

通过引导也可以达到减轻压力的目的。比如纠正员工的发展目标、培养员工的兴趣爱好等都属于引导的内容。

有些员工年轻气盛、好高骛远，给自己制定了非常远大和宏伟的发展目标。但现实毕竟是现实，目标越高很可能挫折越大。所以帮助员工根据自己的自身条件，树立适当的目标是非常重要的。比如公司可以举办一些职业发展指导活动，大家共同来讨论如何提高和发展。

性格内向的员工，有时会孤注一掷，陷入郁闷的泥潭不能自拔，这时员工管理人员就应举办一些娱乐活动，来转移注意力，并且培养员工的兴趣爱好，从而缓解压力。

4.5 工作压力管理操作实务

4.5.1 工作压力的识别

要对工作压力进行管理，企业管理者首先要依据员工的态度和行为来考察员工的工作压力程度，从而采取相应措施。以下现象是员工压力信号的一些表现：

（1）员工工作失去动力。比如对工作安排有消极抵制情绪，对公司的发展漠不关心等。

（2）工作质量下降。比如产量减少或者生产效率降低，生产中损耗量和错误率增加，决策拖沓等。

（3）高旷工率。特别是频繁的、短的缺席增加。当人感到压力的时候，第一反应是逃避和厌恶，所以如果企业给予员工太大的压力，员工一般都会采取消极的方式来躲避工作以缓解压力。

（4）员工流动性大。由于企业让员工承受不适当的压力，使得员工在沉闷、压抑的环境中工作，很容易产生离职的念头。

（5）员工之间关系恶劣。比如同事之间的关系紧张，有冲突；同顾客关系很差，违纪问题增加等。

以上这些情况都是源于企业给予员工的压力不适当，使员工对自己的工作不满意，进而表现出来的一些现象。当这些问题较严重时，管理者就要思考这是不是由于工作压力太大所导致的。如果是，就应该找出问题的所在，并采取相应的措施。

4.5.2 工作压力管理的原则

压力产生的原因是多方面的，同时它又具有主观性、评价性和活动性，结合我国企业员工工作压力的特点，企业在进行压力管理时应注意以下原则：

（1）适度原则。就是说不能不顾企业的经济效益而一味减轻员工压力。企业要在激烈的市场竞争中立稳脚跟，并图发展，就不能不要求员工努力工作，不断创新，不断向自己的极限挑战。

（2）具体原则。由于压力在很大程度上是一个主观感觉，因此在进行压力管理时要区别不同的对象采取不同的策略。比如员工在学历、年龄、性别、性格等方面的区别。

（3）岗位原则。企业中不同部门、不同岗位的员工面临的工作压力影响程度不同。一般来讲岗位级别越高，岗位责任越大，所承担压力就越大；岗位的创新性越强，独立性越高，变数越多，所承担的压力就越大；员工履行岗位职责失败后造成的后果越严重，造成后果的责任越明确，所承担的压力就越大。比如销售人员的压力一般比生产人员要大，因为生产人员面对的更多是自己可控的因素，而销售人员就不一样，销售业绩的好坏不仅取决于自己努力的程度，还与客户、市场大环境、竞争对手有关。

（4）引导原则。由于压力的产生是必要的和不可避免的，对于员工来讲有些外部因素是不可控的，比如面对强大的竞争对手，为了企业的利益和生存，必须战胜对手，这时变压力为动力，引导压力向积极的一方面发展就显得很重要。

（5）区别原则。在消除压力的来源时，应区别对待。有些压力的来源完全是可以避免的，比如由于员工之间不团结，人际关系复杂造成的工作压力；或者岗位职责不清，分工不合理所造成的压力。而有些压力，比如来自工作本身的压力只有通过提高员工自身的工作能力和心理承受能力来解决。

4.5.3 工作压力管理的策略

依据压力产生的原因和以上原则，管理者可从如下方面入手进行压力管理：

（1）改善工作环境。

管理者应致力于创造宜人宽松的工作环境，比如适宜的温度，适当的照明及合理的生产办公布局等，有利于员工减轻疲劳，更加舒心、高效地工作。

（2）注意员工的工作量和设置合理的时间安排。

企业应保证员工有足够的时间用于在外娱乐，假日安排不会被打断。如果工作占去员工合理的个人时间超过一定的比例，是不利于工作的。

（3）采取灵活的管理模式。

管理者应根据员工的不同情况，比如员工的能力、对工作的熟知程度、个性等进行不同模式的管理。

（4）创造合作上进的公司文化。

首先要增强员工间相互合作和支持的意识。当面临严酷激烈的市场竞争或者一项艰巨的任务时，因为人们作为一个团体彼此支持，共渡难关，士气就会比预期的要高涨。其次要增强上下级间的沟通。因为不适当的压力总会产生，关键是及时发现并消除。可以采取面谈、讨论会或者设立建议箱等形式。国外企业常采用一种叫做“部落会议”的形式，每个人都有平等的发言权和平等的地位，会上鼓励每个人发言，轮到谁发言时，其他人必须坐下来听，从而使员工有更多的主人感和责任感，减少了交流的障碍，大家更愿提出问题，说出他们的想法和所关心的事情。

（5）进行工作再设计。

工作再设计是指为了有效地达到组织的目标，合理有效地处理人与岗位的关系，采取与满足工作者个人需要有关的工作内容、工作职能和人与人工作关系的设计。好的工作设计能够减少工作的单调重复性和职责模糊所造成的不良效应。好的工作设计还使得工作具有一定的挑战性和刺激性，同时还调整了工作中的人事关系，并最终提高了员工的工作兴趣和满意度，减少其退缩行为。

经过重新设计的工作会使员工感到身心愉快，有助于消除他们的工作疲劳感，提高其对环境的良性适应。因此，许多工作在设计时就应充分考虑产生不当压力的可能性。需要指出的是，工作再设计时还要考虑到个体的差异性，只有在人和工作匹配时，工作压力才能得到真正的调节。

（6）努力创造条件帮助员工完成工作。

企业应对员工进行提高工作能力的培训，比如在引进新技术和新的管理模式之前对员工进行相关培训。对员工提供工作技巧的培训，比如提供谈判和交流技巧的训练，包括两性间的交流，及如何克服感情冲动，学习实践并注重解决实际问题的原则，等等，这些都有利于员工克服工作中的困难。另外从硬件和软件上比如所需设备、资料、相关制度上要对员工的工作进行支持，而不能不顾实际情况做出不合理的要求。

（7）有效疏导压力。

组织应充分认识到员工有压力、有不满是十分正常的现象，因此，组织有责任帮助他们调节情绪。员工只有将不满的情绪发泄出来，心理才能得以平衡，情绪才能达到平稳。因此，组织管理者应该开发多种发泄渠道。比如开展心理咨询活动，帮助员工更好地适应环境，保持身心健康，提高工作业绩和生活质量。

（8）针对特殊员工采取特殊措施。

比如，可以为双职工提供帮助，使夫妻成为处理工作和家务的有效合作者。因为夫妻间的交流有助于增强满足感，明确长期的事业目标，使他们为达到共同的目标而一起制定行动计划，让工作得到家庭的支持。又比如企业应对常出差的员工给以更多的关注。因为他们与家庭可能有更多的冲突，面临着更加复杂多变的工作环境，因此承担着更大压力。

小　　结

从心理学的角度讲，压力是指员工个体在环境中受到的种种刺激因素的影响而产生的一种紧张情绪。从大的方面讲，压力可以分为家庭压力、工作压力和社会压力。

员工的压力是员工个体与环境相作用或相互影响的结果。从本质上讲，压力来自于员工的需求，而需求是由环境所引起的。

员工压力的起因也叫压力源。压力源从内容上可分为生理压力源和心理压力源，从形式上可分为工作压力源和生活压力源。

员工压力的控制是员工压力管理的核心内容。压力的控制大体上可以分为宣泄、咨询及引导三种方式。

第5章

员工激励管理

5.1 什么是员工激励

5.1.1 员工激励的概念

激励是一个心理学名词，所谓激励，就是指激发人的动机的心理过程。将激励这个心理学的概念用于管理，目的是为了调动人的积极性和创造性，充分发挥人的主观能动作用。

在组织行为学中的激励含义，主要是指激发人的动机，使人有一股内在的动力，朝着所期望的目标前进的心理活动过程。激励也可以说是调动积极性的过程。激励对于调动人们潜在的积极性，出色地去实现既定目标，不断提高工作绩效，都具有十分重要的作用。

员工激励是人力资源管理中的一个重要组成部分。它是根据激励的原理，采取具体的激励方法，来提高员工工作效率和员工生活质量的一种员工管理方式。

要对员工进行激励，首先要了解员工的需要。根据马斯洛的需求层次理论，人们的各种需要可以归结到五个层次上，分别为生理需要、安全需要、归属需要、尊重需要和自我实现需要。

员工的需要产生了员工的动机，动机驱动着员工去寻求目标。当员工产生了某种需要，而一时又不能得到满足，心理上就会产生一种不安和紧张状态，这就是激励状态。这种不安和紧张状态就会成为一种内在的驱动力（即动机）。

员工有了动机之后就要选择和寻找满足需要的目标，进而产生满足需要的行为。最后员工的需要得到满足之后，员工的紧张和不安就会消除，即激励状态解除。但随后会产生新的需要，从而导致新的行为。这个反复的过程就是激励过程（如图 5 - 1 所示）。

在前例中，小张刚进公司时，有熟悉业务的需要，于是他积极努力地工作，来达到这个目标。在满足这个目标之后，该激励状态就消失了。于是小张感到了“疲倦感”。由于小张并没有在公司中找到新的激励目标（比如没有晋升的机会等），于是小张就有了辞职的想法（到其他公司去寻找激励目标）。

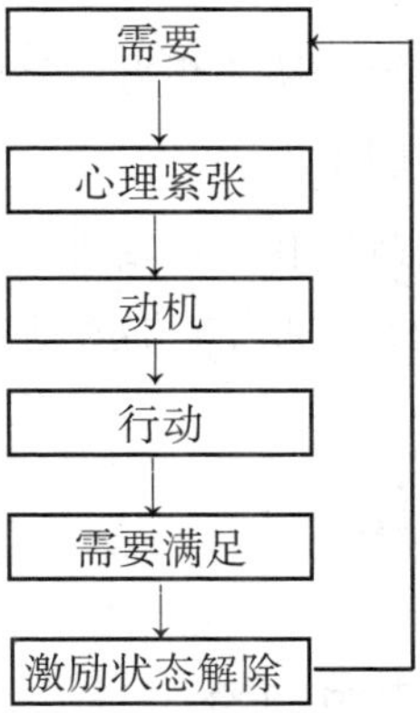

图 5－1　员工激励

员工激励的任务就是去了解员工的需求，明确员工的激励目标，并帮助员工去实现目标，从而实现公司和员工的共同发展。

正如管理学大师彼得·德鲁克在《管理的实践》中所言：“我们不能因为恐惧的消失而坐等工人自发产生激励因素，我们必须创造一种积极的激励因素来取代它。这是管理人员面临的一个中心任务，一个最困难的任务，一个最紧迫的任务。”

5.1.2　现代企业重视员工激励

随着社会的进步和教育程度的不断提高，企业员工的素质发生了很大的变化。企业中“知识型员工”的比重越来越多，企业中的员工不再是为了生存而工作。他们渴望充分发挥自己的能力，并得到更大的利益。

由于企业的发展越来越依靠企业的知识积累，而员工是企业知识资本的所有者，这决定了企业中老板与员工的关系不再是雇佣与被雇佣的关系，更多的体现为合作者的关系。老板仅仅是物质资本的投资者，而员工则是知识资本的投资者，双方的共同“投资”促成了企业的发展。

“人是企业最宝贵的财富”、“人是企业的第一资源”已经被绝大多数企业所认同。由于在现代企业中人的因素越来越重要，所以在现代企业的人力资源管理中也越来越重视员工激励问题。企业愿意将更多的精力和财力花费在员工激励上面。

另外，著名学者凯兹在 1978 年提出了组织必须满足的三项行为要求，它们是：

1. 不仅要吸引员工加入组织，还要想办法把他们留在组织中；

2. 员工必须完成他们的本职工作；

3. 员工在工作中要发挥创造性和革新精神。

这三项行为要求，无一例外的都与员工激励有着密不可分的关系。

5.2 员工激励理论

5.2.1 马斯洛的需求层次理论

马斯洛的需求层次理论是需求理论的代表，也是大家比较熟悉的管理理论之一。在马斯洛的需求层次理论中，马斯洛将人类的需求分为五个不同的层次，它们分别是生理需求、安全需求、归属需求、尊重的需求和自我实现需求。这些需要从基本需要开始排列，依次上升到最高需要（如图 5 - 2 所示）。

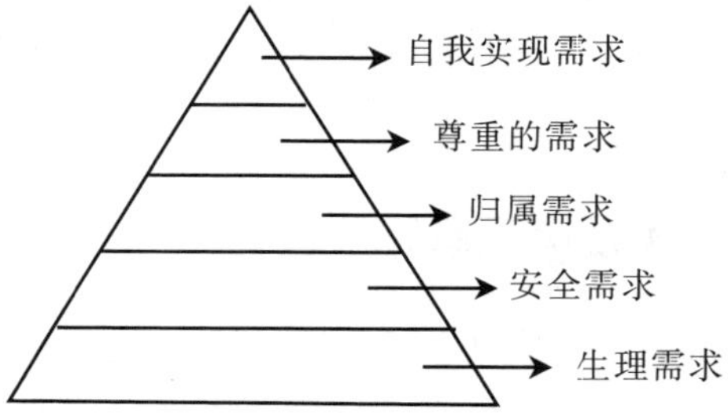

图 5 - 2 马斯洛需求层次理论

1. 生理需求

生理需求包括对食物、水、空气和住房的需求等，它们是人们最基本的需求。

2. 安全需求

安全需求是指对于安全稳定、无忧虑和一个有结构的、有序的环境的需求。在员工工作中，员工的安全需求表现在安全的工作条件、公正明确的规章制度、充分的工作保证、轻松自在的工作环境、完善的退休和保险计划等。

3. 归属需求

后三个层次的需要称为高层需要。归属需求是指对社会交往、感情、爱情和友情的需要，包括在工作中的交往机会、协作机会和发展新的社会关系的机会等。

4. **尊重需求**

人们需要从别人那里得到尊重，也需要自尊。在组织中，它包括获得能产生成就感和责任感的机会。

5. **自我实现需求**

最高一层是自我实现的需要。从本质上说，这种需要是指一种能最充分地发展个人的真正潜力，表现个人的技能、才干和情绪的愿望。

作为管理者，应该认真地分析公司员工的需求处于哪一个层次，确定了激励源之后，才有可能制定有效的激励政策。

5.2.2 赫茨伯格的双因素理论

赫茨伯格的双因素理论认为，一些工作因素可以使员工产生满足感，而另一些因素只能消除员工的不满足感（而无法产生满足感）。前者称为激励因素，而后者则称为保健因素。

激励因素包括：工作本身、社会承认、责任、成就、发展、进步；保健因素包括：公司政策与行政管理、工资、工作条件、与上级的关系、与同事的关系、与下级的关系、安全、地位。

赫茨伯格认为，主要的激励因素是工作对员工的吸引力，所以要注意通过工作本身来调动员工的积极性。导致员工对工作满意的因素往往与工作内容和工作本身的特点有关（即激励因素）；员工感到不满意的因素则往往与工作环境或外部因素有关（即保健因素）（如图 5－3 所示）。

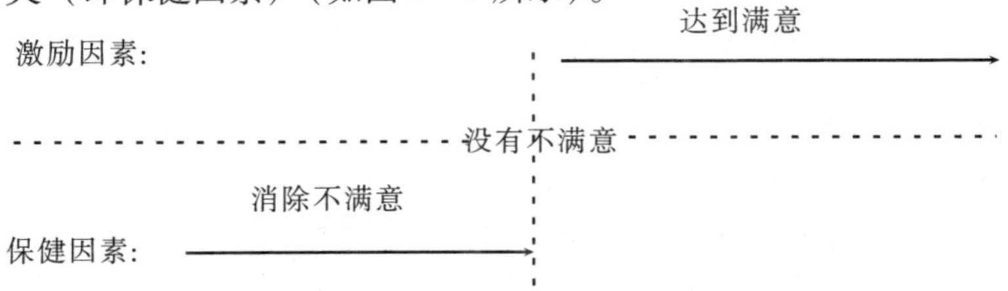

图 5－3　赫茨伯格双因素理论

赫茨伯格认为，环境可能抵消激励因素，但不能成为激励因素。双因素理论对管理理论的最重要贡献，在于它的工作丰富化计划。工作丰富化计划的目标是重新设计工作，改变工作的本质，给员工更大的自主权，去计划、控制自己的工作表现。

5.2.3 麦戈莱伦的成就需要理论

麦戈莱伦的成就需要理论认为，不论是任何人，并且不论他们在什么样的社会环境或家庭环境下，拥有什么样的学历，或经历过哪些事情，他们都具有三个方面的需要：成就需要、权利需要和友情需要。然而不同的人对这三种需要的程度有所不同，每个人都有一个主要的需要。根据麦戈莱伦对美国人的研究表明，只有10%的美国人把对成就的需要作为主要需要。

主要需要不同的人在行为方式上有差异，对他们的激励也应该采取不同的方式（见表5－1～5－3）。

表5－1　成就主导型

成就主导型员工具有的特点	（1）渴望得到管理者明确的工作评价 （2）喜欢进行有意义的、适度的冒险 （3）以目标为中心进行工作 （4）善于制定适当的、可操作的目标 （5）善于解决具体问题
成就主导型员工的激励措施	（1）为他们布置具有挑战性，但通过努力可以完成的工作任务 （2）及时准确地对他们的工作业绩进行评价和反馈

表5－2　权力主导型

权力主导型员工具有的特点	（1）喜欢与他人进行比较 （2）渴望控制别人 （3）希望能控制整个局势 （4）喜欢参加能够获胜的竞赛 （5）不喜欢通过团队协作来完成任务 （6）害怕失败，并且不愿承认错误
权力主导型员工的激励措施	（1）让他们做完整的工作，避免让他们做协调性的工作 （2）尽量让他们参加工作讨论，并参与决策的制定 （3）使他们有权力控制他们自身的工作

表 5-3　　友谊主导型

友谊主导型员工具有的特点	（1）喜欢与他人进行交流 （2）渴望被别人喜欢 （3）希望能加入一个小团体 （4）喜欢参加大型的社会活动
友谊主导型员工的激励措施	（1）让他们在团队中进行工作 （2）尽量对他们的工作进行表扬和认可 （3）让他们做协调性的工作

5.2.4　弗隆的期望激励理论

该理论认为，当员工预期自己的行动将达到某个他向往的目标时，就定会被激励起来竭力去实现这个目标。一个目标激励作用 M 的大小取决于两个因素：期望 E 和效价 V，即 M = E · V 值

期望值 E 表示被激励者达到目标的可能性大小；效价 V 是被激励者对目标的重要性评价。只有期望值和效价都很高，激励作用才大。

比如：老师以考大学为目标激励学生努力学习，显然效果是因人而异的：成绩好，而且认为考上大学对自己十分重要的学生（E 和 V 均高），显然会努力；成绩好，但认为考大学无用的学生得不到激励（E 高 V 低）；成绩十分差，不管他认为上大学是否有用，他认为自己无论如何也考不上，激励作用不大（E 低 V 高）。

5.2.5　韦纳归因理论

人们总是试图去解释事情发生的原因，试图去为他们的成功或失败寻找能力、努力、态度、知识、运气、帮助、兴趣等方面的原因。当前对实践应用有较大借鉴意义的是韦纳的观点，他认为：能力、努力、任务难度和运气是人们在解释成功或失败时知觉到的四种主要原因，并将这四种主要原因分成控制点、稳定性、可控性三个维度。根据控制点维度，可将原因分成内部和外部；根据稳定性维度，可将原因分为稳定和不稳定；根据可控性维度，又可将原因分为可控的和不可控的。

韦纳（B. Weiner）认为，每一维度对动机都有重要的影响。在内外维度上，如果将成功归因于内部因素，会产生自豪感，从而动机提高；归因于外部因素，

则会产生侥幸心理。将失败归因于内部因素，则会产生羞愧的感觉；归因于外部因素，则会生气。在稳定维度上，如果将成功归因于稳定因素，会产生自豪感，从而动机提高；归因于不稳定因素，则会产生侥幸心理。将失败归因于稳定因素，将会产生绝望的感觉；将失败归因于不稳定因素，则会生气。在控制性维度上，如果将成功归因于可控因素，则会积极地去争取成功；归因于不可控因素，则不会产生多大的动力。将失败归因于可控因素，则会继续努力；归因于不可控因素，则会绝望。将失败归因于内部、稳定、不可控时是最大的问题，会产生习得性无助感。

韦纳通过一系列的研究，得出一些归因的最基本的结论：

（1）个人将成功归因于能力和努力等内部因素时，他会感到骄傲、满意、信心十足，而将成功归因于任务容易和运气好等外部原因时，产生的满意感则较少。相反，如果一个人将失败归因于缺乏能力或努力，则会产生羞愧和内疚，而将失败归因于任务太难或运气不好时，产生的羞愧则较少。而归因于努力比归因于能力，无论对成功或失败均会产生更强烈的情绪体验。努力而成功，体会到愉快；不努力而失败，体验到羞愧；努力而失败也应受到鼓励。这种看法与我国传统的看法一致。

（2）在付出同样努力时，能力低的应得到更多的奖励。

（3）能力低而努力的人受到最高评价，而能力高而不努力的人受到最低评价。

因此，韦纳总是强调内部、稳定和可控性的维度。

5.2.6 亚当斯的公平理论

亚当斯通过大量的调查发现：员工总是自觉不自觉的将自己的付出与自己的所得与相关人员进行比较，这种比较的公式为：

$$\frac{\text{自己的付出}}{\text{自己的所得}} \overset{?}{=} \frac{\text{别人的付出}}{\text{别人的所得}}$$

这种比较会产生下述六种情况：

（1）当一个人感到自己的贡献比别人的贡献大的时候，他可能减少自己的贡献。

（2）如果自己的结果比别人少，这个人就会增加自己的结果，如工资低就要求增加工资。

(3) 个人可能在心理上歪曲贡献与结果。例如，也许你会认为你比别人少做工作或多拿报酬。

(4) 个人可能在心理上歪曲贡献和结果。例如，你可能认为，你的同事应该比你工作更加努力，或者比你少拿报酬。

(5) 人们可能改变参照人或参照群体。在这种情况下，人们会简单地把自己和别人做比较。

(6) 人们可能辞去工作。在这种情况下你会发现，改变投入与产出比率，不如干脆辞去工作。

公平理论认为，员工在工作中所注意的，并不是自己所得的绝对值，而是与他人比较的相对值。也就是说，员工通过与他人的比较来作出判断，从而指导他们下一步的行为。

5.3 员工激励的原则和方法

5.3.1 员工激励的原则

每个公司由于实际情况不同，都会有自己的激励政策和措施。激励政策与其他人力资源政策的不同之处在于：激励政策有更大的风险性，如果它不给公司带来正面的影响，就很可能带来负面的影响。所以，在制定和实施激励政策时，一定要谨慎。下面是一些关于激励的原则，如果我们在制定和实施激励政策时能够注意这些原则，会很大地提高激励的效果。

原则之一：激励要因人而异。

由于不同员工的需求不同，所以，相同的激励政策起到的激励效果也会不尽相同。即便是同一位员工，在不同的时间或环境下，也会有不同的需求。由于激励取决于内因，是员工的主观感受，所以，激励要因人而异。

在制定和实施激励政策时，首先要调查清楚每个员工真正需要的是什么。将这些需要整理、归类，然后来制定相应的激励政策帮助员工满足这些需求。

原则之二：奖惩适度。

奖励和惩罚不适度都会影响激励效果，同时增加激励成本。奖励过重会使员工产生骄傲和满足的情绪，失去进一步提高自己的欲望；奖励过轻则起不到激励效果，或者让员工产生不被重视的感觉。惩罚过重会让员工感到不公平，或者失去对公司的认同，甚至产生怠工或破坏的情绪；惩罚过轻会让员工轻视错误的严重性，从而可能还会犯同样的错误。

原则之三：公平性。

公平性是员工管理中一个很重要的原则，员工感到的任何不公都会影响他的工作效率和工作情绪，并且影响激励效果。取得同等成绩的员工，一定要获得同等层次的奖励；同理，犯同等错误的员工，也应受到同等层次的处罚。如果做不到这一点，管理者宁可不奖励或者不处罚。

管理者在处理员工问题时，一定要有一种公平的心态，不应有任何的偏见和喜好。虽然某些员工可能让你喜欢，有些你不太喜欢，但在工作中，一定要一视同仁，不能有任何不公的言语和行为。

原则之四：奖励正确的事情。

如果我们奖励错误的事情，错误的事情就会经常发生。这个问题虽然看起来很简单，但在具体实施激励时往往被管理者所忽略。管理学家米切尔·拉伯夫经过多年的研究，发现一些管理者常常在奖励不合理的工作行为。他根据这些常犯的错误，归结出应奖励和避免奖励的十个方面的工作行为：

奖励彻底解决问题，而不是只图眼前利益的行动；

奖励承担风险而不是回避风险的行为；

奖励善用创造力而不是愚蠢的盲从行为；

奖励果断的行动而不是光说不练的行为；

奖励多动脑筋而不是一味苦干；

奖励使事情简化而不是使事情不必要地复杂化；

奖励沉默而有效率的人而不是喋喋不休者；

奖励有质量的工作而不是匆忙草率的工作；

奖励忠诚者而不是跳槽者；

奖励团结合作而不是互相对抗。

5.3.2 员工激励的方法

一提起员工激励，很多人都会想到涨工资或发奖金。实际上激励是对员工需求的满足，员工的需求是多种多样的，所以激励的途径也是多种多样的。物质激励（涨工资或发奖金）只是其中的一种途径，其实还有许多其他途径。我们可以根据激励的性质不同，把激励分为四类：成就激励、能力激励、环境激励和物质激励。

1. 成就激励

随着社会的发展，人们生活水平的提高，越来越多的人在选择工作时已经不仅仅是为了生存。对知识型员工而言，工作更多的是为了获得一种成就感。所以成就激励是员工激励中一个非常重要的内容。根据作用不同，我们可以把成就激励分为组织激励、榜样激励、荣誉激励、绩效激励、目标激励和理想激励六个方面。

（1）组织激励。

在公司的组织制度上为员工参与管理提供方便，这样更容易激励员工提高工作的主动性。管理者首先要为每个岗位制定详细的岗位职责和权利，让员工参与到制定工作目标的决策中来。在工作中，让员工对自己的工作过程享有较大的决策权。这些都可以达到激励的目的。

（2）榜样激励。

群体中的每位成员都有学习性。公司可以将优秀的员工树立成榜样，让员工向他们学习。虽然这个办法有些陈旧，但实用性很强。就像一个坏员工可以让大家学坏一样，一位优秀的榜样也可以改善员工的工作风气。

（3）荣誉激励。

为工作成绩突出的员工颁发荣誉称号，代表着公司对这些员工工作的认可。让员工知道自己是出类拔萃的，更能激发他们的工作热情。

（4）绩效激励。

在绩效考评工作结束后，让员工知道自己的绩效考评结果，有利于员工清醒地认识自己。如果员工清楚公司对他工作的评价，就会对他产生激励作用。

（5）目标激励。

为那些工作能力较强的员工设定一个较高的目标，并向他们提出工作挑战。

这种做法可以激发员工的斗志，激励他们更出色地完成工作。这种工作目标挑战如果能结合一些物质激励，效果会更好。

（6）理想激励。

每位员工都有自己的理想，如果他发现自己的工作是在为自己的理想而奋斗，就会焕发出无限的热情。管理者应该了解员工的理想，并努力将公司的目标与员工的理想结合起来，实现公司和员工的共同发展。

2. 能力激励

为了让自己将来生活得更好，每个人都有发展自己能力的需求。我们可以通过培训激励和工作内容激励满足员工这方面的需求。

（1）培训激励。

培训激励对青年人尤为有效。通过培训，可以提高员工实现目标的能力，为承担更大的责任、更富挑战性的工作及提升到更重要的岗位创造条件。在许多著名的公司里，培训已经成为一种正式的奖励。

（2）工作内容激励。

用工作本身来激励员工是最有意思的一种激励方式。如果我们能让员工干其最喜欢的工作，就会产生这种激励。管理者应该了解员工的兴趣所在，发挥各自的特长，从而提高效率。另外，管理者还可以让员工自主选择自己的工作。通过这种方式安排的工作，工作效率也会大大地提高。

3. 环境激励

（1）政策环境激励。

公司良好的制度、规章等都可以对员工产生激励。这些政策可以保证公司员工的公平性，而公平是员工的一种重要需要。如果员工认为他在平等、公平的公司中工作，就会减少由于不公而产生的怨气，提高工作效率。

（2）客观环境激励。

公司的客观环境，如办公环境、办公设备、环境卫生等都可以影响员工的工作情绪。在高档次的环境里工作，员工的工作行为和工作态度都会向“高档次”发展。

4. 物质激励

物质激励的内容包括工资奖金和各种公共福利。它是一种最基本的激励手段，因为获得更多的物质利益是普通员工的共同愿望，它决定着员工基本需要的满足情况。同时，员工收入及居住条件的改善，也影响着其社会地位、社会交往，甚至学习、文化娱乐等精神需要的满足情况。

5.3.3 提高员工激励的有效性

员工激励是人力资源管理的一个重要内容。许多管理者都希望在公司中实施有效的激励政策，来提高员工工作的积极性，从而提高整个公司的效率。从公司的角度来看，激励也是一种投资，投资的回报便是工作效率的提高，如果投资没有得到应有的回报，那么这种投资就是失败的。实施激励并不难，但如何实施有效的激励，让激励这种投资获得高额的回报，则是需要我们认真研究的问题。

1. 激励来自于内因

激励不是外界刺激，而是员工对外界刺激的反映。西方行为科学家对个体行为的研究有一个基本的理论，叫做“激励理论”。“激励理论”把行为的发生过程总结成如下的模式：需要——心理紧张——动机——行为——目的——需求满足/消除紧张——新的需要。这个模式说明了行为发生的全部过程。一个人产生某种行为的根源是某种需要。根据心理解剖学的研究，当某种需要对人的大脑产生刺激，大脑在接受这种刺激的时候，便产生一系列活动。

“激励理论”可以简单地概括为：需要引起动机，动机决定行为。员工的需要使员工产生了动机，行为是动机的表现和结果。也就是说，是否对员工产生了激励，取决于激励政策是否能满足员工的需要，所以说，激励来自于员工的需求，也就是内因。

2. 了解员工的需求

要提高激励政策的有效性，就要使激励政策能够满足员工的需求。要做到这一点，首先就要了解员工的需求。在需求理论中，最著名的要数美国心理学家马斯洛提出的“需求层次理论”。“需求层次理论”将人的需求共分为五个层次：生理需要，安全需要，交往需要，受尊重的需要和自我实现的需要。另外，从人的日常生活这个角度出发，将人的需求可以分为三个方面：生活需要（包括物质的和精神的），工作需要（包括学习和创造）及休息需要（包括娱乐和消遣）。

我们可以从上述两个需求角度来分析员工的需求。从纵向上看，不同层次的员工（知识层次、薪酬层次等）处于不同的需求状态，如对于薪酬较低的员工，则要侧重满足他们的生理需求和安全需求（即提高他们的生存水平）；对薪酬较高的员工，更需满足他们的尊重需求和自我实现需求。从横向看，对于同等层次的员工，由于他们的个性和生活环境不同，他们的需求侧重也有不同，如有些员工很看重物质待遇（生活需求强烈），有些员工则喜欢娱乐和消遣（侧重休息需求），还有些员工以钻研某项技术为乐（工作需求强烈）。

员工的需求是复杂和多样的，了解了员工的这些需求，就为制定有效的激励政策提供了基础。

3. 制定有效的激励政策

在制定激励政策之前，要对员工的所有需求做认真地调查，并制定一份详细的清单。然后将公司可以满足和不能满足的部分分开，划掉那些不能满足的部分。对可以满足的那部分进行认真研究，找出满足的途径，并将这些途径流程化（可操作化），同时计算出公司需为此付出的成本。根据成本的高低不同，将各类需求进行等级划分，成本越高的需求，等级越高。

上述工作完成后，我们的激励政策就有了雏形。下面，我们要制定“游戏规则”，即：得到某个激励等级的员工需要满足什么样的条件。另外，我们在每个激励等级上，都要设计几种不同的选项，员工可以根据自己的个人需要选择其中的一种。比如说，在某个激励等级上，有技术培训、公费旅游、休带薪假期等多个选项。员工可以根据自己的需要选择其中一种。

激励政策本身也有一个完善的过程。这需要我们在工作中不断了解员工的需求，及时将员工新的需求反映在政策中，这样才能使政策能够保持持续的有效性。

5.3.4 激励能力诊断

如果你是一名管理者，下面的这个简单测试可以让你更加清楚你是否能够有效地将激励方法应用到管理实践中去：

下列 20 个选择都有 4 个答案：完全同意、有点同意、有点不同意、完全不同意。哪一个答案最能表达你的看法，你就选择哪个答案（见表 5 –4）。

表 5－4　　　　　　　　　　**激励能力诊断问题答案**

问　　题	答　　案
1. 员工中工作做得非常好的，其工资应即增加	完全同意 有点同意 有点不同意 完全不同意
2. 好的工作写实很有价值，它使员工知道该做什么工作（工作写实：详细写明一个员工所承担的职务和责任及主要的工作方法）	完全同意 有点同意 有点不同意 完全不同意
3. 要员工记住：他们是否继续工作下去，要看公司能否进行有效的竞争	完全同意 有点同意 有点不同意 完全不同意
4. 管理人员应关心员工的工作条件	完全同意 有点同意 有点不同意 完全不同意
5. 管理人员应在员工当中尽力造成友好的气氛	完全同意 有点同意 有点不同意 完全不同意
6. 工作绩效高于标准的员工，应予以表扬	完全同意 有点同意 有点不同意 完全不同意
7. 在管理上对人漠不关心，会伤害人的感情	完全同意 有点同意 有点不同意 完全不同意
8. 要使员工感到，他们的技能和力量都能在工作上发挥出来	完全同意 有点同意 有点不同意 完全不同意
9. 公司退休金与补贴以及员工子女的工作安排是使员工安心工作的重要因素	完全同意 有点同意 有点不同意 完全不同意

续表

问　　题	答　　案
10. 几乎每一种工作都可以使它具有激发性和挑战性	完全同意 有点同意 有点不同意 完全不同意
11. 许多员工都想在工作上干得非常出色	完全同意 有点同意 有点不同意 完全不同意
12. 管理当局在业余时间安排社会活动，这表明当局对员工的关怀	完全同意 有点同意 有点不同意 完全不同意
13. 一个人对工作感到自豪，就是一种重要的报酬	完全同意 有点同意 有点不同意 完全不同意
14. 员工希望在工作上能被称为“佼佼者”	完全同意 有点同意 有点不同意 完全不同意
15. 非正式群体中的良好交往是十分重要的	完全同意 有点同意 有点不同意 完全不同意
16. 个人奖励会改进员工的工作绩效	完全同意 有点同意 有点不同意 完全不同意
17. 员工要能和高层管理人员接触	完全同意 有点同意 有点不同意 完全不同意
18. 员工一般喜欢自己安排工作，自作决定，不要太多的监督	完全同意 有点同意 有点不同意 完全不同意

续表

问　　题	答　　案
19. 员工的工作要有保障	完全同意 有点同意 有点不同意 完全不同意
20. 员工要有良好的设备进行工作	完全同意 有点同意 有点不同意 完全不同意

测评标准：完全同意得 3 分；有点同意得 2 分；

有点不同意得 1 分；完全不同意得 0 分。

评语：

41 ~ 60　您十分了解激励对于管理的重要性，并且运用得很好；

21 ~ 40　您知道激励对于管理的重要性，但是做得还不够；

0 ~ 20　十分遗憾您不知道如何激励职工，这是十分危险的。

5.4　“零成本”激励——尊重员工

5.4.1　为什么要尊重员工

在企业管理中，常常听到一些企业领导这样抱怨：现在的员工越来越难对付了，没有钱大家没干劲，有钱也不见得就能提高工作效率，真是左右为难。但是管理者是否能扪心自问：“我对所有员工的需要了解多少？我对员工做了什么？我为员工提供了多少发展机会？”仔细思索这些问题就会找到答案。

在现代企业管理中，激励员工光靠几个奖金已经很难奏效。随着知识经济的迅猛发展，尊重员工——作为一种有效的零成本激励方式，在现代企业管理中具有重要的现实意义。

尊重员工体现了一种现代企业管理理念。传统的企业管理理念认为：员工应该尊重领导，领导是正确与权威的化身。而现代的人力资源管理理论认为：如果员工对领导过分依赖、尊重甚至崇拜，以至于认为领导总是对的，自己也不想想为什么、怎么办，那么这就是组织走向死亡的开始。海尔集团总裁张瑞敏就曾经不止一次地表露过：担心他的员工对他太尊重、太顺从，而丧失应有的积极性和主动性。

"以人为本"这句话人尽皆知，然而在对"以人为本"这句话的理解上，国内一些企业管理者是以人为"成本"，把员工视为企业的成本、负担，而想方设法降低成本、减少负担。于是，减员增效成为时下一些企业特别是国有企业扭亏增盈的重要手段之一，而忽视了对企业富余人力资源的合理开发利用。另一些企业经营者视员工为资本，为资源，想方设法提高资源的利用率，尊重员工，从而发挥员工内在的巨大潜能。

5.4.2 如何尊重员工

如何有效应用尊重员工这一零成本激励方式呢？

1. 尊重员工的人格，培养员工对企业的亲和力

根据马斯洛的需求层次理论和赫尔伯格的双因素理论，人的需求由低到高分为五个层次：生理、安全、社交、自尊和自我实现。生理、安全、社交方面的需求属于保健因素，自尊和自我实现的需求属于激励因素。任何人都有被尊重的需要。员工的人格一旦受到尊重，往往会产生比金钱激励大得多的激励效果。日本松下公司的总裁松下幸之助先生的管理理念值得借鉴，他自认为能力不足，经常向员工求助，请求他们提供智慧。他经常对员工说："我做不到，但我知道你们能做到。"因而他要求管理者必须经常做"端菜"的工作，当然并不是要管理者真的亲自去为员工端菜，而是要尊重员工，对员工心存感激之情。这样使员工觉得公司重视他、尊重他，满足了他人格受尊重的需要，激发了员工内心对企业的亲和力，因而更加努力工作来回报公司。

2. 尊重员工的意见，增强员工对企业的向心力

现代心理学研究表明：员工的参与程度越深，其积极性越高。尊重员工的意见，就是要员工自己做出承诺并努力实现承诺。在我们的企业管理中，让员工自己做出承诺并兑现承诺的机会太少，这种管理现状的直接后果是：员工对组织提出的目标没有亲和力、向心力，往往管理者满怀雄心壮志，而员工置若罔闻。

某化纤厂短丝车间，曾经长期处于停产怠工状态。于是车间员工自发进行市场检查后，要求工厂准予恢复生产，并保证盈利。这一目标成为全体车间员工对工厂的自我承诺，结果全体员工齐心协力，当年仅仅生产4个月，不仅填补了上半年的

400 万元亏损，年底还盈利 120 万元。

韩国精密机械株式会社实行一种独特的“一日厂长制”管理，即员工轮流当厂长管理厂务。“一日厂长”和真正厂长一样，拥有处理厂务的权力，若对工厂管理的生产、工人工作等方面有意见，记录在工作日记上，让相关部门员工收阅，部门主管必须依照批评意见纠正自己的工作。这一制度实行后，大部分员工都干过“厂长”，工厂的向心力因此大为加强，管理成效相当显著，实施当年即为工厂节约成本 300 多万美元。

从以上两个事例可以看出：尊重员工的意见，就是让员工自己管理自己，做企业的主人；提高员工的参与程度，达到利用团队精神，提高组织营运效率的目的。

3. 尊重员工个人的职业发展需要，提高员工对企业目标的认同力

任何员工的工作行为不仅仅是为了追求金钱，同时还在追求个人的成长与发展，以满足自我实现的需要。特别是一些高素质员工更加注重这种需要的实现。作为企业的员工，绝大部分人都有自己的职业生涯计划，有意识地确立目标并努力追求目标的实现。作为企业的管理者，则应该了解员工的职业生涯计划，并通过相应的人力资源政策为员工提供职业发展援助，引导员工准确地自我定位，帮助员工克服职业目标实现中的困难和挫折，使员工个人职业目标与企业整体目标相一致，这就是现代人力资源管理中的职业管理。

企业管理者只有了解员工（特别是一些高素质的骨干员工）职业生涯计划，了解他们实现过程中的困难以及职业发展各阶段的矛盾，才能制定相应政策和措施，为员工创造畅通的发展条件。否则，员工个人的职业发展一旦受阻，企业又不能及时了解，提供帮助，就可能导致企业人才的流失。

在日趋激烈的市场竞争中，企业从以上三个方面入手，有效应用零成本激励方式，满足员工人格和自我实现的需要，为员工个人发展提供更多的机会，使员工觉得“英雄有用武之地”。员工努力投身企业工作的积极性就自然而然提高，从而达到事半功倍的激励效果。

5.5 著名企业员工激励实例

5.5.1 通用电气公司的员工管理

从管理一个人到管理 GE，在短短 20 年间，作为通用电气公司前董事长兼总裁，杰克·韦尔奇（Jack Welch）通过 600 多次收购扩大了公司的规模，公司的总收入屡创新高。但韦尔奇认为他所做的最重要的工作是激励员工及对他们工作表现做出正确的评估，为此他付出了大量的时间。

《华尔街日报》记者曾就员工激励问题采访了韦尔奇先生。韦尔奇用一个形象的比喻道出了管理的真谛，他说："你要勤于给花草施肥浇水，如果它们茁壮成长，你会有一个美丽的花园，如果它们不成材，就把它们剪掉，这就是管理需要做的事情。"

记者：初到 GE 时，你是如何成为一名管理者的？

韦尔奇：初到 GE 时，我不懂得如何管理。我试着先学会如何管理一个人，然后是两个人、四个人。这种方法很独特，我不喜欢通过别的方式去管理。

记者：你认为管理的能力是后天形成的，还是先天就有的？

韦尔奇：人类总在不断积累经验和发现新的经验。管理人员最重要的还是要有自信，在学校获得优良的成绩时，或成为棒球队的队长时，你会获得自信，你的父母也会鼓励你变得自信，无须到管理学院去学习。

记者：第一次从事管理工作，你是如何调动员工积极性的？

韦尔奇：我非常幸运地成为 GE 一个新部门——塑料制品部的第一任经理。当我雇用第一名员工时，我们组成了一个两人团体，我从没把自己看作老板。而后我们雇用了一个又一个新员工，大家一起去我家吃饭，一起过周末，一起参加社交活动，一起在星期六加班。我们不用备忘录来交流消息，整个部门就像一个家庭杂货店，大家共同出谋划策，而无等级之分。我想一个企业就应该这样运作。

记者：现在仍像个杂货店吗？

韦尔奇：事业走上正轨，难免会出现些等级制度问题，但我们的团队精神仍在。每当我们取得一些成绩，我们都会把生产线停下来，大家一起出去庆祝。今天在 GE 的各个部门，这种精神仍然存在。

杰克·韦尔奇有关激励员工的经验：告诫员工不要甘于碌碌无为，有这样想法的员工应促其另谋高就；不断提高员工队伍素质，提升好的，解雇差的；通过给每个部门的员工划分等级来评估员工业绩；不要给员工制定太多的目标，而要鼓励他们充分发挥潜能和创造性；不仅要给予员工精神鼓励，还要给予物质奖励。

记者：你有没有曾经得到过上司的激励？

韦尔奇：在 GE 的头 16 年里，我的工作地点不断变动。因此，从某种程度上来说，我没有上司。不过有一次经历使我颇有感触。我的第一份工作是在马萨诸塞州的皮茨菲尔德（Pittsfield，Mass.），当时工厂发生爆炸，我不得不赶到康涅迪格州（Connecricut）向老板们解释，他们给予我很多支持和鼓励。我出了差错，但却没有因此失业，老板没有对我大发雷霆，甚至没有过多的指责。

记者：你遇到的挫折是否有助于你改进管理方式？

韦尔奇：刚开始的时候，就像 GE 的其他新员工一样，我负责一个小项目，那时的奖励制度不合理。到了年底，每人都得到了 1000 元加薪，我觉得我应得的不止这些，便打算离开，但老板要求我留下，此后类似的情况再也没有发生过。这个经历让我意识到在 GE 这样的大公司里人们常会遇到此类挫折。如果你的成绩不被认可，得不到老板的赏识，的确很可怕。

记者：你对雇员有什么忠告？

韦尔奇：我让他们了解到在这个公司不能甘于碌碌无为，我鼓励他们勇敢地展示自己，谈出自己的看法，争取上司的赏识。我告诉他们："如果 GE 不能让你改变窝囊的感觉，你就应该另谋高就。"我会辞掉那些让员工产生这样心态的经理和那些不能与员工打成一片的经理。

记者：你一般花多少时间用于对雇员的业绩评估？

韦尔奇：至少一半的时间，你看（他掏出一个大笔记本，上面画满了图表，每个部门都有相关的图表，反映每个员工的情况）这是一个动态的评估，每个人都知道自己所处的位置。第一类占 10%，他们是顶尖人才；次一些的是第二类，占 15%；第三类是中等水平的员工，占 50%，他们的变动弹性最大；接下来是占 15% 的第四类，需要对他们敲响警钟，督促他们上进；第五类是最差的，占 10%，我们只能辞退他们。

根据业绩评估，每个员工都会知道他们处在哪一类，这样没有人会抱怨得不到赏识。

记者：你的评估将决定是否给予他们的股票期权作为奖励，是吗？

韦尔奇：第一类员工会得到股票期权，第二类中的大约 90% 和第三类中的 50% 会得到股票期权，第四类员工没有奖励。图表是最好的工具，哪些人应该得到奖励，哪些人应该打道回府，一目了然。

记者：让员工们相互竞争，面临被淘汰的危险，这对他们是不是压力太大了？

韦尔奇：不是的。这有很大的空间，比如第三类员工，不会有什么处罚。我不知道这是否比别的公司残酷，但这是我们的方式。

记者：你是如何调动一般员工的积极性的？

韦尔奇：让他们明白他们有上升到第一或第二类的可能，他们有机会选择何去何从，他们中最好的那些人才会得到股票期权的奖励。

记者：事实上有多少人能得到股票期权呢？

韦尔奇：我们那时有大约 8.5 万名专业员工，每年有 1 万～1.2 万名会得到奖励，入选的员工经常变动。当时大约有 2.9 万人获得股票期权，占总人数的 1/3。

记者：你是否会给员工制定目标，来提高他们的业务能力？

韦尔奇：使员工们意识到他们有潜力不断进步比制定目标更为重要。使公司以最快的速度发展就是我们的目标，我希望员工能够发挥主动性，出谋划策促进公司发展。如果事事都要我来做，要他们何用？

一些公司与他们的雇员签约，而我不喜欢这样的方式。如果我和你签约，我就成了你的老板。那么来见我之前你会做什么呢？你会制作 50 份图表向我证明你已经全力以赴了，而我一定会要求你做得更多，最后只能采取折中的办法。换一种方式，我希望你能充分发挥潜能，提出你的建议，而我会为你提供各种资源。这样你给我的将是许多建议和计划，我可能会说："我不喜欢这个想法，但那个主意非常好。"这样的交流更有创意。

记者：在要求实际成果的同时，你是如何鼓励员工勇于冒险、不怕犯错的呢？

韦尔奇：刚才我提到在大公司工作的不利之处，你会感到人才济济而无出头之日，但是大有大的好处。我们曾耗资近210亿进行了108次收购活动，每个收购都有很好的计划，但其中大约有20%～30%将被证明是失败的。一般的小公司只能赌一两回，而我们能承受住更多的失误，甚至可以潇洒地放弃一些。有些大公司陷入困境，是因为他们只知道维持现状，而不是勇于开拓。

记者：你是如何使你的指令顺利地向下传达的呢？

韦尔奇：每年大约有5000人在科罗顿威尔（Crotonville，GE的经理培训中心）接受培训。经过培训和平时的交往，我与下属的交流会比较有默契。

记者：当你成为公司总裁的时候，你采取与前任完全不同的管理模式。你是如何让你的员工接受这种模式的？

韦尔奇：这确实不容易的。但我有25%～30%的核心员工，他们给予我很大的支持。我的宗旨是：使公司不断增强竞争力，以更快的速度向全球扩展。我会不断重复我要传达的信息，直到大家都接受为止。

记者：有很多人怨恨你，是吗？

韦尔奇：我讨厌被人称作“好好先生（Neutron Jack）”，当然每个人都希望被人喜欢。

记者：对于不同的业务，你是如何进行管理的？

韦尔奇：我不需要对每个部门的工作都了解，我所做的是任命部门主管，决定各项业务应有多少盈利，合理调动和分配人力、财力，并保持部门间的信息交流。至于细节问题，我不必过问。

记者：在员工奖励方面，你认为物资奖励和精神鼓励哪个更重要？

韦尔奇：对一位表现出色的员工进行奖励是管理过程中一个很重要的部分。奖赏对员工而言不应是可望而不可即的，就像鼻子碰着玻璃而穿不过去那样，我希望他们能得到他们应得的。精神鼓励和物质奖励都是必要的，两者缺一不可。我遇到过只给员工发奖章的老板，他认为多给钱是愚蠢的。我认为这大错特错，金钱和精神鼓励应双管齐下。

记者：你如何评价你的高层管理人员？你也鼓励他们相互竞争吗？

韦尔奇：我鼓励他们在工作上相互竞争，但不要有个人恩怨。我们的做法是将奖赏分为两个部分，一半奖励他在自己的业务部门的表现，另一半奖励他对整个公司发展的贡献。如果自己部门业绩很好，但对公司发展不利，则奖金为零。皮之不存，毛将焉附？

记者：你认为与下属关系融洽有多重要？

韦尔奇：你可以不参与下属的社交活动，不跟他们一起打棒球、参观博物馆、出外野餐，这些都没关系。但如果你与下属在经营观念上有分歧，或对企业的文化不认同，这就有问题了，在这些事情上大家必须达成共识。

记者：如果你在场，员工感到不自在，你如何处理呢？

韦尔奇：这倒难住我了，我不知道他们是否会觉得不自在，公司的气氛还是比较轻松的。我们在开会时也不总是一本正经的，就拿星期一的会议来说，我们花了半个小时谈论星期六的高尔夫循环赛，大家都很兴奋。

记者：身为总裁20年，你是否在不同的业务阶段改变你的策略呢？

韦尔奇：没有，我总是力求使公司的每项业务都做到最好。我们并不是每月都翻新花样，像进军亚洲市场、退出亚洲市场或开发互联网业务等并没有改变我们的基本策略，这些只是战术变化而已。20年里，公司重要的是完成了两件大事：第一是精简机构，取消过多的管理等级和取缔经营不利的业务；第二是不断改进奖励制度。目前我们的重点是提高质量，我们正不断改进经营方式。

记者：你已在GE树立起了自己独特的风格，你认为你的继任者应如何建立自己的形象呢？

韦尔奇：根据自己的想法，按自己一贯的方式行事，当然这将需要一些时间，公司员工也需要时间适应。毕竟GE有这么多员工，一个人指手画脚行不通。员工都会有自己的想法，因此你的做法要让他们接受并不容易，这就是生活。

5.5.2 微软公司知识型员工的管理

对于知识密集型企业——特别是软件企业来说，智力资源不啻为企业存续与发展的动力引擎。某种意义上，此类企业能否成功，完全取决于其所发掘的智力资源的“质量”和应用资源的机制。以微软亚洲工程院为例，成立仅两年多，工程院已招纳了300多位员工（不包括后勤支持和服务人员），他们中的每一个人都完全契合彼得·德鲁克对“知识型工作者”（Knowledge Worker）的定义。从员工学历构成情况看，80%左右的人拥有硕士学位，获得博士学位和学士学位的人分别占15%和5%。毫不夸张地说，这些人均可称得上是中国软件研发领域的精英人物。那么，如何才能有效地激发他们的工作激情、释放他们的创新潜力，并将这些“激情”与“潜力”转化为微软亚洲工程院不断成长、不断进步的动力呢？

在我看来，管理“知识型员工”须遵循五大“法则”——尽管各企业的环境与文化、价值观和用人机制千差万别，但归根结底，管理的结果取决于领导者，管理的实质则在于沟通，而沟通的效果又受到对象质素、沟通目标、信息质量与表达方式等因素的影响。这就要求企业领导者明察秋毫、通达事理且知人善任，如此才能实现企业价值与员工个人价值的双丰收。

知识型员工管理的第一条法则是：只要招聘到合适的人，管理便成功了一半。

“招聘”绝不只是企业人力资源主管的“简单任务”，而应是企业管理层共同关注、集体参与的一项核心工作。托马斯·H·达文波特（Thomas H. Davenport）是埃森哲战略变革研究院主任，在《微软公司的知识管理》一文中，他提到，微软的竞争优势在于“高质量的员工”，而微软对“高层次人才”的需求源自“它所处的竞争领域的快速变化的本质”——其实任何一家处于飞速革新、剧烈动荡的产业内的竞争参与者，都与微软面临着同样的课题，即如何从如此之多的应聘者中发现真正的“高层次人才”——显而易见的，雇用优秀的知识型员工能够切实降低企业的管理成本，降低企业各级领导的管理难度。

微软亚洲工程院（也包括微软的其他机构）在进行招聘时，最重视的不是知识型员工的“知识”，而是他们的人品和“态度”——为人是否诚实、是否善于与人合作、看待事物的心态是积极还是消极等等。尽管了解一个人不是通过一两次面试便可办到的，但“见瓶水之冰，而知天下之寒、鱼鳖之藏”，通过独特而严谨的面试流程、精心设计的面试环节，我们还是可以大体感知到某位应聘者与微软的价值观是否相容。

除了人品、态度，我们还看重应聘者的基础知识是否扎实，我坚信浮躁的人不可能有坚实的知识基础——当然也就难以做出无懈可击的产品。此外，创意方面的潜力也相当重要。在中国的教育体制下成长起来的学生往往不乏刻苦精神，而改革开放以来国力的不断提升也让新一代人才较以往有了更多的自信，但创造力的普遍匮乏仍然是一个现实问题。软件既是一门科学，同时也是一种艺术。在想象力和创造力方面有所欠缺的人不容易在软件行业取得成功。所以我们会在甄选过程中着重考核应聘者的程序设计能力和解决实际问题的思路，这可以让我们迅速捕捉到平时淹没于应聘者芜杂思想中的创意火花。

知识型员工管理的第二条法则是：根据员工个人的兴趣和追求，帮助他们实现职业梦想。

除了薪酬、福利以外，知识型员工最关心的当然是个人成长空间的开拓和能力的升级。他们往往受过很好的教育，在成长的过程中因才能出众而备受家人、同学和师长的瞩目，正因如此，他们对自己的期望值也往往很高。然而在一个成员能力相对均衡的工作环境下，这些人很快便会发现，再难找到先前那种“鹤立鸡群”的感觉，大家的学识、能力处在几乎相同的水平线上——有的人甚至更高一些。于是，一些逆商较低的人就可能出现心理波动。管理者必须营造出某种合适的氛围，让所有员工了解到，他们可以从同事身上学到很多东西，与强者在一起只会让自己更强，以此来帮助他们充满激情地投入工作——而不是停在那里，对他们的际遇自怨自艾。与此同时，管理者还应耐心地考察员工的专长，进而明确其兴趣和追求的趋向，鼓励他们追随梦想、释放潜力——从事任何一份工作时，兴趣都是员工持续进步的动力，追求都是照亮那条通往最终目标之路的灯光。

微软亚洲工程院每年会召开两次大型的内部会议，分别是“年中职业讨论”和“年底职业评审”。年中的会议主要是由员工谈他们对职业生涯长期发展的构想以及学习所得与不足，同时员工们还要给自己的老板打分——我们希望通过这种形式把握到员工的思想变化，及时了解他们的需求。

如果条件允许，管理者应当为员工提供无比广阔的舞台——知识型员工对其个人职业生涯的构想大致可以分为两种类型：一种是遵循某种线形的发展轨迹，这群人目标明确，他们渴望征服、渴望超越、渴望挑战更高——针对此类需求，微软亚洲工程院为员工们提供了没有天花板的上升空间。晋升不靠论资排辈，更不靠老板的“一语定乾坤”，只要员工在某一个职别上表现出了超越平凡的实力，他们便会被发现和拔擢。另一种员工总是希望尝试开拓新的职业领域，例如，软件设计和开发人员想从事 Program Manager（PM）的工作，此时他们便可向管理者提出要求，而管理者则会安排他们做一些本属 PM 职能范围内的事，并对其表现进行评估。若他们的业绩能够满足工程院对 PM 的要求，很快地，这些人将如愿以偿地走上新岗位。换言之，微软亚洲工程院尊重员工转换角色的愿望，并为他们提供“角色平移”的美妙机遇。

知识型员工管理的第三条法则是：为员工设立能力不断提升的“梯级”。

一个员工能力存在着“阶梯差异”的环境可以激励人们正视自身存在的不足并主动设法去改进。微软亚洲工程院刚建立时，发现很难从众多的求职者中遴选出富于软件开发流程管理经验的人才——这并不是说国内的学生不优秀，恰恰相反，很多求职者在软件开发方面所表现出的才华与热情都令人印象深刻。不过，由于中国软件产业尚未孵化出有能力研发大型软件项目的企业，以至于从业者大多对相关的流程和管理不够熟悉——一言以蔽之，“来之能战”、“战之能胜”的人才是比较少的。有鉴于此，我们一边从国内高校招募有潜质的人才，一边从美国请到了一批经验丰富的“高手”，请他们引领着那些无比刻苦但却经验不足的“新手”，使之逐渐熟悉自己的业务领域。新员工的学习能力很强，很快地，他们又成为下一批员工的楷模和榜样。梯级的自然形成总能让我们的员工找到能力上升的空间。

微软亚洲工程院主动借鉴了总部的人才培育经验，建立了“卓越软件培训部”，每周都会对员工进行 90 分钟的技术与流程管理培训，鼓励他们在 Program Manager、软件设计、开发及测试等各领域建立起“学习组”（Study Group），从而培养出了一批谙熟软件研发流程、长于项目管理的人才。此外，微软亚洲工程院还有一个“未来之星”人才培养项目，该项目旨在全面释放优秀软件人才的潜力。工程院为部分员工量身定制了培训计划，并为他们提供各种资源（例如去总部工作），以最大程度地加速其成长。今后，该项目还将被推广至微软设立于中国的所有产品研发部门。

知识型员工管理的第四条法则是：构建出“独一无二”的企业文化。

微软亚洲工程院的文化不同于微软总部,也不同于任何一家中国公司。

目前，在微软亚洲工程院，由海外归来的、既有经验又有技术的人才约为 50 名——其中 30 多人来自微软总部。此外，超过 80% 的员工都是在国内高校接受教育的本土人才。建院之初，我们所面临的一个重大课题是，如何让思维习惯不同、文化背景迥异的知识型员工取长补短、默契协作。我们构建出了一种有中国特色的微软开发者文化——一方面是将工程院变成一个“学习型组织”，以此来加深高素质的本土人才对大型软件开发流程的理解，强化其协同意识、沟通意识，培养其直面难题、坦承不足的习惯；同时也帮助由海外来华的那些业内精英更清晰、透彻地理解中国、理解工程院、理解身边的同事。

从 Mentor 制度可以窥见工程院文化之一斑——“Mentor”一词源自荷马史

诗。Mentor 是奥德赛的良师益友，雅典娜通过装扮成他而成为奥德赛之子忒勒马科斯的保护人及老师。为使每一位新员工都能在最短的时间内适应企业的环境、了解自身的职能定义、掌握相关的知识与技能，微软亚洲工程院施行了 Montor“制度”——每个新人加入时，公司都会给他安排一个资深的员工作为其 Mentor。新人可以从 Mentor 那里获得一切必要的帮助。

另一方面，工程院强调软件开发流程的“美国化”——美国是当今世界软件业最发达的国度，以往，国内学子想要洞悉这个“软件王国”的奥秘，只能选择远离故土、出国深造；而今，在微软亚洲工程院，每位员工都能在同事的帮助下接受软件开发的实战考验——无须漂洋过海，他们也可以获取到业内顶尖的知识、技能与经验。而在不久的将来，这些才华横溢、经验丰富的知识型工作者一定会成为中国软件产业的中流砥柱。为中国培育实用型科技英才，这也可以视为微软兑现其承诺的一种方式。

知识型员工管理的第五条法则是：当某位员工选择离开公司、追寻更远大的理想，我们所能做的是理解、接受和祝福。

像微软这样的公司，在某个阶段失去某些人是再正常不过的事，而这种“失去”也不大可能给微软造成长期的、毁灭性的影响。另一方面，企业的成功通常都依托于产业的繁荣。微软培育出的人才，即便未来离开微软，也仍会在产业内发挥光热。或许某一天，这些人管理或效力的公司会与微软竞争，但这并不值得惊奇或是愤怒——毕竟，他们曾经为微软创造过价值。

如上所述，就“知识型员工”的管理而言，微软亚洲工程院或许积累了一些可供业内同行借鉴的经验。一流的员工队伍、高效的管理方式不断推动着工程院阔步向前：“成长”既体现在员工数量的激增（从 20 余名到 300 名以上），也表现在研发领域的拓展——最初，微软亚洲工程院所确定的研发项目仅为 7 个；今天，微软亚洲工程院的研发领域飞速拓展，正在进行中的研发项目达 25 个——以及合作规模、合作质量的提升。当前，微软亚洲工程院与国内软件企业的合作与交流广泛而深入，包括中软、浪潮、神州数码、创智在内的国内知名软件公司均与微软亚洲工程院建立了常规的、制度化的技术交流机制；与此同时，约有 1500 名国内合作伙伴的员工间接受益于微软亚洲工程院的项目。

其实我个人也算是微软的“知识型雇员”。七年以前，在决定返回中国、参与建设微软亚洲研究院时，我曾有过一番思索——在个人已攀上一个事业高峰的前提下，我的渴望是什么？后来我觉得，个人价值的大小取决于你对公司、产业界、社群乃至国家的贡献的大小。就这个意义而言，微软亚洲研究院和腾飞的中国不啻为最重要的机遇。我想，在微软公司，不少“知识型工作者”应该和我有着相似的看法——他们是用荣誉感、责任感的甲胄武装起来的一群人，他们的工作成果将很可能影响全球数以亿计用户的计算、通信体验。崇高的目标激励着他们放眼远方，激励着他们再也不惧跋涉艰难。

（资料来源：微软亚洲工程院院长张宏江，《HR 管理世界》）

小　结

激励是一个心理学名词，所谓激励，就是指激发人的动机的心理过程。将激励这个心理学的概念用于管理，目的是为了调动人的积极性和创造性，充分发挥人的主观能动作用。

根据马斯洛的需求层次理论，人们的各种需要可以归结到五个层次上，分别为生理需要、安全需要、归属需要、尊重的需要和自我实现需要。

激励因素包括：工作本身、社会承认、责任、成就、发展、进步；保健因素包括：公司政策与行政管理、工资、工作条件、与上级的关系、与同事的关系、与下级的关系、安全、地位。

员工激励的原则和方法为：激励要因人而异、奖惩适度、公平。激励可分为四类：成就激励、能力激励、环境激励和物质激励。

第 6 章

员工沟通管理

6.1　沟通的意义

6.1.1　沟通概述

沟通（Communication）是指凭借一定的符号载体，在人与人之间或群体之间传递信息，并获取理解的过程。管理沟通的过程可以表现为组织内部上下之间、群体之间、人与人之间的沟通。在所有沟通者之间传递的不仅仅只是语言信息，还包括身体动作、表情、态度、观点、思想等的传递。

西蒙（H. A. Simon）曾经这样描述过沟通："沟通可视为任何一种程序，借此程序，组织中的一员将其所决定意见或前提，传送给其他有关的成员。"沟通是信息的准确传递和了解，完善的沟通是指信息的接受者完全了解信息传递者所要表达的意愿。

沟通常被理解为沟通双方达成了某项协议或约定。其实，沟通双方能否达成一致，并不是仅由沟通是否良好这个因素决定的。它涉及的因素很多，比如双方的根本利益是否一致，价值观念是否相同，等等。也许我们彼此都明白对方的意思，但我们不一定要接受对方的观点，只要清楚明白对方的意思，就可以说我们已经进行了良好的沟通。

沟通的信息包罗万象，比如事实、情感、价值观、意见、观点等。沟通看起来很容易，其实沟通双方要做到有效的沟通，必须经过长时间的摩擦、配合，是一项非常困难和复杂的工作。沟通双方不但要理解传递过来的信息，还要分析信息，获取事实，翻译转化信息。

沟通的双方应具有相同的知识背景，应该全面了解沟通内容的特点、实际情况，寻求最佳的沟通策略和形式，并逐步组建适合自己的沟通信息系统。

6.1.2　沟通的重要意义

韦恩·佩思（Wayne Pace）曾经说过这样一段话，来强调沟通的重要性："沟通是人们和组织得以生存的手段，当人类缺乏与生活抗争的能力的时候，最大的根源往往在于他们经常缺乏适当的信息。除了本身的努力之外，很大程度在于他们是否拥有必要的信息和完成工作的技巧，而这些信息和技能的获得又取决于在技能学习和信息传递过程中沟通的质量”。

沟通的重要功能就是交流信息，沟通是管理工作的基础，是人与人之间交往的桥梁，有沟通，才有理解。良好的沟通，尤其是上下级的沟通，可使员工感到自己是企业的一员，可以提高员工士气、激励工作热情、提高工作技能及实现生活目标。

沟通手段的有效运用，可以帮助企业建立一支以协作工作为中心的员工队伍，可以增强企业的凝聚力。同时，沟通也是企业获得必要信息资料的重要途径，是满足员工心理需要、改善人际关系的重要工具。员工时常提供反馈意见，不但可以保持和谐的上下级关系，还可以保证管理者及时了解群众的意见，解决工作中的问题。

有效的沟通使员工通过各种公开的沟通渠道，获得所有的信息，然后大家通过相互讨论、交流、探索，一起出谋划策，共同解决困难。这时企业组织的活动才会有效率和效益，而且充分调动了员工参与管理和决策的积极性。

沟通使员工了解了整个企业目标，每个人都尽自己最大的努力为企业工作，积极改善自己的工作绩效，提高组织战斗力，为企业的目标而奋斗。

6.2 影响沟通的因素

6.2.1 沟通的过程

沟通的特点在于沟通的每一个参加者都是积极的主体，互相影响以改善其行为，沟通的过程由下列的要素组成：发送信息者、信息、编码、渠道、译码、接受信息者、背景、干扰因素、反馈。

1. 发送信息者

发送信息者必须编码，把自己的思想转化为某种能传递到接受者的形式。

2. 信息

是指经过编码传送的有用信息，如语言、文字、图画、动作信息、表情等。

3. 编码

是指发送者将其意义符号化，形成一定的文字或语言符号及其他形式的符号。编码会受到技巧、态度、知识和社会文化系统的影响，写作、阅读、倾听和解释都是有效的编码方式。

4. **渠道**

渠道是由发送者传递信息的媒介物，它是信息的载体、中介的桥梁。不同的信息内容要求有不同的渠道，一般信息的渠道有口头和书面两种。有时根据需要，可以采用两种或两种以上的传递渠道。在各种方式的沟通中，最佳的渠道方式是面对面的原始沟通方式。因为面对面的沟通，除了传递词语本身的信息外，还可传递双方的整体心理状态，发生情绪上的相互感染。

5. **译码**

译码是指信息接受者在接受信息后，将符号化的信息还原成思想，并理解其意义。有效的沟通，是指传送者的思想经过编码与译码两个过程后，形成的思想前后完全吻合，即编码和译码两个过程完全一致。如果沟通的双方没有在同一背景下编码、译码，双方对信息符号及信息内容缺乏共同的认识，沟通过程中就会出现误差，导致误解含义。

6. **接受者**

是指接受信息的主体，也是信息到达的终端。

7. **背景**

沟通总是在一定的背景下发生的，任何形式的沟通，都要受到各种环境因素的影响。背景可以从以下四个方面描述：一是心理背景，是指沟通双方的情绪和态度，如沟通者的心情、情绪。假设处于兴奋激动的状态和处于悲伤焦虑的状态时，这两种状态下的沟通意愿、沟通行为是完全不一样的。如果把背景搞错了，编码和译码将会受到很大的干扰。沟通双方对对方的态度也是重要的背景之一，如果是彼此敌视或关系冷漠，沟通也会出现偏差，双方可能都比较难以理解对方的思想。二是物理背景，是指沟通的场所，特定的物理背景往往造成特定的沟通氛围。三是社会背景，是指沟通双方的社会角色关系。不同的社会角色有着不同的沟通模式，人人都有特定的沟通方式，只有符合个体的沟通方式，才能有效沟通。社会背景还包括沟通情境中对沟通发生的影响但不直接参与沟通的其他人。四是文化背景，沟通者长期的文化积淀，也就是沟通者较稳定的价值取向、思维模式、心理结构的总和。这个总和是我们精神的核心，是思考、行动的内在依据。只有充分了解沟通双方的背景，才有可能完全准确地理解信息。

8. **干扰因素**

干扰因素包括种类有很多，如噪声干扰、沟通距离较远，等等。噪声是妨碍信息沟通的重要因素，它存在于沟通过程的各个环节，并有可能造成信息失真。信息沟通使用的主要工具是语言，语言也是一种符号，而不是客观事物的本身，它只有通过人们的交流联系，才能导致对信息的理解。假如表达能力不佳、词不达意，逻辑混乱，晦涩难懂，都无法准确进行译码。而且不同的人有不同的理解方式，因而理解出现偏差。例如，如果接收者认为发送者不值得信赖，即使发送者发出的信息是真的，接收者也有可能认为是假的。

9. **反馈**

是指接收者把信息返回给发送者。如果接收者能充分译解密码，并使信息融入沟通系统中，就会有反馈产生。反馈可检验信息沟通的效果如何，接收者是否正确接受并理解信息。在没有得到反馈之前，我们无法确认信息是否得到有效的编码、传递、译码。如果反馈显示，接收者接受并了解信息的内容，这种反馈称为正反馈。当然反馈也不一定全部来自对方，反馈也可以是自身的改变，如当我们发现自己的话不通顺、词不达意或对方不接受信息时，自己就可以调整说话的方式，这就是自我反馈。沟通的基本过程，每一个环节都很重要，环环相扣，只要一个环节没有组织好、处理好，都会影响沟通的效果。

6.2.2 沟通的分类

1. **根据载体不同分类**

根据信息载体的不同，沟通分为言语沟通和非言语沟通，言语沟通又可分为口头沟通和书面沟通。

（1）言语沟通。

言语沟通有两种，一是口头信息沟通。借助于语言进行沟通，是沟通形式中最直接的方式。口头沟通的方式可以是会谈、讨论、会议、谣传、密谋、演说和电话联系等。口头沟通比较灵活、传递速度快、可以自由交换，信息有任何不清楚，可以立刻更正等优点。

但是，口头信息沟通的信息保留时间较短，有一定的局限性。而且信息从发送者到接收者之间，可能存在失真，每个人可能会根据自己的理解在其中添加或删除某些信息，造成信息的不完整。

二是书面信息沟通。书面沟通是借助文字的方式进行沟通，可以有报告、工作手册、报表、书信、备忘录、布告、通知、刊物、书面报告等方式。书面记录具有比较正式、可长期保存、可反复研究、法律保护等优点。书面沟通中要表达的内容应该周密，逻辑性强，条理清楚。虽然书面沟通有上述优点，但是书面沟通不能及时提供信息反馈，发送者往往要花费很长时间了解信息反馈状态。

（2）非语言沟通。

非语言沟通有身体语言沟通、副语言沟通和物体的操纵等方式。身体语言沟通可以有目光、面部表情、手部动作、身体各种姿态、手部语言、衣着打扮等表达方式。副语言沟通是通过非语词的声音，如重音、声调、哭泣、微笑、空间、时间、颜色等。语言的表达方式千变万化，同一句简单的言语，用不同的态度，会产生不同的效果。除了运用身体语言的沟通外，还可通过环境的装饰、讲话时物体的运用来表现特殊的沟通。如装修风格的不同，可以无声地传达出主人的性格、年龄、爱好的特征。

还有信息应用技术等沟通工具，如电子邮件、多媒体、电传、电话会议、电视商场、计算机网上工作等。

2. 根据组织系统不同分类

根据组织系统不同，可分为正式沟通和非正式沟通。如正式沟通包括企业定期汇报工作制度、每周例会制度等。非正式沟通包括员工私下议论小道消息，私下讨论问题等。

3. 根据级别不同分类

根据级别不同分类，可分为上行沟通、下行沟通、平行沟通。上行沟通是指信息从低层流向高层，如下级向上级反映情况，如果没有上行沟通，管理者就不清楚自己的命令或工作是否正确，员工是否有意见等问题。下行沟通是指信息从高层流向低层，如传达各种制度、工作程序等。平行沟通是指企业各部门之间传递工作信息，以互相协作的方式沟通。

4. 从地位变换的角度分类

从地位变换的角度分类，可分为单向沟通和双向沟通。单向沟通指无反馈的信息交流，如作报告、讲演、批示等。双向沟通指有反馈的信息沟通，如交谈、开会、谈判等。双向沟通时，双方可以随时检查沟通的效果，变换不同的方式，寻找最佳方式，因此接受率和准确率较高。

5. **根据所属关系不同分类**

根据所属关系不同分类，可分为横向沟通和斜向沟通。横向沟通是指企业中同一层次之间信息的交流。斜向沟通是指企业中不处在同一部门或同一层次之间的交流。如，同一办公室的人交流属于横向沟通，一车间的员工与五车间的领导交流属于斜向沟通。

6.2.3 沟通的障碍

沟通中会产生各种沟通障碍，如语言运用的障碍、过滤障碍、心理障碍、时间压力的障碍、信息过多的障碍、组织机构与地位的障碍等。

1. **语言运用的障碍**

是指语言表达不清，使用不当，造成理解上的障碍或产生歧义。年龄、教育状况、文化氛围等是比较重要的影响因素。同样的话，不同的人来理解，就会有多种不同的诠释。另外一种情况就是，运用自己的行业术语与外行人沟通，也会产生误解、曲解，造成沟通的障碍。

2. **过滤的障碍**

由于在信息的传递过程中，某些人由于个人的喜好等原因，会故意操纵信息，修改信息，甚至篡改信息，使信息失真，这称之为信息的过滤。

3. **心理的障碍**

人与人之间的差异、生活环境的差异、兴趣爱好的差异、企业内部各部门之间利益的差异，会造成人与人之间不同的心理差异。对一些人来说不重要的事情，也许对另外一些人就是很重要的事情。

4. **时间压力的障碍**

有时由于时间的紧迫，信息有可能传达不清或不完整，这使沟通的效果也会受到影响。

5. **信息过多的障碍**

员工有时一天之内会接受大量的信息，信息有重有轻，也许有时会耽搁信息的处理，漏掉一些重要的信息，或者对信息的处理过于草率，这样都会造成对信息的误解，影响沟通。

6. **组织机构中地位的障碍**

由于企业中各种组织机构的复杂庞大，会造成员工反映问题找不到受理的地方，提出建议不能及时传递上去，延误工作。企业可以采取一些积极有效的方式，如定期的交流、会议、领导接待日等，来解决这种信息传递不畅的问题。

7. 沟通技巧欠佳的障碍

如果发送信息者，表达技巧差，词不达意，接收信息者聆听、理解能力不强，沟通中就会出现理解问题，导致沟通障碍。

6.2.4 如何提高沟通效率

企业的管理者应该了解发生沟通障碍的种种现象，在工作中避免这些现象，努力改善人际关系。因为沟通本身就是人类特有的精神需要，通过彼此之间的沟通，诉说友情、快乐、痛苦，可以增加人与人之间的亲密感。

（1）为了达到有效的沟通，沟通双方应该慎用语言文字，不使用别字、错字、生僻难懂的语句。注意身体语言，如面部表情、声音频率、声调、神情、目光、姿势等，这些动作可以帮助接收信息者理解发送者的真正意图。

（2）为了达到有效的沟通，企业管理者还应该培养员工沟通技巧，如培养员工讲话的能力、书写的能力、接受信息的能力、倾听的能力、记笔记的能力、理解的能力。

（3）为了达到有效的沟通，还应控制信息流程，控制信息的质和量。不要一次传达过多的信息，信息之间应该有一个主次、轻重、缓急的差别。努力做出信息的要点摘录，使信息一目了然，这样就不会造成因信息的纷繁而遗漏了重要的信息。

（4）为了达到有效的沟通，还应主动倾听来自各方面不同的意见，尤其是反面意见。

（5）为了达到有效的沟通，应建立有效的沟通渠道，正确运用各种沟通的类型。如采用双向沟通，不但可以创造良好的沟通气氛，还有利于上下级、内部成员之间建立相互合作、信任的友好关系，减少地位的差异带来的障碍。

如果员工的沟通能力提高了，沟通的质量增加了，信息交往畅通无阻了，将会使企业的管理更加完整、有效。这样才能充分发挥每个员工的聪明才智，调动员工的积极性，挖掘员工的潜力，共同为企业的同一目标而努力。

6.3 沟通网络

在沟通中有垂直和横向等组合方法，形成了各种“沟通网络”（Communication Networks）。沟通在社会系统中起着联系个人与群体的作用，是把工作做好的必要信息渠道。

6.3.1 正式组织的沟通网络

在小群体或正式的组织中，可以通过明文规定的正式渠道来沟通。信息从一部分人传递到另一部分人并形成了各种模式，如锁链型、Y 字型、轮型、全渠道型、圆圈型、倒 Y 字型。

1. 锁链型网络

员工可以上下、左右沟通，这种链型网络是垂直等级组织特殊的交流方式，适合于单线联系特点的群体。但这种形式的沟通，信息经过层层的传递，信息容易失真，信息接收者对信息的理解差异很大。

2. Y 字型网络

两位下属向一位管理者汇报，管理者的上面还有两位领导，解决问题的速度比较快，但信息容易失真。Y 的分叉点多是秘书、领导助理的位置。

3. 轮型网络

群体稳定集中，每个成员只能与中间那个人沟通，其余人不直接沟通，中间人代表主管，四周的人代表下属，所有的沟通都是主管与下属之间的沟通，这种方式集中化程度高，解决问题速度快，但因为沟通渠道少，沟通会不畅通，员工的满意度不高。

4. 圆圈型网络

每一个人都从他临近的两位员工那里接收信息，但不与其他人进行沟通，虽然沟通渠道不多，但每个员工可以随时接收信息。适合分散小组、突击队、智囊咨询机构或特别委员会等组织形式成员之间的沟通。

5. 全渠道型网络

允许所有的成员之间进行彼此的沟通，没有一种正式的机构，也没有人以某种领导者的身份处于网络的中心位置，完全是一种开放的网络。沟通不受任何限制，所有成员都是平等的，彼此可以非常平等的交流意见，沟通渠道比较多，员工的接受信息满意度高。

6. 倒 Y 字型网络

管理者通过一个部门或某个成员进行沟通，解决问题的速度比较快。

在正式组织的沟通网络中，任务、环境、个人因素、群体绩效因素等是组成沟通网络的重要因素，通过分析任务的不同，可以确定选择哪种沟通网络。而环境的不同，也会影响员工之间的沟通，管理者应根据组织目标，各种网络的效能，综合各种情况，选择有效的沟通网络。

6.3.2 非正式组织的沟通网络

非正式的沟通不是正式的沟通渠道产生的，是在自然状态下产生的。信息由一个人传递给另一个人时，可能并无目标性，带有很大的随机性和偶然性。假如传递的信息是小道消息，再经过每个人的过滤和修改，信息失真度大。不过，有些小道信息有时可能会反映某些真实状况，某些员工的真实思想感情，管理者应该关心这些信息，交流这些信息，注意判断真实性，及时改正工作中的失误。

6.4 沟通技巧

如何提高沟通技巧，是每个管理者面临的艰巨任务。管理者必须提高自己和提高员工的沟通技巧，使双方通过合理的途径，达到有效的沟通。沟通技巧包括以下几部分：

6.4.1 倾听技巧

倾听是接受信息者需要掌握的重要技巧，保罗·赵曾经说过：“沟通首先是倾听的艺术。”通过倾听我们可以了解对方要传达的信息，同时感受到对方的情感，推断对方说话的意图，倾听不但可以激发对方的说话欲，还能发现说服对方的关键，增加交流的有效性。

倾听时会遇到一些障碍，比如环境的嘈杂、令人无法集中精神，内容的空洞无味，使人厌烦，情绪的激动，难以控制，词语太专业，听者兴趣寡然，听者用心不专，急于发言，排斥不相同的意见等。

有效的倾听技巧包括：一要排除干扰，集中精力，积极努力理解谈话内容。可以争取在谈话前，预测将要谈话的内容和可能出现的结果。二是多听少讲，不要随便打断对方的讲话。不断回顾和总结已经结束的谈话的要点。三是设法改变环境，使讲者感到轻松、舒适。四是表现出想倾听的兴趣，不要表现出冷淡和不耐烦，必要时可使用身体语言给予回应。五是设身处地地站在对方立场上，开放思想，消除成见，接纳意见。六要注意倾听语句的含义和隐语，不要过早下结论，妄加批评。七要注意讲者的身体语言，听出对方的感情色彩。八是把重要的事情记录下来，积极提出问题。

6.4.2 阅读技巧

阅读是一种综合的能力，它不但要有获取知识的能力，如观察力、注意力、理解力、想象力、记忆力等，还要有运用知识的能力，如计算、分析、综合、判断力等。阅读是人类汲取知识和认识世界的重要途径之一，阅读可以锻炼思维，创造新知识，有利于丰富生活，改进工作。

阅读的目的可分成以下几类：学习性阅读，它又包括积累性阅读、理解性阅读、发展性阅读；工作性阅读；研究性阅读，它又包括评论性阅读、专题性阅读等；生活性阅读，它又包括消遣性阅读，鉴赏性阅读。只有掌握了你想要阅读的目的，才有可能真正达到阅读的目的。

阅读速度的快慢会影响工作的效率，因此要提高阅读速度。阅读的速度受很多因素的影响，如工作环境、光线、阅读材料的种类、阅读的情绪等。但最重要的是阅读能力的影响，阅读能力主要包括一定的阅读技巧、选择有效的阅读方式、制定适当的计划或标准。

阅读的技巧分为：

1. 提高阅读速度

阅读速度是有极限的，受环境、情绪的影响较大，而且阅读速度会随着材料的性质和难度的变化而变化。速度达到一定的极限后，会对记忆力和理解力产生重要的影响，逐字逐句的阅读会由于过于关注局部而失去整体概念，所以应把握整体的阅读，不要过分注重细节。

2. 提高阅读准确率

阅读准确率直接受读者对客观信息的把握程度、对文字意义的准确理解所限，掌握词汇量的多少和对专业词汇的理解非常关键。

3. 提高阅读理解率

在开始阅读前，首先，看一下文章的标题、目录及每一段的标题句。这样有助于你找到最感兴趣的部分，使你集中精力用于该部分的中心思想，节省浏览的时间。其次，还应注意搜寻文章的主要思想和细节。可以预先设定好自己的问题，再搜寻有价值的信息。搜寻文章主要思想时，先要确定主题句，再找出关键句，这样就能把握信息的思想内涵，深刻了解信息的本质。最后，还要掌握摘要的技巧。写摘要时，先要找到文章关键词和思想，然后用连贯的句子连接起来，文字越简洁越好，但信息不可以有遗漏，摘要只是客观表达作者思想的文字。

4. 制定合理的阅读训练计划

阅读训练的目的在于提高整体阅读能力。制定阅读训练计划，首先要确定训练目标；其次速度训练，可使用默读、整体阅读法来提高速度；再次是训练理解分析力，如概括、联想、想象的能力；最后是阅读步骤的训练，如可采用先浏览、提问，再阅读、复述，最后复习的步骤。或采取先浏览，速读，再跳读，最后精读的步骤。

6.4.3 演讲技巧

演讲前的准备工作是决定成败的重要因素，一定要分析听众的背景，如性别、年龄、教育程度等，然后才能选择适合的题目。演讲内容要充实，说话要精简生动，富有幽默感，不宜说教。然后收集整理有关资料，写成演讲稿或大纲，把精华部分放在开头，加深听众的印象，把不精彩的内容放在后头，注意演讲声调的高低、声音的大小，通过变化声调，可以控制听众的情绪，吸引听众的注意力。最后，注意演讲的时间不要太长，见好就收。还可以事先排练，这样就不会发生怯场。

演讲分为照稿宣讲、脱稿演讲、按提纲讲、照腹稿讲、即兴演讲。演讲具有感染力、鼓动性、灵活可变、易于调整等优点，是艺术性内容哲理化、语言文学化、姿态戏剧化的产物。

听众的心理是独立意识与从众心理的矛盾统一。在演讲前，要充分考虑听众的目的何在、听众的数量多少、性别的因素、年龄的构成、知识水准等多方因素，然后确定论题，选取能引起听众兴趣的题目来演讲。

题目的拟订要有建设性，要新奇醒目，标题不要过长、深奥、空泛。题目越简洁，越便于记忆。主题要有独到见解之处，要集中、有重点，不需要面面俱到，选择针对性强、服务于主题的资料。

开场白要巧妙，结尾要精彩。

正文要层次清楚，重点突出，注意过度和照应。演讲内容要口语化，要通俗易懂，生动感人，准确朴实。

注意发声的技巧，巧用重音、停顿来把握节奏，通过语气语调、体态语言、表情和眼神、姿态和手势来控制场面。

6.4.4 谈判技巧

谈判是双方之间的一种会见形式，双方就可以接受的局面采取的行动。谈判的要素分为：谈判的主体、谈判的客体、谈判的目的、谈判的结果等。谈判的种类包括对抗型谈判、合作型谈判等。

谈判的基本原则，是双方从实际利益出发，坚持客观标准，真诚坦率，实事求是，寻找共同能够接受的利益。

谈判策略是：精诚所至，金石为开。可先充分假设，但要给彼此留下回旋余地，然后把握契机，耐心了解对手，做有取舍的让步，使目标分离，然后击败对手。

6.4.5 写作技巧

写作的过程分为准备阶段、成稿阶段和修改阶段。

写作首先要正确表达思想；其次是逻辑清晰，有特定的主题，条理分明；再次要充分完整地描述事实；最后注意文字简洁明了，生动活泼，用词得体，言之有物，不空泛。

写作时先选择合适的文稿类型，是通用公文，还是专用文书；然后选择一个合适的标题；再研究文章的布局，掌握主要顺序，合理安排段落，注意标点符号。

平时要多读、多写、多想、多练习，收集足够多的材料，选择一个良好的写作环境，参考一些优秀的范文，持之以恒，形成自己的写作风格。

6.4.6 批评技巧

批评只是表露个人内心对事物好坏的一种评论，一般人都厌恶别人的批评，尤其是负面的批评。因此批评时应针对事情，不要针对人。

在批评时，不要只是负面批评，可先称赞对方的成绩，以缓和紧张的气氛，对方会比较容易接受。

在批评时，不要把个人的恩怨、情绪牵扯进去，要控制个人的情绪，说话用词要恰当，不宜严厉责备。所批评的事情，必须是可以改善的事情，无法改善的事情，应减少批评的次数。

批评的语句应尽可能明确，不要笼统，必须让对方明白所批评的要点及原因。

在批评后，应表示体谅对方的处境、感受，这样可以消除对方的敌意，最大限度地接受批评。

6.4.7　会议

会议是一种群体活动，是解决问题的途径。会议的目的可以是告知信息、产生创意、分配任务等。首先要确定好会议的主题和议程，然后确定会议时间、会议参加者人数、会议地点及布置会场。会议时间不应该过长，参与会议者在会议之前，应先阅读会议的资料，整理自己的观点，以备发言。会议时应作一些必要的记录，记录重要的决议或结论。

6.4.8　身体语言

身体语言很丰富，包括身体动作语言、面部表情语言、服饰及仪态的语言等，运用身体语言可以代替有声语言，强化效果，体现真相。身体语言的适当运用，可以体现说话者的文化修养、素质、幽默感，树立威信，增加对沟通对象的吸引力，增加信任感。

6.5　著名企业员工沟通管理实例

迪特尼·包威斯公司的“员工意见沟通”系统

迪特尼·包威斯公司，是一家拥有1.2万余名员工的大公司，它早在成立初期就认识到员工意见沟通的重要性，并且不断地加以实践。现在，公司的员工意见沟通系统已经相当成熟和完善。特别是在上世纪80年代，面临全球的经济不景气，这一系统对提高公司劳动生产率发挥了巨大的作用。

公司的“员工意见沟通”系统是建立在这样一个基本原则之上的：个人或机构一旦购买了迪特尼公司的股票，他就有权知道公司的完整财务资料，并得到有关资料的定期报告。

本公司的员工，也有权知道并得到这些财务资料，和一些更详尽的管理资料。迪特尼公司的员工意见沟通系统主要分为两个部分：一是每月举行的员工协调会议，二是每年举办的主管汇报和员工大会。

6.5.1 员工协调会议

成立初期，迪特尼·包威斯公司就开始试行员工协调会议，员工协调会议是每月举行一次的公开讨论会。在会议中，管理人员和员工共聚一堂，商讨一些彼此关心的问题。无论在公司的总部、各部门、各基层组织都举行协调会议。这看起来有些像法院结构，从地方到中央，逐层反映上去，以公司总部的协调会议为标准的双向意见沟通系统。

在开会之前，员工可事先将建议或怨言反映给参加会议的员工代表，代表们将在协调会议上把意见传递给管理部门，管理部门也可以利用这个机会，同时将公司政策和计划讲解给代表们听，相互之间进行广泛的讨论。

在员工协调会议上都讨论些什么呢？这里摘录一些资料，可以看出大致情形。

问：公司新设置的自助餐厅的四周墙上一片空白，很不美观，可不可以搞一些装饰？

答：公司已有打算，准备布置这片空白。

问：管理部门已拟工作8年后才有3个星期的休假，管理部门能否放宽规定，将限期改为5年？

答：公司已经作了很大的努力，诸如团体保险、员工保险、退休金福利计划、增产奖励计划、意见奖励计划和休假计划等。我们将继续秉承以往精神，考虑这一问题，并呈报上级，如果批准了，将在整个公司实行。

问：可否对刚病愈的员工行个方便，使他们在复原期内，担任一些较轻松的工作。

答：根据公司医生的建议，给予个别对待，只要这些员工经医生证明，每周工作不得超30个小时，但最后的决定权在医师。

问：公司有时要求员工星期六加班，是不是强迫性的？如果某位员工不愿意在星期六加班，公司是否会算他旷工？

答：除非重新规定员工工作时间。否则，星期六加班是属于自愿的。在销售高峰期，如果大家都愿加班，而少数不愿加班，应仔细了解其原因，并尽力加以解决。

要将迪特尼12 000多名员工的意见充分沟通，就必须将协调会议分成若干层次。实际上，公司内共有90多个这类组织。如果有问题在基层协调会议上不能解决，将逐级反映上去，直到有满意的答复为止。事关公司的总政策，一定要在首席代表会议上才能决定。总部高级管理人员认为意见可行，就立即采取行动，认为意见不可行，也得把不可行的理由向大家解释。员工协调会议的开会时间没有硬性规定，一般都是一周前在布告牌上通知。为保证员工意见能迅速逐级反映上去，基层员工协调会议应先开。

同时，迪特尼公司也鼓励员工参与另一种形式的意见沟通。公司在四处安装了许多意见箱，员工可以随时将自己的问题或意见投到意见箱里。

为配合这一计划实行，公司还特别制定了一些奖励规定，凡是员工意见经采纳后，产生了显著效果的，公司将给予优厚的奖励。令人欣慰的是，公司从这些意见箱里获得了许多宝贵的建议。

如果员工对这种间接的意见沟通方式不满意，还可以用更直接的方式来面对面和管理人员交换意见。

6.5.2 主管汇报

对员工来说，迪特尼公司主管汇报、员工大会的性质，和每年的股东财务报告、股东大会相类似。公司员工每人可以接到一份详细的公司年终报告。

这份主管汇报有20多页，包括公司发展情况、财务报表分析、员工福利改善、公司面临的挑战以及对协调会议所提出的主要问题的解答等。公司各部门接到主管汇报后，就开始召开员工大会。

6.5.3 员工大会

员工大会都是利用上班时间召开的，每次人数不超过 250 人，时间大约 3 小时，大多在规模比较大的部门里召开，由总公司委派代表主持会议，各部门负责人参加。会议先由主席报告公司的财务状况和员工的薪金、福利、分红等与员工有切身关系的问题，然后便开始问答式的讨论。

这里有关个人问题是禁止提出的。员工大会不同于员工协调会议，提出来的问题一定要具有一般性、客观性，只要不是个人问题，总公司代表一律尽可能予以迅速解答。员工大会比较欢迎预先提出问题的这种方式，因为这样可以事先充分准备，不过大会也接受临时性的提议。

下边列举一些讨论的资料：

问：本公司高级管理人员的收入太少了，公司是否准备采取措施加以调整？

答：选择比较对象很重要。如果选错了参考对象，就无法作出客观评价，与同行业比较起来，本公司高层管理人员的薪金和红利等收入并不少。

问：本公司在目前经济不景气时，有无解雇员工的计划？

答：在可预见的未来，公司并无这种计划。

问：现在将公司员工的退休基金投资在债务上是否太危险了？

答：近几年来债券一直是一种很好的投资，虽然现在比较不景气，但是立即将这些债券脱手，将会造成很大损失。为了这些投资，公司专门委托了几位财务专家处理，他们的意见是值得我们考虑的。

迪特尼公司每年在总部要先后举行 10 余次的员工大会，在各部门要举行 100 多次员工大会。那么，迪特尼公司员工意见沟通系统的效果究竟如何呢？在上世纪 80 年代全球经济衰退中，迪特尼公司的生产率每年平均以高于 10% 的速度递增。公司员工的缺勤率低于 3%，流动率低于 12%，在同行业最低。

许多公司经常向迪特尼公司要一些有关意见沟通系统的资料，以作参考。

小　结

沟通（Communication）是指凭借一定的符号载体，在人与人之间或群体之间传递信息，并获取理解的过程。沟通的重要功能就是交流信息。

沟通的要素分为：发送信息者、信息、编码、渠道、译码、接受信息者、背景、干扰因素、反馈。

沟通中会产生各种沟通障碍：语言运用的障碍、过滤障碍、心理障碍、时间压力的障碍、信息过多的障碍、组织机构与地位的障碍等。

正式组织的沟通网络分为：锁链型、Y 字型、轮型、全渠道型、圆圈型、倒 Y 字型。

沟通技巧包括：倾听、阅读、演讲、谈判、写作、批评、会议、身体语言等各方面的技巧。

第7章

员工授权管理

7.1 为什么要授权

7.1.1 什么是授权

贝尔公司董事长曾经说过："在我从事管理工作的早期，曾经得到的一个教训是：'不要想一人独揽大局，要仔细挑选人才，雇用人才，然后授权给他们去负责料理，让他们独立作业，并为自己的行动表现负责。'我发现，帮助我的员工成功，便是帮助整个公司成功，当然更是我自己个人的最大成就。"

当公司企业发展到一定阶段，随着企业事务的日益增多，管理者已经无法对每件事情亲历亲为，这就需要授权。授权也是管理最核心的问题，因为管理的实质就是通过他人去完成任务。授权意味着管理者可以从繁杂的事务中解脱出来，将精力集中在管理决策、经营发展等重大问题上来。

具体地讲，授权包括任务、权力和责任三个要素。任务是指管理者让员工去完成的具体的事件；权力是指员工完成工作所需要的财力、人力及其他资源的自主配置范围；责任是指员工在没有完成工作时所承担的风险。只有将任务、权力和责任相结合，才可能真正称其为授权。

7.1.2 为什么要授权

1. 授权的时机

当出现下列的情况时，就要考虑授权了：

自己没有太多的时间用在管理和决策上；

自己的时间总觉得不够用；

需要经常把工作带回家里去做；

总感觉别人做事没有自己做的放心；

要求员工把每一件事情都向自己汇报；

自己有很多事务性的工作。

2. 授权的原因

（1）将更多的时间留在自己的手中。

授权可以让管理者将更多的时间留在自己的手中，以便能够随时调配自己的时间，将时间用在突发性事件或公司发展和经营决策上来，使自己的时间真正发挥作用。随着企业规模的扩大，希望自己处理所有的事情是不可能的。管理者要承认自己在时间上的局限性，不要贪大求全，将注意力集中在关键的问题上。

（2）让员工参与决策，提高员工参与感。

授权可以让员工参与决策，从而会提高员工的参与感。如果管理者事必躬亲，员工会认为他只是你的一个办事员而已，没有其他的作用。久而久之，员工会厌倦这种工作方式，可能会去寻找更能适合发展的地方。提高了员工的参与感，自然就会使员工对企业产生归属感。

（3）提高决策质量。

通过授权，可以提高员工对工作的参与程度，自然也会提高决策质量。管理者事务繁多，不可能对每一件事情都考虑得十分周全，另外从管理者单方面的角度考虑问题也可能出现偏差。所以，通过员工的参与决策，对提高决策质量是很有帮助的。

（4）培养员工。

培养员工对企业的好处很多。首先，员工可以为管理者分担更多的工作，让管理者从繁重的事务性工作中解脱出来；其次，每个员工都渴望得到培养，如果员工的能力在你的管理下得到提高，员工会更加全心全意地为公司工作。

（5）获取员工信任。

要获取员工的信任，首先要信任员工。授权就是信任员工的具体体现。如果管理者与员工有高度的信任感，共同工作起来就会更加默契，减少工作中的摩擦，提高工作效率。

7.1.3 授权的障碍

管理者可能会有这样或那样的想法，认为员工无法去完成授权的工作。比如：

1. 认为员工缺少相应的能力

有些管理者认为员工缺乏相应的能力，实际上每个人的能力都是在实际工作中锻炼出来的。没有人的能力是天生具有的，包括管理者本人。员工有可能在某个方面缺乏能力，但每个员工也都有自己的长处，管理者在授权时，让员工干自己擅长的事情，这样效果会更好。

2. 认为员工不应参与决策

如果管理者认为员工不应该参与决策，那么管理者的管理思维可能还停留在几十年前的时代。现在的员工都有较高的知识水平，有些员工的学历与管理者相同，甚至比管理者更高。如果要发挥员工的能力，就要摒弃传统的命令式的管理方式，让员工充分地参与进来，通过协作式的管理，调动员工参与决策的积极性，提高整体工作效率。

3. 认为自己没有培养员工的责任

有些管理者认为培养员工并不是自己本职工作之内的事情，所以没有必要在这方面花费心思。实际上，培养员工是管理者最重要的职责之一，如果管理者不培养自己的员工，员工就不可能获得成长，管理者永远只会停留在现有的状态之上，没有办法更进一步地提高效率，让工作得到发展。

4. 认为员工不愿去承担更大的责任

如果认为员工不愿去承担更大的责任，也是不对的。实际上每一个人都希望自己受到重视，都希望自己承担更大的责任。需要注意的是，当管理者让员工承担更大的责任时，也要给员工更大的权力，否则员工会有不公平的感觉。

5. 不愿与员工分享权力

有些管理者的权力欲非常旺盛，所以不愿轻易与员工分享权力。这些管理者总喜欢紧紧地控制着员工，认为这样自己很有威严。当然，这与管理者的个性特征有关，但是长此以往，谁还愿意为这种管理者工作呢？

6. 对员工的决策总是很担心

对员工的决策担心是正常的，因为员工没有经验或能力欠佳。但如果总是担心就有问题了。管理者一定要允许员工犯错误，如果不允许犯错误，实际上也不会有什么授权。其实，管理者在工作中犯的错误可能会比员工多得多，只不过员工不知道罢了。

7. 对自己不清楚的事情产生恐惧

对自己不清楚的事情产生恐惧，其实也没有必要，因为授权并不是放任不管，授权还有监督和控制。即便是在一些细枝末节的事情上，管理者不是很清楚，又有什么关系呢？

8. 喜欢将自己的时间全部花在工作上，认为这样很充实

这是工作狂型的管理者，严格地说，这种人不能称其为管理者。这种管理者还认为只有自己对所有的事情很清楚，只有自己才有可能高效地处理问题。另外，这种管理者喜欢尽善尽美，总认为员工的工作不够完美。

7.2　授权的原则

7.2.1　授权的原则

1. 职责和权力相符

授权的第一个原则就是职责和权力相符，因为它是有效授权的前提保障。如果员工的职责大于他的权力，员工就要为自己一些力不能及的事情承担责任，自然会引起员工的不满；如果员工的职责小于他的权力，他就有条件用自己的权力去做职责以外的事情，从而引起管理上的混乱。

2. 授权要完整

授权并不只是告诉员工应该去做某某事那么简单。任务、权力和责任应该有很明确的划分和描述。为了做到授权完整，管理者在授权前，应该对这些问题进行认真考虑，在授权时尽量采用书面的方式，以防止沟通出现误差。另外，授权的过程应该也是管理者和员工讨论的过程，只有这样，才能真正让员工明白自己的任务、责任和权力。

3. 授权要有层次

如果管理者有很多员工，并且这些员工之间存在着隶属关系，那么管理者在授权时，只应该对直接员工进行授权，让直接员工对他们的员工进行二次授权。如果管理者直接对所有的员工授权，势必侵犯了直接员工的管理权力，这样只会给直接员工增加麻烦，降低了工作效率。

4. 给予适当协助

授权不是放任自流，因为员工毕竟在经验和能力上有所欠缺。管理者应该从培养员工的角度出发，有意识地对员工进行协助。在必要的时候帮助员工去完成任务。

5. 员工参与授权

如果让员工参与到授权的讨论过程中，授权的效率会更高。首先，只有员工本人对自己的能力最为了解，所以让他们自己选择工作任务，可能更有好处；其次，在员工的参与过程中，员工会更好地理解自己的任务、责任和权力；最后，员工参与的过程，是一个主动的过程，对于自己主动选择的工作，员工自然会尽全力将它做好。

6. **避免逆授权**

所谓逆授权是指，本来管理者已经对员工进行了授权，而在具体的工作过程中，员工没有使用自己的权力，还是将每件事情提交给管理者，让管理者进行决策，从而使授权失去了意义。造成逆授权主要有两种原因：

（1）管理者没有真正授权。虽然在形式上管理者向员工明确了工作任务、责任和权力，但是在员工具体工作中，管理者始终不能够放心让员工去做，所以对员工工作的每一个步骤都十分关心，都要亲自去决策。

（2）员工没有主动使用自己的权力。员工虽然有权力，但不去主动地使用它，出现这种情况的原因有很多。比如说，员工对这件工作任务没有把握，或员工不愿承担责任，或员工认为自己的上级喜欢事必躬亲，所以投其所好，等等。

不论是什么原因造成的逆授权，其结果都是一样的，都没有达到真正授权的目的。

7. **授权要有控制**

为了防止员工在工作中出现问题，对不同能力的员工要有不同的授权控制。能力较强员工的控制可以少一些，能力较弱员工的控制力度可以大一些。控制并非想如何控制就如何控制，为了保证员工能够正常工作，在进行授权时，就要明确控制点和控制方式，管理者只能够采用事先确定的控制方式对控制点进行核查。当然，如果管理者发现员工的工作有明显的偏差，可以随时进行纠正，但这种例外控制不应过于频繁。

7.2.2 授权时应注意的问题

1. **将不好的工作授权给员工**

授权是让员工独立地去处理一些相对重要的工作，而不是将管理者厌烦的工作交给下属去做。这种授权不会让员工感到真正的尊重，也不会让员工提高工作效率，只会引起下属的抱怨和不快。

2. **员工有责无权**

员工有责无权是授权中最常见的问题之一。管理者可能会担心员工一旦有了权力，就没有办法得到控制。实际上，赋予员工权力并不意味着管理者就失去了权力，因为管理者有随时终止授权的权力。另外，对于财务、人事等权力，可以让员工享有建议权，而非决策权。对于其他一些事务性工作，则可以放心地将决策权交给员工。

3. 授权控制不当

管理者控制过松或过严都属于控制不当。授权控制的适度程度并没有一个统一的标准，这要根据员工的实际工作能力和工作经验来定。授权的控制程度要根据具体情况由管理者具体把握。即便是同一件工作对于不同的员工，或者是同一个员工对于不同的工作，授权控制的尺度也是不一样的。

4. 授权速度太快

在授权之前，管理者要进行充分的授权准备。如果授权过快，很可能会让员工无法适应。虽然授权可以提高工作效率，但授权速度过快很可能会适得其反。

5. 喜欢用自己的观点去引导员工

每个人都有自己的做事思路和方法，授权的工作考核应该是阶段的目标考核和结果的目标考核。如果管理者用自己的观点去引导员工，就会使员工陷入两难境地——到底是按自己的思路去做，还是按上级的思路去做？如果按照上级的思路去做，最终没有完成任务，责任是谁的？实际上，谁负有责任谁就有选择做事方法的权力。既然已经向员工授权，管理者就应该尊重员工的做事方式。

6. 重新做一遍

重新做一遍，听起来有些不可思议。实际上有些管理者就是这么做的。这些管理者总对员工的工作不放心，喜欢事必躬亲，认为只有这样才最可靠。这个问题属于管理者的个性问题，其实他们原本就不应该成为管理者。

7. 避免对员工进行批评

无论如何，在看到最终的工作结果之前，不要对员工进行批评。除了监督控制点以外，干涉员工的工作过程并不好，如果对员工的工作过程提出批评，就违背了授权的初衷。

8. 得不到赞赏

当员工顺利地完成工作时，一定要对员工进行表扬。其实，赞赏是管理者都应掌握的、最简单的激励方式，管理者的赞许可以让员工体会到成就感，因为每个人都有被人肯定的需要。

7.2.3 授权状况调查

调查表7－1可以用来进行企业的授权状况调查。被调查成员对各个问题进行四档得分：

1——完全真实

2——有些真实

3——有些不真实

4——极不真实

表 7－1　　授权状况调查

人与组织的使命	我清楚自己目前的状态
	我清楚公司对我的期望
	工作和任务的安排清晰有条理
	组织的制度和运作程序协调统一
	我清楚公司的全部使命
员工的士气	我感到自己被信任
	我被当作一个独立的人受到尊重
	我的个人需求不受限于僵硬的组织制度
	我能保持独有的生活态度和价值观而不被干涉
	我相信在我遇到困难时组织能给予我支持
	我感受到积极工作的精神
	我喜欢在这个组织内工作
参与	完成分配的工作时，我可以获得必需的资源与配合
	我能够参与组织的决策，我提出的意见被重视和考虑
	决策的制定是大家共同努力的结果
组织内的关系	人们受到公平的对待
	我相信公司所说的话
	我认为公司努力推行的事是合理的
	人们相互支持，共同完成组织目标
	人们共同对待难题，每个人都全力以赴谋求解决
	组织内有健全的渠道让大家交流与沟通
	我感到被关心
	人们不是为自己努力，而是为了整个公司
	我能及时获得有关公司的信息
认同与肯定	如果我出色地完成了任务，我会受到注意
	我的努力总能得到适时恰当的奖励
	我和每位员工一样都为公司的事业发挥着最大的潜能
	组织动态地评价成员，消除了所有成见
	组织看重的是我做事的能力而非其他

续表

发展与愿望	我能获得学习和成长的机会
	组织成员都能处理工作中的压力
	公司提供了宽松的环境
	我分派到的工作经过努力是可以完成的
	我的个人目标与公司远景在相同的方向上
	我对自己在公司的职业生涯有十分美好的愿望

结果运用：

将各部分每一个问题的得分相加再除以该部分问题数，得到这一部分的得分；团队、部门、公司所有人的评分相加平均得出总的分数。

这些得分体现了目前组织的授权状态，如果某部分分数低于2，则表示你应就该部分存在的问题引发思考或提起讨论；如果团队各成员在某部分的评分中存在较大的差异，也请你寻找其中的原因。

7.3 授权的程序和程度

7.3.1 授权的程序（如图7－1所示）

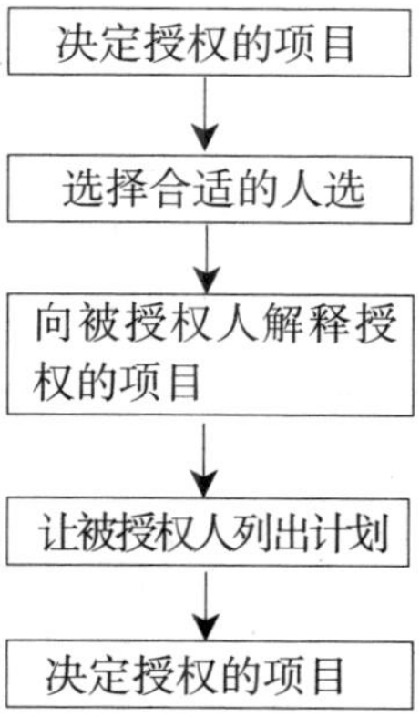

图7－1 授权程序

1. **决定授权的项目**

授权的第一件工作是选择授权项目，因为并非什么事情都能授权。比如以下事情就很难授权：

关系到企业发展或经营规划的重大决策；

对下属员工的管理工作；

管理者自己可以很快解决的事务性工作，等等。

在选择好授权的项目之后，要认真地分析任务的内容、任务的时间、任务控制点、主要责任、权力范围等，并填写《授权计划表》的相关内容，计划表如下表所示：

表 7－2 **授权计划表**

被授权人姓名：	所属部门：
任务描述 1. 任务名称： 2. 任务内容： 3. 权力范围： 4. 关键控制点： (1) (2) (3) 5. 时间要求：	
培训 1. 培训内容： 2. 培训时间： 3. 培训费用：	
工作反馈 1. 反馈方式： 2. 反馈频率：	
备注：	

2. 选择合适的人选

确定授权任务之后，要选择合适的人选。选择人选时要注意使员工的兴趣和能力与所授权的工作相适合。如果有多项工作需要向多位员工授权，管理者可以组织召开专门的任务授权讨论会议，采取工作安排和个人选择相结合的形式来选择人选。这样做不仅可以提高员工工作的主动性，还便于明确员工之间的协作关系。

3. 向被授权人解释授权的项目

在被授权人确定以后，管理者就应该向被授权人解释所授权的工作。其中包括任务的内容、时间、需达到的目标等。在解释完后，最好让员工复述一遍，以防止沟通时有误差。

4. 让被授权人列出计划

员工根据所接受的任务自行制定工作计划，工作计划经管理者批准方可执行。

5. 讨论监控方法和监控点

管理者与员工讨论监控方法和监控点。根据不同的任务，监控方法和监控点也有所不同。另外，对于经验丰富的员工，可以适当介绍监控点。

6. 授权监控

在员工工作的过程中，管理者根据原先制定的监控方法和监控点实施监控。监控的结果应填入《工作任务控制表》，见表7－3：

表 7-3 **重要工作任务控制表**

任务名称：	
负责人：　执行人：　任务执行时间范围：___年___月___日至___年___月___日	
任务内容： 负责人签字：	
阶 段 控 制	
第 1 阶段完成标准：	最迟期限：___月___日
影响完成的障碍（执行人填写）： 填写时间：___月___日 解决办法： 填写时间：___月___日 提交审批： 执行人签字：　时间：___月___日 审批意见： 负责人签字：　时间：___月___日	
第 2 阶段完成标准：	最迟期限：___月___日
影响完成的障碍（执行人填写）： 填写时间：___月___日 解决办法： 填写时间：___月___日 提交审批： 执行人签字：　时间：___月___日 审批意见： 负责人签字：　时间：___月___日	

续表

第 3 阶段完成标准：		最迟期限：___月___日
影响完成的障碍（执行人填写，填写时间：___月___日）：		
影响完成的障碍（执行人填写）：		
		填写时间：___月___日
解决办法：		
		填写时间：___月___日
提交审批：		
	执行人签字：	时间：___月___日
审批意见：		
	负责人签字：	时间：___月___日
第 4 阶段完成标准：		最迟期限：___月___日
影响完成的障碍（执行人填写）：		
		填写时间：___月___日
解决办法：		
		填写时间：___月___日
提交审批：		
	执行人签字：	时间：___月___日
审批意见：		
	负责人签字：	时间：___月___日
任务执行情况总评：		
	负责人签字：	时间：___月___日

注：1. 除注明部分外，该表由负责人填写；2. 任务执行时，该表由执行人保管；3. 该表填写完毕后，执行人复印两份，一份自存，一份交人力资源部存档，原件由负责人保管；4. 该表由人力资源部负责解释并发放。

"重要工作任务控制表"填写注意事项

重要工作任务（以下简称"任务"）范围：

同时满足两个条件：1. 需三个工作日以上；2. 属执行人当前的主要工作。

职责划分：

负责人对任务的整体负责，执行人负责任务的执行。一般情况下，负责人为执行人的直接上级。

当任务的执行人多于1人时，负责人和每个执行人要分别填写该表。

执行人变更：

变更执行人时，原执行人向负责人移交阶段性工作，由负责人向变更执行人重新填写该表。为加强负责人对任务的控制，非经负责人同意，原执行人不得直接向变更执行人移交工作。

该表作为对负责人和执行人的工作考评依据。

7.3.2 授权的程度

授权根据程度不同，可以分为以下六种方式。其中第一种方式几乎没有任何授权，最后一种方式属于充分授权。

你告诉我情况，我来决策；

你告诉我几个建议，我来选择；

你告诉我你希望如何做，我同意后你再做；

你告诉我如何去做，在我反对之前，你可以继续做下去；

你可以去做，但事后让我知道你是如何去做的；

你可以去做，不需要与我联系。

7.3.3 授权控制诊断

根据下面这个量表7－4，可以帮助管理者确切地了解自己对授权控制的理解。

量表指导：对各个问题凭直观经验和信念做出回答，基于"我是怎样的"，而非"我应该是怎样的"。根据你赞同的程度选择相应的分值，请不要遗漏项目。

表 7－4　　　　　　　　　　　　　　**授权控制诊断**

命　　题	态　　度
1. 我确信工作能像我希望的那样被完成时，我才考虑授权	很赞同　赞同　中立　反对　很反对
2. 我总是试图以不被员工发觉的方式检查他们的工作，以纠正他们的偏差	很赞同　赞同　中立　反对　很反对
3. 我对委派出去的工作不再插手，只等着检查结果，我认为这是合适的	很赞同　赞同　中立　反对　很反对
4. 我对授权员工的工作未能做好感到失望	很赞同　赞同　中立　反对　很反对
5. 我认为员工缺乏我这样的责任心，我不指望他们能独立做好工作	很赞同　赞同　中立　反对　很反对
6. 如果这项工作我会比别人做得更好，我就不会交给别人	很赞同　赞同　中立　反对　很反对
7. 只有我的员工非常有能力时，我才会授权给他	很赞同　赞同　中立　反对　很反对
8. 我不会把我得心应手的工作委派给我的员工去做	很赞同　赞同　中立　反对　很反对
9. 常有这样的情况，我委派给别人的工作总会又回到我自己头上	很赞同　赞同　中立　反对　很反对
10. 我没感到目前授权有什么益处	很赞同　赞同　中立　反对　很反对
11. 当员工经验缺乏时，我一般不授权给他	很赞同　赞同　中立　反对　很反对
12. 我发现当我授权时，我会感到失去控制	很赞同　赞同　中立　反对　很反对
13. 我经常把工作带回家或下班后留在办公室	很赞同　赞同　中立　反对　很反对
14. 我只交给员工一些日常小事	很赞同　赞同　中立　反对　很反对
15. 我不希望因为授权而出现工作的失误	很赞同　赞同　中立　反对　很反对
16. 不管怎样，我试图得知关于员工工作尽量多的细节	很赞同　赞同　中立　反对　很反对

评分标准：很赞同 5 分，赞同 4 分，中立 3 分，反对 2 分，很反对 1 分。

量表运用指导：将你所选的分值相加除以题目数，你得到取值在 1 和 5 之间的一个值，这个值表明你在授权控制中的态度，分值越高说明你越在意控制权。但如果这一数值超过 4，我们的提示是：全面反思你对授权的认识，你对授权的理解尚存在欠缺和盲点，或许，你对自己的控制能力并不是足够的自信。

小　　结

授权的三要素为任务、权力、责任。只有将任务、权力和责任相结合，才可能真正称其为授权。

授权后有下列优点：将更多的时间留在自己的手中、让员工参与决策、提高员工参与感、提高决策质量、培养员工、获取员工信任。

授权的原则为：职责和权力相符、授权要完整、授权要有层次、给予适当协助、员工参与授权、避免逆授权、授权要有控制。

第 8 章

员工冲突管理

8.1 员工冲突的类型

8.1.1 冲突概论

1. 什么是冲突

冲突的含义很广，它既包括人们内心的动机斗争，比如要对一件事情进行抉择；也包括外在的实际斗争，比如争吵、打架、战争，等等。从管理心理角度来讲，我们可以把冲突看成是两种目标的互不相容或互相排斥。员工冲突，就是由于员工与员工之间、员工与组织之间的目标、认识或情感互不相容或相互排斥而产生的结果。

2. 冲突的传统观点

传统观点认为，冲突总是不好的事情，任何事情都要尽量地避免冲突。这是因为：

（1）管理人员不希望看到冲突，如果没有冲突，一般会认为管理人员的工作比较得力；

（2）冲突会威胁到组织或群体的内部和谐和团结；

（3）由于冲突，会让员工感到不安，从而影响了工作效率。

3. 冲突的现代观点

现代行为学派对冲突则是另外一种看法，他们认为：

（1）冲突是不可避免的，它是自然发生的；

（2）对待冲突的态度只能是接受；

（3）冲突不仅有负面作用，还有正面的影响；

（4）既然冲突是合理存在的，我们只能尽可能地有效地处理冲突事件，最大限度地发挥冲突的正面作用。

4. 两种基本观念对比（见表 8－1）

表 8－1　　两种基本观念对比

冲突	传统观念	现代观点
基本观念	冲突可以避免	冲突不可避免
起因	管理不善、经营失误、人为因素	众多原因，有消极的，也有积极的，如正当竞争、比赛等
对组织生存和发展的影响	可能使组织在内乱中濒于解体	不可一概而论，有时可使双方在相互妥协、互相制约的基础上调整关系，使组织在新的基础上取得发展
对人际关系的影响	导致人与人之间的排斥、对立	有时会增强相互间的吸引力，同时还可能增强内部的凝聚力
对工作效率的影响	影响业绩	有时会促进竞争，提高业绩
管理者的任务	消灭冲突	尽量缓和与避免冲突的发生，有效地处理已发生的冲突，使之向好的方面转化

5. **冲突与组织进步的关系**

冲突太多和太少都会妨碍组织的进步。冲突与组织进步的关系如图 8－1 所示：

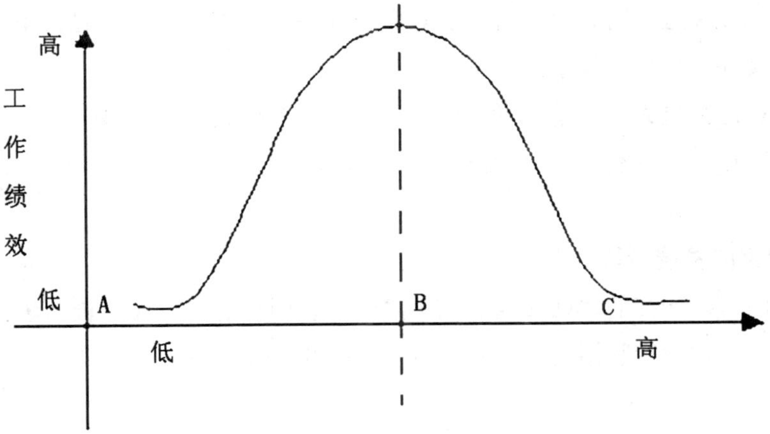

图 8－1　冲突与组织进步的关系

冲突与工作绩效的关系，见表 8－2。

表 8－2　　冲突与工作绩效关系

情况	冲突水平	冲突类型	组织内活动的性质	工作绩效
A	很低或没有	失能性	冷漠、停滞不前、对改革没有反映、缺乏创意	低
B	适量	功能性	生活化、能自我批评、能革新	高
C	高	失能性	破坏性、无秩序、不合作	低

根据上表所表明，如果一个企业冲突太少，则会使员工之间冷漠、互不关心，缺乏创意，从而使企业墨守成规，停滞不前，对革新没有反应，降低了工作效率；如果企业有适量的冲突，则会提高员工的兴奋程度，激发员工的工作热情和创造力，使企业不停地创新和前进，并且促进企业在管理方面的新陈代谢，提高企业凝聚力和竞争力；如果企业的冲突过大，会给企业带来破坏性，员工之间体现出敌对和不合作的情绪，降低工作效率，也会使企业的发展停滞不前。

根据冲突发生的不同情况，企业的管理者应该采取不同的对策。

当企业冲突过小时，管理者应该主动求新求变，有目的地开展一些活动，来调动员工的创新思维。比如举办企业管理大讨论，让员工对企业管理中的问题各抒己见，提出合理化建议。

当企业冲突适量时，管理者应认真做好冲突的处理工作，本着公平、求实的原则，认真妥善地处理发生的问题。

当企业冲突过大时，管理者不应急于对冲突进行裁决，应该先缓和气氛，做一些疏导工作，切实保证员工利益。当事态趋于稳定时，再对冲突进行处理也不迟。

6. 冲突的发展阶段

一般而言，冲突的发展要经历五个阶段，它们是潜伏阶段、被认识阶段、被感觉阶段、处理阶段和结局阶段，各阶段如图 8－2 所示：

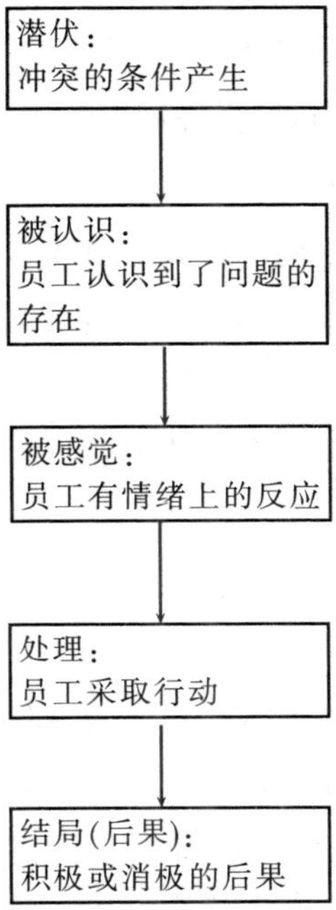

图 8－2　冲突发展阶段

（1）潜伏阶段。

潜伏阶段是冲突的萌芽期，这时候冲突还属于次要矛盾，员工对冲突的存在还没有觉醒。在这个阶段，冲突产生的温床已经存在，随着环境的变化，潜伏的冲突可能会消失，也可以被激化。

（2）被认识阶段。

在这个阶段，员工已经感觉到了冲突的存在，但是这时员工还没有意识到冲突的重要性，冲突还没有对员工造成实际的危害。如果这时员工及时采取措施，可以将未来可能爆发的冲突缓和下去。

（3）被感觉阶段。

在这个阶段，冲突已经为员工造成了情绪上的影响。员工可能会对不公的待遇感到气愤，也可能对需要进行的选择感到困惑。不同的员工对冲突的感觉是不同的，这与当事人的个性、价值观等因素有关。

（4）处理阶段。

员工需要对冲突做出处理，处理的方式是多种多样的。比如逃避、妥协、合作，等等。对于不同的冲突有不同的处理方式，即便是同样的冲突，不同的员工采取的措施也不尽相同。对冲突的处理，集中体现了员工的处世方式和处世能力，也体现了员工的价值体系和对自己的认识。

（5）结局阶段。

冲突的处理总会有结果。不同的处理方式会产生不同的结果。结果有可能是有利于当事人的，也可能不利于当事人。当冲突被彻底解决时，该结果的作用将会持续下去。但很多情况下，冲突并没有被彻底解决，该结果只是阶段性的结果。有时甚至处理了一个冲突，又会带来其他几个冲突。

8.1.2 员工冲突的类型

1. 根据内容分类

根据冲突的内容不同，我们可以把员工冲突简单地分为以下三种类型：

（1）目标冲突：当员工所希望获得的终极状态互不相容时，就会产生目标冲突。比如，一位员工希望有一个安定的工作环境（以便能够继续复习上学），而企业准备派他经常出差去跑销售，这时就会产生目标冲突。目标冲突是最常见的冲突类型，由于涉及冲突双方的利益问题，该类型的冲突也是最难处理的。

（2）认识冲突：当员工的认识（建议、意见和想法等）与他人或组织的认识产生矛盾时，会产生认识冲突。比如，员工认为公司的工作考评方式不太合理，而管理者认为这种考评方式是适用的，这就产生了认识冲突。

另外一种认识冲突，是价值观和信仰的冲突。对于这类冲突，通过简单的说服教育是很难处理的，因为这样更会使当事人坚守自己的观念和信仰。比较好的处理方式是在不严重影响团体利益的情况下，求同存异，相互包容，尊重个人的价值观和信仰。

（3）情感冲突：当员工在情感或情绪上无法与他人或组织相一致时，会产生情感冲突。情感冲突一定有其能够产生此种情感的背景事件，有时找到了背景事件，并能够很好地解决就能缓解情感冲突。但当情感已经成为一种定式时，单靠具体问题的解决是无能为力的。这就需要冲突双方（或借助第三者）进行充分的沟通，使相互之间取得信任，从而解决情感冲突。

2. 杜布林的冲突分类模型

行为学家杜布林将冲突分为两个尺度，一个尺度从冲突的利弊性进行研究，将冲突分为有益的和有害的；另一个尺度从冲突的实体出发，将冲突分为实质的和个人的。实质的是指涉及技术上或行政上的因素的冲突；个人的实质涉及个人情感、态度、个性的因素的冲突。见表8-3：

表8-3　　杜布林冲突分类模型

	有益的	有害的
实质的	类型1 有益的—实质的	类型2 有害的—实质的
个人的	类型3 有益的—个人的	类型4 有害的—个人的

根据这种分类方式，可以将冲突分为四种类型：

类型1：有益的实质的。这种冲突是具体的事务性的冲突，冲突本身有利于冲突各方的利益。比如，关于如何改善工作条件的讨论。

类型2：有害的实质的。这种冲突是具体的事务性的冲突，冲突本身有害于冲突各方的利益。比如，企业与员工关于待遇的争论。

类型3：有益的个人的。这种冲突是个人情感的冲突，冲突本身有利于冲突各方的利益。

类型4：有害的个人的。这种冲突是个人情感的冲突，冲突本身有害于冲突各方的利益。

需要说明的是，一件冲突所归属的类型不是一成不变的，它可能会随着环境的变化，或事件的变化而进行转化。比如，由于上级管理失误，造成下属工作业绩下降，这本身是实质性的冲突，但是如果上级长期如此，难免会产生个人性的冲突（感情上的冲突）。

8.2 员工冲突的成因

8.2.1 杜布林的冲突成因模型

著名行为科学家杜布林运用系统的观点来观察冲突问题，提出了冲突的系统模式，如图 8－3 所示：

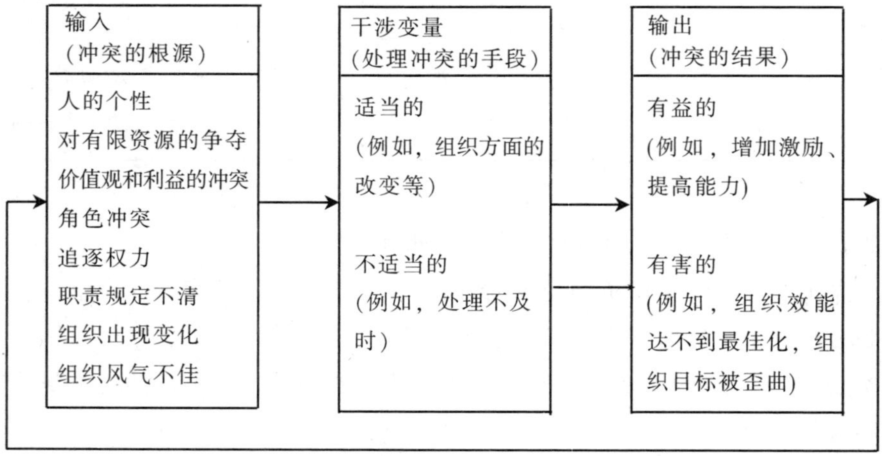

图 8－3　杜布林冲突成因模型

根据该系统模型，冲突的起因可分为以下八种：

（1）人的个性。

个性的差异会造成冲突各方对相同问题的不同理解，如果这种理解的差异无法调和，就势必会造成冲突。另外，不同个性的人对待问题的处理方式也不同，由于这些不一致性，也会造成冲突。

（2）对有限资源的争夺。

资源永远是有限的，冲突各方为了各自的利益，对有限资源的争夺也会导致冲突。在企业内部，企业的财力、物力和人力都是有限的，不同部门对这些资源的争夺肯定会导致部门之间的冲突。

（3）价值观和利益的冲突。

不同的价值观和利益的不一致性也是冲突的根源。价值观是一个人长期实践形成的，在一个短期的阶段是无法改变的，所以价值观的冲突也是长期存在的。

利益的冲突可以体现为直接利益冲突和间接利益冲突。比如待遇不公等就是直接利益冲突；而培训机会、发展机会等问题的冲突则体现为间接利益的冲突。

（4）角色冲突。

由于企业的角色定位不准或员工本人没有认清自己的角色定位，也会引起冲突。比如，某部门经理未经授权去干涉其他部门的事情，自然会与该部门经理发生冲突。在企业中，角色冲突根源在于企业角色定位不准。由于企业没有进行有效的工作分析，企业对岗位职责等文件照抄照搬其他企业的模式，不符合本企业的实际，势必会导致企业的角色定位不准。

（5）追逐权力。

有些人权力欲旺盛。特别是某些管理者热衷于追逐权力，不能安分守己的去干好本职工作以内的事情；喜欢越职、越级去处理事情，这样会造成员工多头领导和企业的管理无序。在这种情况下出现冲突在所难免。

（6）职责规定不清。

由于部门的职责不同，或每个职务的职责不清，都会造成冲突。职责不清一方面体现在某些工作没有人做，另一方面体现在工作内容交叉。

（7）组织出现变化。

当企业的经营方向、人员结构、管理模式发生变化时，原有的平衡状态就会被打破，自然就会引起新的冲突。经过一番冲突之后，企业又会达到新的平衡。

（8）组织风气不佳。

企业的价值观混乱，没有严格的管理规章，企业中的管理者和员工都在为各自的利益而忙碌。在这种风气下，也容易引起冲突。

8.2.2 员工个体冲突的成因

员工个体冲突是指员工自身的冲突，这种冲突一般与其他人员没有直接的关系。员工个体冲突的成因可分为双趋型冲突、双避型冲突及趋避型冲突三种。

1. 双趋型冲突

该冲突各方本身对员工自身是有利的。比如，由于员工工作业绩突出，公司准备对该员工进行奖励，让员工选择是去旅游，还是去培训。这种冲突不论选择哪一种结果对员工都是有利的。

2. **双避型冲突**

与双趋型冲突正好相反，冲突各方本身对员工自身是不利的。比如，由于员工工作成绩不佳，公司让员工选择降薪，还是辞职。

3. **趋避型冲突**

该冲突各方本身有可能对员工自身有利，也有可能对员工自身不利。比如员工重新选择工作，有可能选择到比现单位更好的地方，也有可能新的单位不如现在的好。

8.2.3 员工之间冲突的成因

员工之间冲突的产生原因是多种多样的。概括起来主要有以下四种：

1. **基于信息的冲突**

信息不共享是造成基于信息冲突的主要原因。

首先，信息不共享可能会使员工产生不公平感。相同职务、相同上级的两位员工，由于管理者的偏爱或其他原因，使他们在工作中获得的信息量有所差异，获得信息量小的员工就有不公平的感觉，如果这种情况发展下去，甚至会产生对另外一位员工或上级的敌对情绪。

2. **基于价值观的冲突**

由于每位员工的生长环境、教育程度、社会阅历等不同，价值观有所差异也是正常的。价值观本身之间不会产生冲突，但价值观经常会体现在员工的工作态度、工作行为中，员工的不同态度和行为有可能会产生冲突。

3. **基于认识的冲突**

对相同事物的不同理解也会产生冲突。比如同样是软件开发，由于对技术路线的认识不同，在开发过程中自然就会产生冲突。每位员工对相同事物有着不同理解是很正常的，这就需要企业的决策人员进行决策，让大家统一认识，统一行动，来实现企业的经营目标。

4. **基于本位的冲突**

基于本位的冲突源于管理者的本位意识。管理者在考虑问题时从自身发展和自身利益出发，往往会形成这种冲突。比如，有些管理者担心下属会超过自己，而不愿向下属授权；有些管理者为了表现自己的管理才干，干涉下属或其他部门的工作，这些都是本位意识的具体表现。

8.2.4 组织冲突的成因

组织冲突是指企业内部群体与员工、群体与群体之间的冲突。组织冲突的成因主要有岗位职责冲突、生产部门与职能部门的冲突、横向冲突及纵向冲突。

1. 岗位职责冲突

部门岗位职责不清容易产生组织冲突。岗位职责不清包含以下两个方面：

（1）岗位职责本身不清。

如果企业没有岗位职责，或者没有进行过工作分析，岗位职责沿用其他企业的分析成果，或者企业发生了较大的变化，都会表现为岗位职责本身不清。如果岗位职责本身不清，则不会对员工的工作进行准确的分工，久而久之，就会产生冲突。

（2）没有按岗位职责工作。

有的企业虽然有明确而适用的岗位职责，但由于岗位职责的贯彻力度不够，使员工没有按照岗位职责的要求进行工作，也会产生冲突。在这时要注意的是，岗位职责的贯彻管理者负很大责任，如果管理者不严格按照岗位职责来分配工作，员工即便希望按照岗位职责工作，也会无所适从。

2. 生产部门与职能部门的冲突

广义地讲，生产部门是直接给企业带来利润的部门，比如技术部、制造部、生产部、市场部等都可以看作是生产部门。职能部门是为生产部门服务的部门，如行政部、人力资源部、财务部等。

由于职能部门既是管理部门，又是服务部门，并且是面向企业各个部门的服务部门；而生产部门很少与其他部门打交道，并且工作性质和任务也有很大不同。所以生产部门与职能部门产生冲突也有其必然性。

比如为了维护公司的财务状况，财务部门严格了公司的财务报销制度，而市场部由于出差和应酬费用很大，自然会受到财务部的控制，而市场部则认为，他们的花费是正常的，因为他们需要与客户建立起关系，这样市场部就会与财务部产生冲突。

3. 横向冲突

横向冲突是指平行的群体与群体之间的冲突。比如上例中的冲突，既是生产部门与职能部门的冲突，也是横向冲突。

4. 纵向冲突

纵向冲突是指有隶属关系的群体之间的冲突。比如总公司与分公司的冲突，决策层与职能部门的冲突等等。

8.3 冲突的解决方法

8.3.1 解决员工冲突的一般方法

解决员工冲突一般可以采用下述六种方法：协商法、上级仲裁法、拖延法、和平共处法、转移目标法及教育法。

1. 协商法

这是一种常见的解决冲突的方法，也是最好的解决方法。当冲突双方势均力敌，并且理由合理时，适合采用此种方法。具体做法是：管理者分别了解冲突双方的意见、观点和理由，然后组织一次三方会谈，让冲突双方充分地了解对方的想法，通过有效地沟通，最终达成一致。

2. 上级仲裁法

当冲突双方敌视情况严重，并且冲突的一方明显的不合情理，这时应采用上级仲裁法，由上级直接进行仲裁比较合适。

3. 拖延法

双方的冲突不是十分严重，并且是基于认识的冲突，这些冲突如果对工作没有太大的影响，采取拖延法效果较好。随着时间的推移和环境的变化，冲突可能会自然而然地消失。

4. 和平共处法

对于价值观或宗教信仰的冲突，易采用和平共处法。冲突双方求同存异，学会承认和接受对方的价值观和信仰，这样才能共同发展。

5. 转移目标法

当员工自身产生冲突时，采取转移目标法更为有效。比如让员工将注意力集中在某个兴趣点上，淡忘那些不愉快的事情等。

6. 教育法

如果员工是因为一些不切实际的想法而产生自身冲突时，管理者可以帮助员工认清自身的现实情况，教育员工用正确的方法来看到问题、认识问题，从而帮助员工缓解冲突。

8.3.2 托马斯的冲突处理模型

托马斯认为，处理冲突的模式是两维的。一维是武断程度，另一维是合作程度。这两维相互作用共产生五种处理方式。如图 8－4 所示：

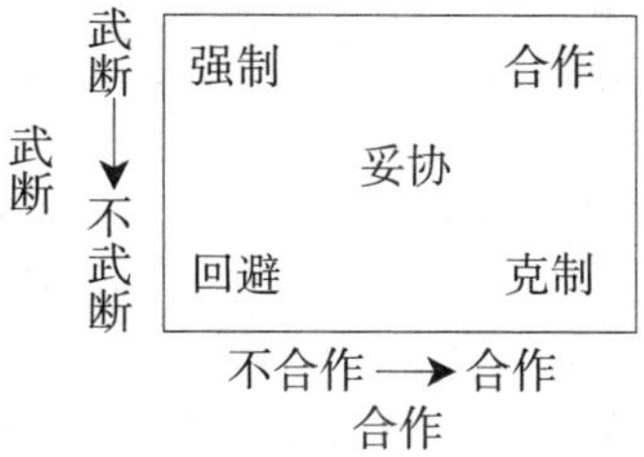

图 8－4　托马斯冲突处理模型

该图横坐标表示“合作”的程度。这里的“合作”是指：满足别人的利益。纵坐标表示“武断”的程度。所谓“武断”是指：满足自己的利益。在这两维模式里，有五种处理冲突的策略，即强制法、回避法、妥协法、克制法和合作法（见表 8－4）。

表 8－4　托氏的五种处理冲突的策略

（1）强制法适合的情况	反对那些不正当竞争行为的时候 面对非常重要的问题，必须采用特殊行为的时候 必须采取快捷、果断行为的紧急状况时 涉及严重违反企业规章制度，需要进行严肃处理的时候
（2）回避法适合的情况	当问题似乎是其他问题的附带问题时 当你感觉没有希望满足你的利害关系时 使人们冷静下来并回收观点 当收集信息比制定一个直接的决策更重要时 当问题很琐碎或有更重要的问题需要解决的时候 当潜在的损失超过解决的益处时 当别人可以更有效地处理这一冲突时

续表

(3) 妥协法适合的情况	在势均力敌的双方各自坚持他们的目标时 对复杂的问题达成暂时的和解 在合作或抗争不成功的情况下作为一种候补 当目标很集中但又不值得使用独断的方式去努力使其瓦解或实现的时候 在时间紧迫的情况下达成权宜的解决办法
(4) 克制法适合的情况	当和谐及稳定特别重要时 当你不及对方及输掉的时候，为了使损失最小 使员工从错误中学习以提高今后的工作质量 当你发现自己错了的时候 当结局对对方比对自己更重要时——满足对方并保持合作 为以后的争端建立社会信誉
(5) 合作法适合的情况	解决有关冲突方面的感情问题 用不同的观点把人们的思想结合起来 通过达成一种共识而获得信任 当你的目的是学习的时候 当冲突各方都认为妥协对各方的目标实现都非常重要时

8.3.3 组织冲突的解决方法

解决组织冲突的方法有很多种，归纳起来主要有三种。它们分别是职权法、隔离法和缓冲法。

1. 职权法

职权法就是运用职权控制来解决冲突的方法。当组织发生冲突时，管理者可以运用自己的职权来对冲突进行裁决，从而解决冲突。典型的例子是，当各部门在争夺公司有限的资源时，往往由总经理最后决定资源的分配。

2. 隔离法

垂直管理体系实际上就是隔离法的具体应用。当一个部门需要其他部门合作时，通常不是直接去向该部门提出请求，而是向自己的直接上级进行汇报，由自己的上级和对方的上级进行协调，由对方的上级向该部门进行安排。这种隔离的方式减少了部门之间的冲突。但缺点也是显而易见的，它不适合现代企业快速反映的需要，并且缺少团队的主动协作精神。

3. **缓冲法**

缓冲法具体可分为以储备作缓冲、以联络员作缓冲、以调解部门作缓冲三种形式。

（1）以储备作缓冲。

在两个关联部门之间进行一些储备，从而减少部门间的冲突。比如，行政部门负责公司办公用品的采购，如果行政部门对物品有所储备，当其他部门需要领取办公用品时可以及时领到，自然就会减少冲突。

（2）以联络员作缓冲。

各部门的部门经理往往充当联络员的角色，负责处理本部门和其他部门的协作和协调问题。当然，也可以设置经理助理的职务，让经理助理充当联络员的角色。

（3）以调解部门作缓冲。

对于比较大的企业，有专门的协调部门负责对部门间的冲突进行协调。实际上，各企业的办公例会往往就是一个临时的调解部门。在办公例会上，由于公司决策层和冲突的相关代表都在场，所以较容易解决部门间的冲突。

8.3.4 测试你的冲突管理指数

通过下面的测试可以看你是否善于冲突管理。

1. 你认为对企业内的冲突：

A. 都有必要进行管理

B. 无法全部管理，只要看到就会处理

C. 大多数可以忽视，只管理重要的冲突

2. 你对冲突的态度是：

A. 冲突是负面的，因此要严加控制

B. 该处理就处理，多一事不如少一事

C. 合理保持冲突水平，鼓励建设性冲突

3. 在冲突预防中，你对员工的个人处事风格、员工间搭配和员工与岗位的搭配：

A. 没有注意

B. 有所注意

C. 十分重视

4. 在处理与别人的冲突时，你会：

A. 直接而紧急地处理

B. 先弄清对方的想法

C. 先反省自己，再弄清对方的思路，发现解决的办法

5. 对于内部价值观的统一问题，你会：

A. 觉得束手无策

B. 尽量统一价值观来减少冲突

C. 用文化来统一价值观，也鼓励不同意见的创新

6. 对一些无法解决或者问题严重的冲突，你会：

A. 暂且搁置，等待时间的缓冲

B. 采取相应的隔离措施

C. 如果冲突无法解决，只能严肃处理冲突主体

7. 当同一部门的两个成员发生激烈冲突时，你的处理方式为：

A. 回避

B. 找这两个人谈话

C. 将这两人调开，其中的一人安排到另外部门

8. 面对一触即发的紧张局面，你的协调方式为：

A. 马上着手解决矛盾

B. 分别进行单个沟通

C. 着眼于冲突的感情层面，先不急于解决问题

9. 当发生冲突时，如果自己有错，你会：

A. 保全自己的颜面

B. 淡化自己的错误

C. 有原则地迁就对方，化解冲突

10. 在制定激励政策、福利政策与绩效考评时，你是否关注公平、平等：

A. 没有刻意关注

B. 有所关注

C. 十分关注，因为员工的不公平待遇往往是冲突的根源

测评结果：

选 A 得 1 分，选 B 得 2 分，选 C 得 3 分，最后将分数加总。

24～30 分　你善于冲突管理，善于做思想工作，针对不同的冲突状况去灵活处理，同时也注意保持冲突的良性水平，这一点正是现代冲突管理方式有别于传统冲突管理的地方。

18～23 分　你有一定的冲突管理能力。作为管理者，你既要洞察冲突发生的可能性，又要正确对待已经发生的冲突，尽量缓和与避免破坏性冲突的发生，积极引导和发展建设性冲突，合理地解决问题，使冲突结果向好的方向转化。

10～17 分　看来，你还需增加冲突管理意识，加强在实际工作中处理冲突的能力。研究企业冲突的产生原因及其控制方法，是企业管理中一个十分重要的课题，作为领导者，应对这个课题给予充分重视。

小　　结

员工冲突，就是由于员工与员工之间、员工与组织之间的目标、认识或情感互不相容或相互排斥而产生的结果。一般而言，冲突的发展要经历五个阶段：潜伏阶段、被认识阶段、被感觉阶段、处理阶段和结局阶段；冲突的类型分为：目标冲突、认识冲突、情感冲突。

员工个体冲突是指员工自身的冲突。这种冲突一般与其他人员没有直接的关系。员工个体冲突的成因可分为双趋型冲突、双避型冲突及趋避型冲突三种。

组织冲突是指企业内部群体与员工、群体与群体之间的冲突。组织冲突的成因主要有岗位职责冲突、生产部门与职能部门的冲突、横向冲突及纵向冲突。

解决员工冲突一般可以采用下述六种方法：协商法、上级仲裁法、拖延法、和平共处法、转移目标法及教育法。解决组织冲突的方法主要有三种：职权法、隔离法和缓冲法。

第9章

员工职业发展管理

9.1 职业发展管理概述

9.1.1 职业阶段的划分

根据人的心理和生理的成熟期，人的一生中，职业阶段主要划分为以下 4 个阶段：

1. 职业探索阶段

年龄划分为青年人刚涉足工作到 25 岁左右的这一段时间，员工主要是试探性地选择合适的职业，通过变换不同的工作而选定自己一生需要从事的职业。

2. 建立与发展阶段

年龄划分为从 25 岁至 44 岁之间的这一段时间，员工在经历了职业尝试、确立阶段后，逐渐选定自己的职业，确立职业目标。员工会关心在工作中的成长、发展、晋升，且工作成就感和晋升感强烈，激励力也最大，员工自己会制定在企业中的成长和发展的计划，并会为其目标的实现而竭尽全力。

3. 职业中期维持阶段

年龄划分为从 45 岁至 60 岁之间的这一段时间，员工通常已找到定位，对成就和发展的期望减弱，而希望保持自身地位和成就的愿望加强了他们更注重自己其他方面的知识技能的提高。

4. 职业后期衰退阶段

年龄划分为 60 岁以后的员工，准备退休，个人权力感、责任感衰退，希望为适应退休以后的生活，学习和培养自己一方面的爱好。如书画、下棋、音乐、钓鱼等利于身体健康的活动。

9.1.2 员工职业周期的安排

（1）在员工职业生涯的准备阶段，员工变换工作的愿望非常强烈，还处在自我探索的时期。企业应了解这个特点，给予员工选择职业的引导，努力为他们提供广泛的就业机会，委以重任，提供具有挑战性又能吸引兴趣的工作。

（2）在员工职业生涯的早期阶段，员工会确定工作的范围，企业应为他们提供在知识、技能上具有挑战力的工作和任务，让他们参与自我决策、自我管理，创造出成果的机会，促进他们朝更高的目标发展。

（3）在员工职业生涯的中期阶段，员工有了一定的成果和职位，向上攀登的欲望会减退，希望维持现阶段的状态，注重稳定。企业应为他们提供继续奋斗的职业氛围，引导他们考虑新的价值准则、生活目标，消除自身的停滞状态。

（4）在员工职业生涯的后期阶段，员工准备退休，对工作的热情衰退，考虑人生，评价一生的得失。这时，企业应把工作的任务减下来，职务卸下来，让他们保持心态上的平和，同时企业应为他们多创造娱乐的条件，积极开展员工喜爱的各项有助于身体健康的活动。

9.2 员工自我职业管理

9.2.1 员工的自我规划

员工首先要发现和发展自己的需要、能力、爱好、才干、抱负等，查找有关工作信息，接受一定的教育及培训，掌握实际的工作技能，从自我测评中了解自我，根据对自身职业发展的要求及目标等因素进行综合考虑，确定自己的工作。

确定工作后，接受企业各方面的培训，尽快走上工作岗位，在工作中发挥主动进取的精神，圆满完成第一次正式分配的工作任务，并在此基础上，努力发展和展示自己的特长及才华，为尽快提升打下基础。并要根据这一阶段的工作感受，重新评价当初的职业选择，决定是否在这个行业继续干下去，还是选择自己的第二份职业，在自己的工作需求及现实状况中寻找最佳位置。

如果确定这个工作即为自己的终身职业，这时，可开始在技术和专业技能上充分施展自己的才华，个人独立完成初始任务并担当一定的职务，成为一名职业能手，在企业中成为人才，建立成功感。如果未担任领导职务的员工，决定朝技术方面发展，就要保持技术上的竞争优势，运用经验和智慧发挥人际和群体技能，学会必需的监督及管理技能，学会在各种政治环境中有效地发挥自己的特长，为以后职务的升迁作准备。已担任领导职务的员工，应把中心转移到有效管理组织机构，挑选和培养接班人，扩大自己的影响范围，合理地使用自己的权力，履行自己的责任，带领企业朝新的局面迈进。

员工在职业的后期，要积极调整自己的心态，适应权力、责任和地位的下降，准备退休，学会接受和安排退休后的生活，寻找新的生活目标及定位，回到家庭中去，度过一个平淡的人生后期。

9.2.2 员工的自我测评

员工应将自我测评看作是职业计划的第一步，接受职业指导及咨询，如可通过下列问题自我检测。

员工自我评价测试题

1. 你喜欢什么样的工作环境________________
2. 你最注重的工作条件有哪些________________
3. 你最感兴趣的事有什么________________
4. 你喜欢哪种类型的人________________
5. 你喜欢用什么样的方式与人交流________________
6. 根据你的爱好和特长，列出希望从事的工作________________
7. 你目前从事的工作是你的理想工作吗________________
8. 你希望从工作中得到什么，你有明确的目标吗________________
9. 你能描述一下理想工作的状态吗________________
10. 目前工作能满足你对个人发展的要求吗________________
11. 你是否需要接受培训或自学等方式提高工作技能________________
12. 你希望企业给你提供什么样的培训________________
13. 你认为自己在企业中应担当什么样的职位________________
14. 你希望担任比你现在更高层的职位吗________________
15. 你是否会从工作之外寻找成就感________________
16. 你会拒绝一项工作变动或调离吗________________
17. 在工作中，你特别愉快的事情是什么________________

9.3 员工的职业发展计划

9.3.1 企业制定员工职业发展计划的重要性

员工进入企业后，根据自身的才干和能力、自身的需要、自身的价值观等要素的综合，确定职业范围。员工都有从自己现在和未来的工作中得到成长、发展的要求和愿望，为了实现这种愿望和要求，他们不断地追求理想的职业，并希望在职业中顺利地成长和发展。

因此，为关心员工的个人成长，培养和调动员工的兴趣，发展他们的自我事业，适应现代企业组织有效地使用人才的迫切需要，适应发展和变革的需要，企业应积极地为每个员工制定职业开发计划。职业的动力是员工与企业之间的相互作用的最佳融洽点，所以企业为员工制定职业开发计划是必须和必要的。

把员工的个人成长、发展计划与组织要求的计划相结合的方式称为职业开发计划或职业管理。制定员工个人职业开发计划，有利于员工的成长和发展，增加员工对工作的满意感，培养员工工作的兴趣性和挑战性、工作的独立性和自我决策性；更有利于企业挖掘人才、培养人才，重用人才；使员工在企业中获得工作上最大的满足，企业获取最大的利益。

9.3.2 如何帮助员工制定职业开发计划

1. 职业计划的步骤

根据员工个人的能力和兴趣爱好，对要求职业发展的目标进行分析和评估；或从员工的招聘过程中收集相关信息，包括目前工作岗位的表现方面的信息资料，工作业绩评估材料、晋升、推荐、工资提级的情况；然后采用心理测试等方法来测评员工的能力和潜力。

企业再根据员工测评的有关信息，给予公平竞争的机会；创造更多的岗位和新的职位，满足员工的职业计划实现，如满足员工工作岗位的变动、职务的升迁的需要。

最后，积极提供职业咨询指导，全面切实了解员工个人情况，正确评价各方面的信息，对员工的工作技能和潜能作出客观、公正的评价。

2. **职业测评的内容（见表9－1）**

表9－1　　　　　　　　　　　　职业测评内容

测评内容	达到要求
口头联络技能	能用语言或身体的姿势或表情传递正确的信息
口头表达技能	能利用语言清楚表达自己的观点，有感染力
文字表达技能	能用流利的文字表达自己的思想，无晦涩难懂的字句，清楚明了
创造能力	能主动在逆境中圆满地完成工作
领导能力	能运用个人影响力去调动员工的积极性，把任务落实到人，团结协作共同完成工作的目标任务
组织与计划能力	能合理调解各种矛盾，分配任务，实施各项计划，协调员工内部关系，发挥集体的力量
分析能力	能从各种纷繁复杂的事物中理出头绪，分析彼此之间的关系，建立某种内在的联系
判断能力	能判定解决问题的多个选择方案，选出最好的方案
合作能力	能与其他员工团结合作，共同完成工作
沟通能力	善于和员工之间进行交流，能及时发现和解决员工的思想、工作问题，调整员工到工作最佳状态
管理控制能力	调整生产秩序或工作的进程，调整员工的工作进度，按时完成工作任务

3. **确定计划表**

通过广泛的工作分析和工作绩效的正确评估，可了解员工在工作中的表现，为员工潜力的发挥、确定职业的发展做出计划依据。

首先，确定员工的工作性质属性，对于不同的属性，做出不同的计划。然后再确定员工的工作级别，最后再根据工作职务，确定工作权力、范围、职责等。

如根据员工的工作状态可分为工程技术型、经营管理型、稳定安全型、独立自主型、创造开发型等几种。

对于工程技术型的员工，要注重培养他们的技术创新能力、新技术的更新能力。他们对管理职责并不感兴趣，更注重于开发新产品、新专利等。

对于经营管理型的员工，他们在通过一些具体的技术工作后，在具备了一定的分析能力、人际能力和领导能力后，可以胜任全面管理的任务，他们善于在组织中扮演不同的角色，他们有良好的人际关系，善于与员工共事，能够正确处理各种人际矛盾。企业应对这种类型的员工委以重任，给他们一个或多个职能领域，创造展现才华的机会。

对于稳定安全型的员工，他们依赖于企业组织，遵循企业组织的各种准则，很容易接受企业对其职业的安排，他们不认为自己有个人抱负。企业对这种类型的员工，可以安排充当中层管理者。

对于独立自主型的员工，他们并不希望受到企业条规的约束，他们要求有独立性和自由的工作。

对于创造开发型的员工，他们希望拥有自己独立的事业，他们需要张扬自己最大的能力，施展自己特殊的才能，他们并不会总安于现状。

帮助员工确立职业计划表时，还应注意到使员工可以从表中明确看出职务的变化和升迁，一目了然，以便于员工转换职业。

确立员工的职业开发计划时，还应帮助员工制定有关工作的规程，发展的具体计划，进行适当的培训，使员工较快适应工作，为工作变动打下基础。还应使员工对目前的工作进行自我评估，做好职业计划的咨询，然后由各级管理人员做出审核，做出合理评估，组织并指导制定长、中、短期的目标。

为员工将来承担特定工作而进行有针对性的培训活动，促进员工的自我成长，自我发展。通过职业开发计划，不仅培养员工的基本职业素质、政治道德素质，如遵守纪律、热爱祖国、奉公守法，团结友爱，而且可使员工在工作中不断提高自身业务水平，养成持之以恒的学习风气，积极参加各种培训班，不断发展，为企业更大的发展贡献自己最大的力量。

9.4 职业生涯规划操作实务

9.4.1 职业规划应注意的问题

员工在公司工作不仅是为了寻求自身生存需要的满足，而且也在寻求自身发展需要的满足。如果公司无法满足员工发展的需求，就会增大员工离职的风险。所以，公司的人力资源部门应该为员工规划职业道路，让员工的发展与公司的发展能保持一致。在为员工规划职业道路时管理者应考虑到员工个人素质、职业动机、自我评价等因素，从职业途径角度讲，有传统职业途径、网状职业途径、双重职业途径等多种选择。另外，规划员工的职业发展可以促使员工学习新的知识，并对工作产生积极的影响，这些对提高公司的整体工作效率都很有帮助。

在具体规划员工的职业道路时，应该注意以下一些问题：

1. 员工状况调查

员工状况调查可以结合公司的人力资源盘点一起进行。在调查时，不仅要注意调查员工的个人素质（包括专业技术素质、管理能力素质、人际关系素质等）职业动机（包括职业倾向、职业价值观等），还要了解员工的自我评价和员工自己对未来职业发展的看法。

员工状况调查是进行职业道路规划的基础，很多公司由于不注意员工状况的调查，最终使职业道路规划变成空中楼阁。

2. 对职业方向进行分类

一些公司在规划员工职业道路时，往往单纯地认为员工的职业发展道路是：员工—部门经理—主管经理—副总经理—总经理。在这种单线职业方向的引导下，员工只有挤这一根独木桥。如果他的直接上级一直干得很出色，他晋升的可能性就会很小，从而会想到离开公司另谋发展。另外，这种做法还可能将技术骨干提拔到管理岗位上，但技术骨干不见得一定具有管理能力，这样做的结果往往不仅使公司失去了一个技术骨干，还为公司增加了一个不合格的管理者。可见，这种单线职业方向是一种不利于员工发展和公司发展的职业规划。

在进行职业规划之前，公司的管理者首先要将公司的职业方向进行分类。一般而言，我们可以将公司所有的岗位分为三大类：管理类、专业类和专业管理类。比如行政岗位、人事岗位等属于管理类岗位；技术岗位、营销岗位等属于专业类岗位；而专业类岗位的管理岗位则属专业管理类岗位，如开发经理、产品经理、项目经理等等。

对在管理岗位上的员工，职业规划应该按照管理类职业方向发展。对在专业岗位上的员工，如果他只热衷于本专业，则按照专业类职业方向发展；如果他同时具有较强管理能力，则应该按照专业管理类职业方向发展。这样做的好处是：让公司每一位员工都有自己的发展前途。

举个例子，对一个软件开发人员来讲，他既可以沿专业类方向发展：程序员—高级程序员—分析员—高级分析员—专家—首席专家，也可以沿专业管理类方向发展：程序员—开发小组组长—开发经理—项目经理—技术总监。这样，他始终可以按照他擅长的方向发展，对公司和员工都有好处。

3. **对层次较低的员工实行职业轮换**

在公司处于较低层次的员工，由于他本身的工作技能简单，一般不太容易将他们提拔到重要的岗位上，所以很难对他们的职业发展进行规划。对这些员工我们可以进行职业轮换，由于他们的工作本身没有什么技术复杂程度，所以调换岗位不大会影响公司的工作效率。而这样做的好处非常明显，由于新的岗位对他有挑战性，所以可以提高其对工作的兴趣及对工作的主动性；其次，还可以在换岗的过程中发现自己的职业兴趣，找准自己的职业道路；最后，职业轮换可以让他们成为工作中的多面手，增加自身的工作技能。

4. **公布岗位空缺，内部竞争上岗**

对空缺的岗位，首先应该在公司内部公开，为每位员工提供平等的竞争上岗的机会。这有利于员工认清公司具体岗位对人员的具体要求，并且能使最合适的员工在该岗位上工作。这样做不仅员工的职业生涯得到了发展，也使公司降低了招募新员工的成本和风险。

9.4.2 中小企业的职业生涯管理

中小企业能否在新世纪立于不败之地，关键在于能否开发人才，充分利用人才，使人才得到优化配置。根据当前中小企业发展的特点，确立员工职业生涯发展思想，重视和支持员工职业生涯发展尤为重要。“较小公司更能激发人们的开拓精神和个人创造性”，这是美国学者英蒂默·朱克曼在谈到美国“新经济”的根源时，对于中小企业的作用给予的意味深长的赞誉。

1. **确立员工职业生涯思想**

组织要转变观念，确立全体员工职业生涯发展思想，关心员工的职业生涯发展，为员工职业生涯发展创造条件。鼓励员工将个人的职业生涯发展目标与组织的发展目标结合起来，这样，既影响着员工个人职业生涯发展过程，也影响着组织发展过程。因此，企业要鼓励员工规划个人职业生涯发展，并且积极地将员工个人职业生涯发展纳入人力资源培训过程中，形成员工职业生涯发展与组织发展互相匹配、共同推进的局面，使人力资源的培养与使用成为组织持续发展的根本动力。

近几年人才流通环境有了很大的改进，但人才真正自由流动、合理流动的环境尚未形成。人才从高校、科研院所和大企业流向中小企业存在着种种偏见和阻力。一般来说，中小企业很难像大企业一样凭借实力和品牌招聘到大量专业人才，也就是说中小企业在参与人才市场竞争中不占优势。所以，中小企业应该注重人才的实际能力、心理素质和良好的工作态度，推行员工职业生涯发展规划，建立灵活的用人机制。只有确立这样的员工职业生涯思想，才能把人才使用和能力发挥推向最高点。

2. 推行员工职业生涯规划

生涯通道是一个人在职业领域所经历的一系列岗位、职务或职业所形成的通道，生涯通道设计是生涯规划中的内容之一。在踏上生涯征途的初期，设计一条有远见又可操作的生涯通道，是实现生涯目标的有力保障。生涯通道可先进行横向通道设计和纵向通道设计，然后再进行合成。

（1）横向通道设计

横向通道指员工在同一个管理层次或同一个技术、技能等级上不同岗位或不同工种之间的变动通道。横向通道的发展有助于员工准确确定生涯定位（Career-Anchors，一种有现实基础的职业自我观），扩大视野，培养全面能力，缓解晋升压力。横向通道设计实际上就是要解决在哪些岗位、职务或工种之间转换，多长时间或什么时候转换，在转换前企业和个人应做好哪些知识、技能与能力准备。

不同层次上横向通道设计的目的不尽相同，设计上也有区别。如初级层次横向通道设计的主要目的是给新员工提供“试锚”机会，以寻找生涯锚。因此，初级层次设计在各岗位上停留的时间比较短，可从几个月到1~2年，且不必追求时间间隔的一致。而中级层次上横向通道设计的主要目的是提供员工形成全面能力的机会，次要目的在于缓解高级岗位数量有限的压力。中级层次在岗时间或侧移时间间隔一般是相对固定的。

（2）纵向通道设计

就是对员工在管理、技术、技能和薪酬等级上上下变动次序的设计。从理论上，纵向变动可有两种情况，即下向和上向。但一般情况下，是指上向设计。

各职业类别生涯通道，纵向设计存在较大差异。以管理性生涯通道为例：它是根据组织结构的管理等级，决定一员工什么时候从一个等级跨入另一个等级。在设计时，必须充分考虑两个方面的设计。一是组织变革因素。由于组织变革，组织的等级数量可能会发生一定的变化，如目前组织的扁平化趋势，因此，在进行设计时，可有一定弹性，中间等级可以不加细分。另一个需要着重考虑的因素是协调，即考虑到其他员工的生涯通道，尽可能结合横向通道设计，避免与其他人的生涯通道近期“撞车”，但适度远期“撞车”设计，有助于展开竞争。

把生涯通道分解为横向和纵向设计是为了分析的方便，一个完整意义的生涯通道应合成横向和纵向通道，在此基础上推行员工职业生涯规划。朗讯科技（中国）有限公司推行这样的员工职业生涯规划：当一名新员工进入公司后，部门经理必定与他进行一次深入的长谈，了解他到本公司后，对个人发展有什么打算，一年之内要达到什么目标，三年之内要达到什么目标。为了实现目标，除个人努力之外，需要公司提供什么帮助。在朗讯这已成为一项滚动发展制度。每到年末，部门经理都要和员工一一对照上一年的规划进行检查，制定下一年的规划。职业生涯规划不仅为员工架起了成长的阶梯，而且使公司的发展获得永不枯竭的能量。我认为，中小企业推行员工职业生涯发展规划更为必要，它可以充分挖掘每一个员工的潜力，为企业增强竞争力。

3. 提供信息，实现员工职业生涯更新

职业生涯更新，是因企业发展需要调整员工职位而进行再培训这个概念的变形。即通过有效的培训和发展计划，组织鼓励员工离开供应过度的职位，到供应不足的职位上去。

保证员工的发展成功地与组织的战略相结合。要实现这一目标必须为员工提供企业发展的信息，员工才能朝企业战略要求的方向发展。如企业在未来的几年中，技术性的技巧与一般性的管理技巧哪一个更有价值？会不会把更多的重点放在与人交往和营销策略技巧上？面对市场的变化企业在降低成本、提高劳动效率上有什么新举措？这些问题不仅企业有必要回答，而且这些答案还必须与员工交流，为他们提供信息，这样，员工才能确定什么技巧在未来是有价值的，在哪些方面做出努力是更有远见的。

要把这件事做好，企业必须在给定的经营战略下，拟定他们估计会在未来存在的职业和所需技巧类型的规则，特别是中小企业，在充分利用规模小、机制灵活、能够根据市场变化及时调整经营方向和采取对策迅速的优势的同时，适时地向员工提供企业发展所需人才、职位变动的信息，实现员工职业生涯更新。

总之，将企业人力资源开发过程与员工个人职业生涯发展过程有机地结合起来，实现组织目标与个人发展目标的有效匹配，既实现了员工个人职业生涯发展的目标，又实现了组织对员工职业生涯的管理，提高组织的效率，为中小企业的持续发展奠定了坚实的基础。

9.4.3 怎样设计自己的职业生涯

美国麻省理工学院人才教授指出，职业定位可以分为以下五类：

（1）技术型。持有这类职业定位的人出于自身个性与爱好考虑，往往不愿意从事管理工作，而是愿意在自己所处的专业技术领域内发展。在我国，过去不培养专业经理的时候，经常将技术拔尖的科技人员提拔到领导岗位，但他们本人往往并不喜欢这个工作，更希望能继续研究自己的专业。

（2）管理型。这类人有强烈的愿望去做管理人员，同时经努力他们自己有能力达到高层领导职位，因此，他们将职业目标定位在有相当大职责的管理岗位。成为高层经理需要的能力包括三方面：

①分析能力：在信息不充分或情况不确定时，判断、分析、解决问题的能力；

②人际能力：影响、监督、领导、应对与控制各级人员的能力；

③情绪控制力：有能力在面对危机事件时，不沮丧、不气馁，并且有能力承担重大责任，而不被其压垮。

（3）创造型。这类人需要建立完全属于自己的东西，或是以自己名字命名的产品或工艺，或是自己的公司，或是能反映个人成就的私人财产。他们认为，只有这些实实在在的事物，才能体现自己的才干。

（4）自由独立型。有些人更喜欢独来独往，不愿像在大公司里那样彼此依赖。很多有这种职业定位的人同时也有相当高的技术型职业定位。但是他们不同于那些单纯技术型定位的人，他们并不愿在组织中发展，而是宁愿做一名咨询人员，或是独立从业，或是与他人合伙开业。其他自由独立型的人往往会成为自由撰稿人，或是开一家小的零售店。

（5）安全型。有些人最关心的是职业的长期稳定性与安全性。他们为了安定的工作、可观的收入、优越的福利与养老制度等付出努力。目前我国绝大多数的人都选择这种职业定位，很多情况下，这是由社会发展水平所决定的，而并不完全是本人的意愿。相信，随着社会的进步，人们将不再被迫选择这种类型。

以上的描述，也许每一条都有似是而非的感觉，为了更好地明确自己的职业定位，可以尝试以下方法：首先拿出一张纸，仔细思考以下问题，并将要点记录在纸上：

（1）你在中学、大学时投入最多精力的分别是哪些方面？

（2）你毕业后第一个工作是什么，你希望从中获取什么？

（3）你开始工作时的长期目标是什么？有无改变？为什么？

（4）你后来换过工作没有？为什么？

（5）工作中哪些情况下你最喜欢或最不喜欢？

（6）你是否回绝过调动或提升？为什么？

根据上面五类职业定位的解释，确定每个回答在这六种定位上的得分，1 分最高，5 分最低。最后，将六个职业定位在每个回答中的得分加起来，选出得分最高的一个，就是你的主导职业定位。

正如许多分类一样，以上的分类也无好坏之分。之所以将其提出是为了帮助大家更好地认识自己，并据此重新思考自己的职业生涯，设定切实可行的目标，最终将其转变为现实。希望它能帮助大家少走一些弯路，踏上成功的发展道路。

9.4.4 职业发展观念上的误区

在职业发展过程中，存在着很多误区。这些误区经常使人误入歧途，并且抑制职业计划的实现和个人的成长。因此，有必要发现和认识这些误区。在职业发展过程中，经常容易出现以下十大误区：

1. 能晋升到的职位的数量要比实际数量多

这种错误的认识与绝大多数组织的塔形结构相矛盾，因为在这种塔形结构中，越是高层职位，其数量就越少。坚持这种错误认识会导致不现实的职业期望和产生自我无休止的痛苦。要成为一家公司的总经理是没有错的。然而，作为个人必须明白要获得这个职位绝不是轻而易举的事情。例如，在一个大型企业中，员工数量可能超过万人，但总经理却只有一个。对这种错误的认识所要注意的是，要选择现实和能够达到的职业发展道路。

2. 成功的关键在于在恰当的时间总是能被晋升到合适的职位上

像所有与职业发展有关的错误认识一样，这种错误认识有足够的假象使它被人们信以为是正确的。人们往往错误地认为，某一个非常成功的人，其成功的全部原因在于当他需要提升时总是能被晋升到合适的职位上。坚持这种错误的认识，违背了职业发展计划的基本原理，即通过周密的设计，一个人能影响，而不是仅仅接受未来。坚持这种错误认识是危险的，因为它可能导致自满情绪和悲观主义的态度。

3. 在目前的岗位上表现出色就应得到提升

这种错误的认识的根源在于这样一种信念，即被提升的人员应该是在目前的岗位上业绩最出色的那些人。但这并不是说好的业绩不应该受到奖励，事实上确实应该奖励。然而，当在考虑是否提升某人时，那些做决策的人除了要考虑此人的目前工作业绩外，更应该详细地考虑新职位对人员的要求。在实践中，有很多成就突出的工程师或推销员，被提升到管理职位上，但结果是其中相当部分不能够胜任。因为，作为工程师或推销员所需要的天赋和能力，与在管理岗位上所要求的是不同的。一个人在一种工作上优于别人，并不意味着他在所有工作上都优于别人。

4. 职业计划和发展是人力资源管理部门的职责

对于个人来讲，职业计划和发展的最终责任属于自己，而不属于人力资源管理部门。人事专家能协助个人和回答相应的问题，但他们不能为某个人制定具体的职业计划。只有自己才能对自己的有关职业问题进行决策。

5. 所有的机会都给了那些工作最辛苦的人

受这种错误认识影响的人，往往每天比别人工作更长的时间或比别人更辛苦，设法以此来给上级留下印象和在组织中迅速得到提升。然而，在工作上花更长时间的结果往往是与上级所看重的、个人的工作效果和自己的长期职业发展只有很少的关联，有时甚至没有关联。在实践中，很多管理者通过采取相应的措施去使每个人在工作上都很忙碌，实际上是在造成人们产生这种错误的认识。

6. 职业历程中的迅速提升在很大程度上取决于自己上级的个性特征

一个人的上级确实能影响自己被提升的速度。然而，那些坚持这种错误认识的人，经常是处于被动的地位，从而忽视了自己主动行动的重要性。他们错误的认识，为人们在职业发展中的失败，提供了一个现成的借口。

7. 取得进步的方法是展露自己的弱点然后去努力改进

成功的推销员不会设法突出产品的弱点而是要突出优势，在职业计划和发展上也存在着同样的道理。要实现自己的职业发展目标，就要强调自己做得特别好的那些事情。这里的奥妙是利用自己的长处，然后设法改进在其他方面的不足。

8. 不论对什么任务都要尽自己的最大努力

这种错误认识的症结在于，具有这种认识的人，忽视了不同的任务具有不同的主次顺序的事实。因为对每个人来讲，精力是有限的，人们应该根据事情的主次顺序来使用时间。那些在实现个人职业目标上排在重要位置上的任务和工作，人们应付出最大的努力；而对不是重要位置上的任务也应该完成，但没有必要付出最大的努力。在不重要的任务上则不能把全部努力都付出。

9. 把家庭生活和工作完全分开是明智的

对多数人来讲，如果没有家庭的理解和支持，个人不能做出聪明的职业决策。在家庭中应该充分交流自己对工作的真实感受，这样，家庭成员相互之间，才能理解在任何决策中至关重要的问题。一个健全的人，通常在工作之外有自己的兴趣，职业策略应被设计成承认和支持这些兴趣，而不是与它们相互矛盾。职业目标应该是个人生活目标的一个重要组成部分。然而，它却经常与个人生活目标相矛盾，而不是支持个人生活目标。

10. 其他的工作总比自己目前工作好

不管自己的职业历程如何，另外一种工作总是要更吸引人一些。然而，实际情况是，完全令人满意的工作是不存在的。对自己职业最满意的人所干的工作也包含着许多问题。一个人如果经常变换工作，则要因此付出很大代价，但这并不是说不应该在工作和有关方面进行变化。然而，人们应该避免匆忙地频繁地做出这种改变。

9.5 知名企业职业生涯开发案例

9.5.1 背景

WESTPAC 银行职业生涯开发

WESTPAC（西太平洋）银行，是澳大利亚历史最悠久的银行。该行成立于1817 年（成立之初银行名称为新南威尔士银行，Bank of New South Wales），总资产超过 2000 亿澳元，雇用员工 27 000 人，在全球共拥有 800 万客户群体，并在全球 90 个国家建立了广泛的代理行网络，为澳大利亚第四大银行集团。2012 年财富世界 500 强排行榜位于 229 位。

长期以来，WESTPAC 银行一直非常强调人才开发的重要性。从 20 世纪 80 年代中期开始，公司的员工职业生涯开发工作日益成为一项战略重点。其目标是将人力资源战略与业务战略结合起来。同时，有助于实现以保持高级决策人员的连贯性，并提高高级决策人员的素质为两大基本目标的个人职业生涯项目。

第一个目标：保持连贯性。包括如下具体目标：

（1）发现并安排有能力领导公司发展的所需人才；

（2）为满足公司的管理需要和未来的发展，聘用数量足够的、高素质的管理人员；

（3）降低优秀管理人才的流失率；

（4）促进各个业务单位之间的人才流动和发展。

第二个目标：提高素质。涉及如下目标：

（1）为未来培养通晓多种职能与业务的主管；

（2）帮助个人设计更加令人满意、管理更充分的事业发展计划；

（3）培养领导企业发展所需的能力；

（4）为创造公司的未来而培养强烈的责任感和使命感。

WESTPAC 银行的员工职业生涯开发由个人和公司共同承担责任。个人应积极参加各项开发活动，管理人员则应该支持他们所做出的努力。目前有大量的发展机会可供选择，其中包括针对管理人员发展的项目、学习辅助计划、联合教育计划、高级决策人的内外部培训等。

9.5.2 系统的组成部分

WESTPAC 银行的员工职业生涯开发工作以它的人员继任规划系统为中心。这一系统以个人能力为基础，旨在开发公司各个部门各级管理人员的胜任能力。从根本上讲，WESTPAC 银行将人员继任规划工作视为一线工作所必需的业务活动。该系统包括：

（1）多种人才评估方法，如职业生涯开发谈话和职业生涯开发道路的评价；

（2）选拔和培养重点人才的特殊项目；

（3）适用于公司高级决策人员发展小组的职业生涯开发与评估；

（4）为强化相关管理人员与技术人员胜任能力的培训、深造和发展活动。

WESTPAC 银行的目标是明确人员继任规划系统所含之全部职位的胜任能力

要求，然后根据理想的胜任条件对潜在的人选进行评估。最后，该系统还根据业务要求所需的方式和级别随时提供专业人员。

WESTPAC 银行的人员继任规划体系主要由三个部分组成：

（1）替补规划（Replacement Planning）。对 WESTPAC 银行来说，人员继任规划（Succession Planning）与替补规划二者是具有互为排他性的。它们是人力资源规划工作连续性的不同方面。两者的区别在于，其时间框架的不同：替补规划的工作重点多集中在未来 12～18 个月中可以任用的最佳人选；而人员继任规划则面向全公司各个级别上更长期的关键性人才的开发。

（2）高级决策人资源评审（Executive Resource Review）。人员继任规划系统的一个主要内容是高级决策人资源评审（ERR）。这是指高级管理层与高级人力资源经理每年举行一次年度会议，其目的是在具体的业务单位、部门中对关键性人力资源的业绩和素质进行分析。此“高级决策人资源评审”（ERR）针对以下核心领域：业务分析与规划、人力资源规划、个人发展规划、公司高级决策人开发小组。

“高级决策人资源评审”过程将人员和业务战略具体地联系起来，它巩固了人力资源与实现业务目标之间的关系。人力资源经理就以下关键性问题与一线经理磋商：

（1）以业务计划为基础的总体业绩新出现的业务需求；

（2）满足目前及未来要求的人才；

（3）所需要的资源；

（4）人员的总体表现；

（5）持续的业务规划工作。

3. 公司高级决策人开发小组（Corporate Executive Development Group）。此小组是作为 WESTPAC 银行人员继任规划工作的一个关键性组成部分而出现。它在管理方面的原则可以归纳如下：

（1）本小组归一线管理层“所有”，并由人力资源工作人员和一线单位共同管理；

（2）对项目参加者的培养由个人、其领导和相关开发项目的经理共同负责；

（3）跨部门调动、培训、深造及其他发展机会根据业务需要进行掌握，但须得到一线单位的支持；

（4）负责领导参加发展项目学员的管理人员，在实施发展规划的工作过程中，可以随时接受咨询并参加活动。管理人员的支持、合作和参与，是有效开展各类人才开发项目的根本。

虽然有人说，WESTPAC银行大范围人力资源与人员继任规划系统的各项内容与结果已经具有员工职业生涯开发的作用，但是在公司高级决策人开发小组的全面管理下，现有以下四个个人职业生涯项目仍正在进行之中：

（1）针对以下人才的管理开发计划，即新参加工作的优秀毕业生人才及业绩扎实的现有员工，他们愿意接受正式教育（如果他们尚未取得某种学位或文凭的话），同时还表现出对从事管理的兴趣；

（2）针对中下级管理人员的高级开发项目；

（3）针对中高级管理人员的高级决策人开发项目；

（4）针对资源高级决策人和总经理（或更高职位）的核心决策人小组。

重点高级决策人项目成立于上世纪80年代末期，是WESTPAC银行员工职业生涯开发工作的顶点。它由被认为是WESTPAC银行最重要资源的、有潜力进入资深高级决策人职位的个人组成。参加这一项目，为总经理和具有资深高级决策者潜力的人提供了终极发展机会。

通过公司高级决策人发展小组，重点高级决策人项目与人员继任规划过程相联系。它的发展重点在于全面规划管理能力的框架，它既应有能力反映也应该能够预计到WESTPAC银行不断变化的业务要求。

参加者的人选通过“高级决策人资源评审”过程进行选拔。所有人选均汇总到人力资源部总经理及负责高级决策人资源的总经理处，然后再向管理总监提交最终的人选。为确定合适的申请人，可以采用多种评估方式，由个人和推荐经理做出的管理能力评定、有计划的小组面试、个人职业生涯道路评估职业生涯开发面试、心理测试以及在高级决策人开发项目早期进行的任职评估。

重点高级决策人小组的核心发展战略如下：

（1）为所有参加人提供具体的、范围广阔的发展计划；

（2）确保这些计划的制定，可以提供进一步开发或强化基础性胜任能力的发展机会；

（3）提供跨职能的工作经历；

（4）至少在2~3个主要业务单位规划发展机会；

（5）提供施展和测试个人能力的工作经历；

（6）提供国际性工作经历（最好是强调发展跨文化能力的海外任职）；

（7）保证平等就业机会的原则；

（8）强化教学与培训，鼓励终身学习。

参加过程为期 3 ~ 5 年，每一期活动结束时进行发展计划评审。此时，公司要进行一次分析评审，以决定参加者是否应该继续参加本项目。这一评审在“高级决策人资源评审”过程中进行，或是通过公司高级决策人发展小组的一次独立评审进行。评审结果立即以保密的方式传达给该参加者。一般来讲，由于有通过“高级决策人评审”过程所提供的历史信息，这一评审一般针对如下问题：

（1）通过年度评估进行的绩效评估；

（2）来自下级决策人及其他高级决策人的意见；

（3）事实证明的进一步发展的需要；

（4）从事管理工作的能力；

（5）参加者本人对自己个人前途及继续参加本项目的看法。

成功与否根据项目目标进行衡量。时至今日，该项目已经成功地满足了短期替补规划的需求，同时正在缓慢，但不断强化着领导公司发展所需的管理能力。这一项目的真正成功要经过很长的时间方能显现出来。预计在 5 ~ 10 年以后，未来的领导者将得到充足的、横跨公司业务各项职能的人才储备支持。

小　　结

职业阶段可划分为四个阶段：职业探索阶段、建立与发展阶段、职业中期维持阶段、职业后期衰退阶段。

员工进入企业后，根据自身的才干和能力、自身的需要、自身的价值观等要素的综合，接受职业指导及咨询，进行自我测评，确定职业范围，实行自我职业规划。

企业制定员工个人职业开发计划，不仅有利于员工的成长和发展，增加员工对工作的满意感，培养员工工作的兴趣性、挑战性，而且更有利于企业发展。

第 10 章

员工工作满意度

10.1 满意度调查概述

10.1.1 为什么要关心员工工作满意度

工作满意度最早的概念起源于霍桑（Hawthorne Studies），由芝加哥的西方电器公司中的梅奥（Mayo）等人于1927～1932年间共同主持研究。研究表明：工作者的情感影响其工作行为，而工作者的社会及心理因素才是决定工作满意度与生产力的主要因素。接着Hoppock在1935年发表的《工作满意度》一书，率先提出工作满意度乃是员工心理及生理上，对于工作环境与工作本身的满意感受，也就是工作者对工作情境的主观反应。费洛姆（Vroom）提出，工作满意度是指员工对其在组织中所扮演角色的感受或情绪性反应；Smith、Kendall & Hulin则认为工作满意度是员工在特定工作环境中，实际获得的报酬与预期应得价值之差距；若差距越小，满意程度越高；反之，则满意度越低。而Porter & Lawler将工作满意度定义为个人认定其所应得与所知觉真正得到的两者之间的差距所引起的情感知觉反应，包括：内在满意（即个人对工作本身的满意程度，如成就感、自尊、自主、回馈性、掌握控制感等）、外在满意（与工作本身并无直接关系，包括主管的肯定与赞许、同事间的和谐关系、良好的工作环境、福利、高薪及升迁等）、总体满意（个人对于整个工作的综合满意程度）。

所以，要关心员工工作满意度的目的在于：

（1）将之视为组织内部一项早期的警戒指标，若能对组织内成员的工作满意度加以适当的监督，可以早期发现组织在工作上的不当调配现象、策略或计划上的缺失，进而能够采取适当的补救措施。

（2）通过对员工满意度的调查，了解员工满意度具有的重要影响，以之作为拟定相关策略的重要参考指标。

员工工作满意度可以看作一个企业员工工作态度的“晴雨表”，企业人力资源管理者通过定期了解员工工作满意度，可以发现企业管理中可能存在的一些问题。对这些问题的改善，可以使企业的员工工作满意度保持在一个较好的水平上，从而对提高企业绩效、降低缺勤率和流失率起到良好的作用。另外，对一些企业尤其是大企业来说，了解员工的工作满意度也是一种宝贵的内部沟通的机会。而一个企业如果内部沟通不畅，必然会导致企业管理上出现这样那样的问题。

10.1.2 如何了解员工的工作满意度

了解企业员工工作满意度可以通过两种方法，一种是定量调查法，即工作满意度问卷调查；另一种是定性调查法。常见的有工作满意度座谈、个别访问等。

1. 定量调查法

进行工作满意度问卷调查时应注意抽样的方法。一般应在企业员工中采用随机抽样或分层随机抽样的方法。应保证调查的样本能够代表企业员工的总体。

西方学者对员工满意度调查的研究时间已超过了50年，产生了一些比较有名的工作满意度问卷调查工具。这其中最有名的是，以美国工业心理学家Smith为首开发的工作描述指数问卷（Job Descriptive Index，简称JDI）。目前JDI小组已在原有JDI问卷的基础上，开发出诊断面更广的通用工作指数问卷（Job Index General，简称JIG）。该小组还给非商业用途的使用者提供了免费使用该问卷的机会，有兴趣的读者可到JDI小组的网站上了解更详细的情况：http：//www. bgsu. edu/departments/psych/JDF。

工作满意度问卷调查主要有两种方法：单一整体评估法和多种工作要素组成的总和评分法。实践中往往采用两种方法结合的方式来进行。美国工业心理学家Spector教授在1994年开发了一套工作满意度的调查问卷（简称JSS），包含薪酬、晋升、上司、福利、认同感、管理制度、同事、工作性质、沟通等9个工作要素共计36个项目。在征得Spector教授的同意后，我们将JSS的问卷翻译过来，供我国人力资源管理者参考使用。特别需要说明的是，Spector教授曾经使用过该问卷在我国进行过调查研究，并发现该问卷在我国是比较适用的。

2. 定性调查法

工作满意度座谈是了解员工工作满意度的定性调查方法之一，具体实施时可以由企业人力资源管理者作为座谈会的引导者，在事先拟好的讨论大纲基础上进行。一场座谈会一般选5～10名有代表性的员工参加，每次参加的员工应该代表一类员工。这种方法和工作满意度问卷调查相比，主要有以下优点：①能发现导致员工工作满意/不满意的内在原因；②面对面的交流和反馈，会拉近参与者和引导者的距离，会有更丰富、翔实的第一手资料；③是一种很好的内部沟通手段，有助于双方之间澄清对一些问题的认识。

在实际操作中，工作满意度座谈最好能在调查的基础上进行，这样座谈就有了中心内容。

比如，通过调查，发现新员工在沟通一项上的得分普遍比较低。我们可以选几名新员工代表参加座谈，看看他们为什么会对公司内部的沟通不满，以便确定是员工定向培训的工作没有做好，还是部门之间缺乏交流和沟通，等等。

3. JSS（1994）中文版及记分说明

请仔细阅读以下每一个陈述句，并在“非常不同意”（1）“不同意”（2）“有点不同意”（3）“有点同意”（4）“同意”（5）“非常同意”（6）六个备选答案之间选择符合您心意的选项，然后记下相应的数字：

1. 我感到我做的工作得到了应得的报酬。
2. 在我的工作中，晋升的机会很少。
3. 我的上司完全胜任他（她）的工作。
4. 我对我目前得到的福利待遇不满。
5. 当我出色地完成一项工作时，我得到了应有的赏识。
6. 我们单位大多数的规章制度束缚员工的手脚，这使得干好一件工作很困难。
7. 我喜欢我的同事。
8. 我有时感到我的工作没有意义。
9. 在我们单位中存在良好的交流和沟通。
10. 加工资的间隔时期很长。
11. 在我们单位中，工作出色的人有足够的晋升机会。
12. 我的上司对我不够公平。
13. 我们得到的福利待遇和大多数其他单位提供给员工的一样。
14. 我感到我干的工作没有得到承认。
15. 我干好一件工作的努力很少受到太多规章制度的约束。
16. 由于同事能力有限，我不得不在工作中付出过多的努力。
17. 我喜欢我目前所干的工作。
18. 我不清楚本单位的发展目标。
19. 当我考虑我的工资时，我感到没有得到单位的认可。

20. 员工在本单位的晋升机会和其他单位的情况差不多。
21. 我的上司很少体谅下属。
22. 我们单位的福利待遇是公平的。
23. 在本单位工作的员工很少受到奖励。
24. 我的工作量总是很大。
25. 和我的同事在一起，我感到很愉快。
26. 我常常觉得我不知道本单位发生的事。
27. 我对我的工作有一种成就感。
28. 我对我在本单位涨工资的机会感到满意。
29. 有些我们单位应该有的福利待遇我们没有。
30. 我喜欢我的上司。
31. 我有很多文案工作（如报告、总结等等）需要做。
32. 我感到，我工作的付出没有得到应有的回报。
33. 我对我晋升的机会感到满意。
34. 单位工作中存在很多的相互推诿、扯皮现象。
35. 我的工作有乐趣。
36. 分配给我的工作常常不能解释清楚。

对工作满意度问卷记分的说明：

1. 正面陈述句的记分方法是：

1 =1，2 =2，3 =3，4 =4，5 =5，6 =6。

即“非常不同意”记1分，以此递加类推。

2. 负面陈述句的记分方法是：

6 =1，5 =2，4 =3，3 =4，2 =5，1 =6。

即“非常不同意”记6分，以此递加类推。

3. 负面陈述句包括的项目编号：

2，4，6，8，10，12，14，16，18，19，21，23，24，26，29，31，32，34，36

4. 问卷测量的不同工作要素包括的项目编号：

报酬：1，10，19，28

晋升：2，11，20，33

上司：3，12，21，30

福利：4，13，22，29

认同感：5，14，23，32

规章制度：6，15，24，31

同事：7，16，25，34

工作性质：8，17，27，35

沟通：9，18，26，36

5. 缺少的项目可用均值来替代（要素均值或总均值），另一种不太准确的替代数字是 3 或 4。

10.2　满意度调查问卷实例

10.2.1　注意事项

请您在填写问卷前，阅读以下注意事项：

1. 请按照问题的顺序问答，不要来回跳答。我们对有些问题中容易引起混淆的地方用黑体和下划线来提醒您。

2. 请您在问题的备选答案中，找出最符合您真实想法（情况）的答案，并在相应的“□”中打“√”。个别问题需要您填写具体的数字。请您回答所有的问题。

3. 如果您在填写的过程中有什么进一步的说明或意见，请您写在相应问题旁的空白处。

4. 由于调查分析的需要，我们真诚地希望您能够填写您的姓名。如果您非常介意向我们公开您的身份，您可以不填写姓名。

10.2.2　调查问卷

1. 以下是员工对工作可能有的看法，请根据您的真实想法选择答案。

描述	非常同意	同意	既不同意也不反对	不同意	非常不同意
A. 我对目前的工作感到相当满意。	□	□	□	□	□
B. 我的工作相当无聊。	□	□	□	□	□
C. 在工作中，我觉得自己比大多数人更快乐。	□	□	□	□	□
D. 我常常对我的工作感到厌烦。	□	□	□	□	□
E. 我的工作只是我生活中的一小部分。	□	□	□	□	□
F. 我全身心地投入到我的工作中。	□	□	□	□	□
G. 我常常感到目前的工作对我来说无关紧要。	□	□	□	□	□
H. 我能够选择我完成工作的方式。	□	□	□	□	□
I. 我能够调整我的工作目标。	□	□	□	□	□
J. 在工作中，我不能决定何时开展某项活动。	□	□	□	□	□
K. 我的工作内容丰富。	□	□	□	□	□
L. 在我的工作中我有机会处理各种各样的事情。	□	□	□	□	□
M. 在工作中，我每天遇到的都是同样的情况。	□	□	□	□	□
N. 我不清楚自己在工作中的职责。	□	□	□	□	□
O. 我知道完成自己工作的步骤。	□	□	□	□	□
P. 不同的主管常常向我提出相互冲突的工作要求。	□	□	□	□	□
Q. 我的顶头上司向我提出的工作要求是前后一致的。	□	□	□	□	□
R. 我有足够的时间完成每一项工作任务。	□	□	□	□	□
S. 我的工作负荷不重。	□	□	□	□	□
T. 我不得不非常努力地工作。	□	□	□	□	□
U. 我难以得到我工作所需的供给。	□	□	□	□	□
V. 我有足够的装备干工作。	□	□	□	□	□
W. 我的工作很少使我遇到身体上的危险。	□	□	□	□	□
X. 我的工作常使我处在不利于身体健康的环境中。	□	□	□	□	□

2. 以下是一项工作可能提供的不同机会，您觉得它们各自对您的重要程度如何？

描述	非常同意	同意	既不同意也不反对	不同意	非常不同意
A. 自主地工作。	□	□	□	□	□
B. 得到公正的回报。	□	□	□	□	□
C. 公平的规章制度。	□	□	□	□	□
D. 安全地工作。	□	□	□	□	□
E. 有足够用来干工作的资源。	□	□	□	□	□
F. 明确的工作职责。	□	□	□	□	□
G. 没有相互冲突的工作要求。	□	□	□	□	□
H. 工作负荷适当。	□	□	□	□	□
I. 有增长知识和技能等学习的机会。	□	□	□	□	□
G. 有在其他单位的工作机会。	□	□	□	□	□
K. 有机会和自己的家人待在一起。	□	□	□	□	□
L. 得到职位上的晋升。	□	□	□	□	□
M. 内容丰富的工作。	□	□	□	□	□
N. 顶头上司对工作的支持。	□	□	□	□	□
O. 同事对工作的支持。	□	□	□	□	□
P. 得到好的收入（包括工资、奖金、福利和其他所有物质收益）。	□	□	□	□	□

3. 以下是关于回报和员工职业发展的描述，请根据您的真实想法选择答案。

描述	非常同意	同意	既不同意也不反对	不同意	非常不同意
A. 就我对工作所付出的努力来说，我所得到的回报是公正的。(回报包括物质和精神回报)。	□	□	□	□	□
B. 就我承担的工作职责而言，我得到的回报是公正的。	□	□	□	□	□
C. 就我个人的资历来说，我没有得到公正的回报。	□	□	□	□	□
D. 在我们单位，员工有很好的晋升机会。	□	□	□	□	□

续表

E. 在我们单位，从底层逐步做起的例子是普遍的。	□	□	□	□	□
F. 内部晋升的例子在我们单位并不多见。	□	□	□	□	□
G. 我在单位不会再有晋升机会了。	□	□	□	□	□
H. 我愿意沿着目前的职业阶梯持续发展下去。	□	□	□	□	□
I. 对我来说，把目前的工作作为我今后几年内的职业目标是不行的。	□	□	□	□	□
J. 本单位为我提供了跟上与工作有关的新动向的机会。	□	□	□	□	□
K. 本单位没有为我提供学习新知识或提高专业技能的机会。	□	□	□	□	□
L. 本单位为我提供了在工作上自我提高的机会。	□	□	□	□	□
M. 我工作中用到的技能和知识在其他的单位同样需要。	□	□	□	□	□
N. 假如我离开目前的单位，我的工作技能和知识很难再用得上。	□	□	□	□	□
O. 我大部分的工作技能和知识只对目前的单位有用。	□	□	□	□	□

4. 您从单位得到的收入（包括工资、奖金、福利和其他所有物质收益）一年下来大致有多少？（单位：人民币元。如果您工作不到一年，请估计您可能的年收入。）

□24 000　□24 001～30 000　□30 001～36 000

□36 001～42 000　□42 001～48 000　□48 001～54 000

□54 001～60 000　□60 001～72 000　□≥72 001

5. 与工作相关的人际关系包括很多方面，请您根据自己的真实情况选择答案。同事是指在单位中和你接触最多的人（顶头上司不包括在内）。如果您是单身，请跳过前两项描述，从第 C 项开始。

描述	非常同意	同意	既不同意也不反对	不同意	非常不同意
A. 我的配偶不太关心我的工作。	□	□	□	□	□
B. 我的配偶支持我干工作。	□	□	□	□	□
C. 我可以向我的好朋友讲述我在工作中遇到的问题。	□	□	□	□	□
D. 我的好朋友愿意听我讲有关工作方面的问题。	□	□	□	□	□
E. 通过我的个人关系，我经常可以办到其他多数同级员工在本单位中办不到的事情。	□	□	□	□	□
F. 对于单位的一些重要决定，我经常可以在未公布前比多数的同级员工先了解到。	□	□	□	□	□
G. 如果我犯了错误，处理我的人不得不考虑我拥有的个人关系。	□	□	□	□	□
H. 当我在单位遇到麻烦时，我可以通过我的个人关系改善我的处境。	□	□	□	□	□
I. 我至少和一个同事很要好。	□	□	□	□	□
J. 我很少和同事谈论重要的个人问题。	□	□	□	□	□
K. 我对同事的个人情况几乎一无所知。	□	□	□	□	□
L. 我的顶头上司愿意听我讲述与工作相关的问题。	□	□	□	□	□
M. 我的顶头上司非常关心我的工作。	□	□	□	□	□
N. 当我工作中遇到困难时，我得不到顶头上司的帮助。	□	□	□	□	□

6. 下面的描述反映了员工对单位可能的看法，请根据您的真实想法回答。

描述	非常同意	同意	既不同意也不反对	不同意	非常不同意
A. 为了帮助本单位成功，我愿付出大量比一般期望更多的努力。	☐	☐	☐	☐	☐
B. 我对我的朋友讲，本单位是个非常不错的工作单位。	☐	☐	☐	☐	☐
C. 我的确关心本单位的发展前途。	☐	☐	☐	☐	☐
D. 告诉别人我是本单位的一员，我感到骄傲。	☐	☐	☐	☐	☐
E. 我们单位的规章和制度对所有人都是平等的。	☐	☐	☐	☐	☐
F. 我们单位在严格执行规章和制度方面没有付出多少努力。	☐	☐	☐	☐	☐
G. 在我们单位，没有人可以逃避规章和制度的约束。	☐	☐	☐	☐	☐
H. 我在本单位的经历比我想象中的好。	☐	☐	☐	☐	☐
I. 本单位和我刚进来时的期望相符。	☐	☐	☐	☐	☐
J. 总的来说，我对本单位已经感到了失望。	☐	☐	☐	☐	☐
K. 我希望离开目前的单位。	☐	☐	☐	☐	☐
L. 我打算在目前的工作单位中工作尽可能长的时间。	☐	☐	☐	☐	☐
M. 一般情况下我不会主动离开目前的单位。	☐	☐	☐	☐	☐
N. 假如我继续待在本单位，我的前景可能不会好。	☐	☐	☐	☐	☐
O. 我很少寻找其他就业机会的信息。	☐	☐	☐	☐	☐
P. 我寻找其他工作单位的可能性很小。	☐	☐	☐	☐	☐
Q. 我经常去探询我想得知的其他就业信息。	☐	☐	☐	☐	☐
R. 我在本单位继续工作的理由之一是离职会造成很大的个人损失。	☐	☐	☐	☐	☐
S. 即使我有了合适的备选单位，真要离开本单位对我来说却是非常困难的。	☐	☐	☐	☐	☐
T. 假如我没有曾经在本单位投入如此之多的话，我会考虑在其他单位工作。	☐	☐	☐	☐	☐
U. 我觉得老待在一个单位是不行的。	☐	☐	☐	☐	☐
V. 老在一个单位待着会让我感到腻味。	☐	☐	☐	☐	☐
W. 我应该对本单位效忠。	☐	☐	☐	☐	☐
X. 变换工作单位会让我有更好的前景。	☐	☐	☐	☐	☐

7. 下面的词语描述了人们可能的感情和情绪，请您根据您的一般感觉选择能够恰当描述您个人平均状况下感情和情绪的答案。

描述	从不这样	偶尔这样	有时这样	经常这样	一直这样
A. 痛苦的	□	□	□	□	□
B. 兴奋的	□	□	□	□	□
C. 心虚的	□	□	□	□	□
D. 恐惧的	□	□	□	□	□
E. 热情的	□	□	□	□	□
F. 自豪的	□	□	□	□	□
G. 急躁的	□	□	□	□	□
H. 紧张的	□	□	□	□	□
I. 果断的	□	□	□	□	□
J. 积极的	□	□	□	□	□

8. 您目前的婚姻状况？（请您选择最符合您目前状况的一项）

□已婚　□单身　□鳏寡　□离婚或分居

9. 您有孩子吗？

□有　□没有　□不适用我的情况

10. 您有未上学的孩子吗？

□有　□没有　□不适用我的情况

11. 您是不是家庭的主要经济来源？

□是　□不是　□不适用我的情况

12. 以下是当今社会中关注的四个生活目标。假如您可以安排您的生活，您觉得这四个目标对您的重要性如何？

描述	非常同意	同意	既不同意也不反对	不同意	非常不同意
A. 有成功的事业。	□	□	□	□	□
B. 做一个好丈夫（妻子）。	□	□	□	□	□
C. 做一个好父亲（母亲）。	□	□	□	□	□
D. 做一个好儿子（女儿）。	□	□	□	□	□

13. 假如您可以不受限制地自由流动，请根据您的真实情况回答下面关于个人工作机会的问题。

描述	容易	很容易	不容易	很不容易	非常不容易
A. 您在其他单位找到和您目前工作一样好的工作的容易程度如何？	□	□	□	□	□
B. 您在其他单位找到比您目前工作好一些的工作的容易程度如何？	□	□	□	□	□
C. 您在其他单位找到比您目前工作好得多的工作的容易程度如何？	□	□	□	□	□

14. 您的性别：□男□女

15. 您到目前为止有多少周岁？□□周岁

16. 到目前为止，您在本单位工作多长时间了？□年零□□月

注意：如果年份不足1年或月份不足10个月，请在填写时高位补零。例如：

[0]年零[0][6]月

17. 到目前为止，您参加工作总共多长时间了？□年零□□月

18. 您属于本单位的那一大类工作人员？（请您选择一项）

技术人员	工程项目人员	市场人员	行政人员	其他（请注明）
□基层 □中层及以上	□基层 □中层及以上	□基层 □中层及以上	□基层 □中层及以上	

19. 您是全职还是兼职人员？□全职　□兼职

20. 您的学历为：

□中专及同等学历　　□大专及同等学历　□本科及同等学历

□硕士、博士及同等学历　□其他（请注明：__________）

21. 您的姓名：____________

您辛苦了！请检查一下问卷，看看有没有遗漏对某些问题的回答。

我们非常感谢您的合作，假如您还有更多的想法或对我们调查的评论，请在下面的空白处写出。

10.3 满意度调查分析报告

10.3.1 导言

员工管理的两个重要的目标是员工生产率和职业生活质量，这两者是相辅相成的关系，缺一不可。研究表明：如果一个企业员工的整体职业生活质量高，可以为提高生产率提供保障。可以说，员工职业生活质量反映了一个企业员工的士气，是员工士气的“晴雨表”。对于企业管理者来说，准确把握员工的职业心理状态和形成原因，就可以从整体、深层次上理解员工的行为表现（如绩效、缺勤和离职等），并能够量化对员工职业生活质量的分析。在一些国外的大公司，每年都会定期对企业员工的职业生活质量状况进行调查，以动态地掌握企业员工的士气。我国一些企业也开始在人力资源管理中使用职业生活质量调查的方法，但是现实的情况往往是：①不能系统地分析企业员工的职业心理状况；②难以提出量化的指标反映现状。

10.3.2 理论依据

量化的调查要以一定的理论作为基础。本次调查采用了美国人力资源专家James. L. Price 教授超过 25 年的研究结果。Price 教授在长期的研究中提出了被称为 PriceMueller 的职业生活质量模型。张勉博士则在已有的模型的基础上，结合国内已有的研究成果对 PriceMueller 模型做了修订。修订后的模型图示见图 10 - 1 所示。

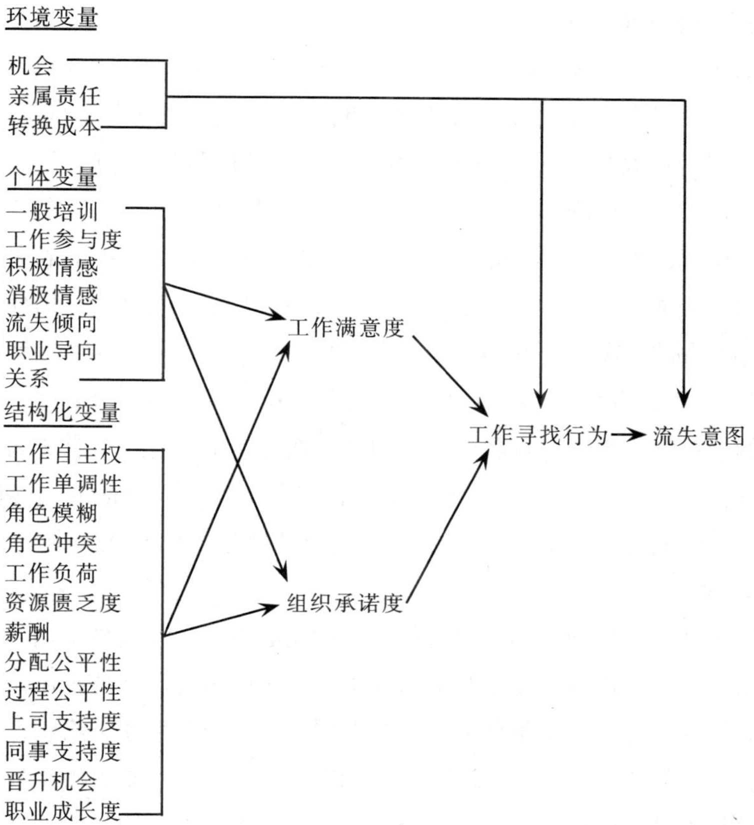

图 10-1　模型示意图

这个模型中包括 23 个外生变量，它们是：3 个环境变量、7 个个体变量、13 个结构化变量（主要指组织对职业生活质量起关键影响的因素）；4 个内生变量。4 个内生变量中，工作满意度、组织承诺度和流失意图被认为是构成员工职业生活质量的核心指标。23 个外生变量中，13 个结构化变量被认为是影响员工职业生活质量的关键性指标，是重点关注的对象。虽然环境变量和个体变量对员工的职业生活质量也有影响，但是这些要么是组织外部的因素；要么是反映个体个性倾向的因素，难以为组织所控制。所以在分析时只是将这些变量作为参考的指标考虑。

13 个结构化变量是长期研究得出的影响员工职业生活质量的关键性指标，它们得到了许多实证研究很好的支持。它们和 3 个核心指标在模型中的地位是本次问卷调查为什么选择它们作为主要分析内容的理论依据。

1. **数据、量度和方法**

（1）数据

本次调查采用定量和定性两种管理诊断手段相结合的方法。①定量调查方面：7月11日，张勉博士在某公司人力资源部经理的帮助下和某公司的基层员工就调查进行了简短的交流并将问卷发放至每个人的手中。13日在某公司人力资源部的支持下，向接到问卷的员工进行了面对面的回收。本次问卷调查的针对对象是公司基层员工。问卷发放了45份，回收了41份，回收率为91%。从结果来看：参加调查的对象中男性占多数，为73%；技术人员占多数，为60%；平均年龄在27.5岁；平均在某公司的服务期在7.6个月左右。②7月12日下午，在某公司的会议室组织了有6名员工参加的座谈会。6名员工中有2名来自技术部，2名来自产品部，1名来自管理部，1名来自市场部。座谈的内容围绕"员工在某公司工作满意与不满意的地方有哪些?"为主题，时间在2个小时左右。

（2）量度

准确的量度是分析的基础。问卷调查中对关键指标的测量均采用了专门的心理量表。由于这些心理量表还未在国内使用过，所以量表质量的控制是非常主要的。清华大学经济管理学院领导力与组织管理系副教授张勉博士组织西安交通大学管理学院其他的2名博士生、3名硕士生以及3名英语专业的硕士生经过一个月的时间对量表进行了严格的双向翻译和讨论。量表的心理测量学特征在数据分析的初期进行了详细地考证。问卷的版式参考了Price教授1981年和1992年调查问卷的版式。

（3）分析方法

问卷在回收的当天由张勉博士录入计算机中并进行逻辑检验，排除一些不合格的问卷。本次某公司调查问卷中有两份问卷被排除在正式的分析之外。排除的主要原因是这两份问卷缺省值太多。正式的分析在SPSS 8.0专业统计分析软件下进行。

张勉博士主要按照如下的顺序对数据进行了分析：

①首先检查了问卷中所包括的心理量表的信度和结构效度，以保证测量的准确性；

②对关键性指标进行了均值分析；

③对核心指标进行了双变量相关分析。

由于统计的样本量（N=39）不够大，所以没有进行更详细的交叉分析和多元分析。

2. **主要结论**

（1）涉及的变量的定义。

问卷调查涉及众多的变量，表10-1给出了对变量的定义和本次调查的均值：

表10-1　问卷调查变量

中文名称	均值	定义
流失意图	2.86	雇员想离开本单位的程度
工作满意度	3.39	雇员对其工作的喜好程度
组织承诺度	3.90	雇员对单位忠诚的程度
机会	3.68	找到可替换工作的容易程度
一般培训	4.16	雇员技能和知识可以被其他的单位使用的程度
工作参与度	4.04	愿意为工作付出努力的程度
期望匹配度	2.82	对工作的期望和现实匹配的程度
积极情感	3.58	体验快乐情绪状态的个性倾向
消极情感	2.00	体验不快乐情绪状态的个性倾向
自主权	3.32	雇员可以运用相关工作权力的程度
分配公平性	2.62	奖罚在多大程度上和工作绩效挂钩
过程公平性	2.80	规章制度被公平执行的程度
资源匮乏	2.91	缺少工作所需资源
角色模糊	2.05	不明确的工作职责
角色冲突	3.61	不一致的工作职责
工作负荷	3.62	为工作需要付出的努力
职业成长度	3.43	由单位提供的可以增加相关知识和技能的机会
晋升机会	2.99	在单位内部潜在的向上垂直职业流动
配偶支持	1.99	配偶对工作相关问题的支持
上司支持	3.24	顶头上司对工作相关问题的支持
同事支持	3.62	同事对工作相关问题的支持
单调性	2.87	工作被重复的程度
亲属责任	1.95	对直接亲属承担的责任程度
流失倾向	2.86	个体在多大程度上正面评价离职的价值观
职业导向	3.38	个体在多大程度上把目前的工作视为事业发展方向
转换成本	2.68	物质和感情上对组织的投入程度

（2）均值分析结论。

直观地，可以将上表做成如下的折线图，其中实线代表某公司，虚线是西安另一家IT公司的状况（如图10-2所示）：

由于我们还缺乏西安 IT 行业职业生活质量指标常模，所以暂时无法对某公司处于整体水平的何种位置做出判断，但是图 10－1 所示：

①相对弱的指标：某公司员工的工作单调性、角色冲突、工作负荷高于另一家 IT 公司；工作自主权、分配公平性、过程公平性低于另一家 IT 公司，尤其是角色冲突、工作负荷、工作单调性和分配公平性四个指标明显相对较弱。但是某公司的工作单调性从绝对值来看处于接近中间水平（2.87，接近于中间值 3），所以工作单调性可以认为处于可接受的状态。

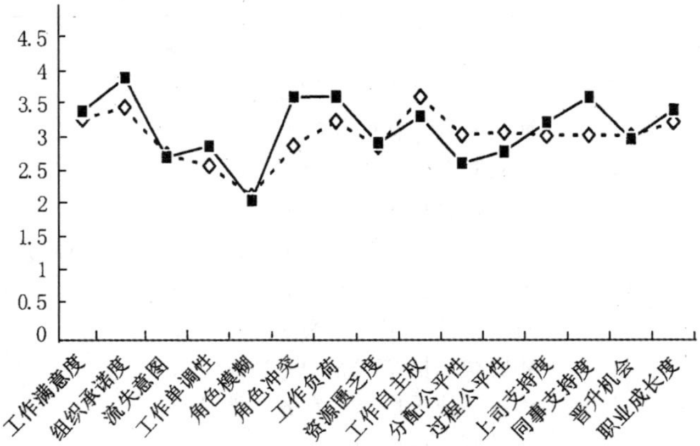

图 10－2　关键指标均值折线图

②相对强的指标：上司支持度、同事支持度、职业成长度高于另一家 IT 公司。

某公司的组织承诺度和同事支持度明显相对较强，反映了员工对于工作相关问题的相互沟通和支持以及公司的凝聚力还是相当不错的。

（3）变量相关表的重要结论（见表 10－2）。

表 10－2　　某公司职业生活质量变量相关表

组织影响因素	工作满意度	组织承诺度	流失意图
角色模糊	/	.33	/
工作单调性	/	/	.57
分配公平性	/	/	.19
过程公平性	/	/	.48
工作自主权	/	.45	/
职业成长度	/	/	.64
上司支持度	/	.33	.52
晋升机会	/	/	.50

注："/"表示左边的影响因素对相应的核心指标没有显著性影响。

就员工生活质量的三个核心指标来说，哪些因素显著影响它们呢？表 10－2 总结了在某公司对员工职业生活质量核心指标有显著性影响的因素。可以看出：不同的核心指标影响因素有的相同、有的不同。表 10－2 的结果可以结合表 10－1中不尽理想的几个指标（相对显著较弱指标有角色冲突、分配公平性、工作自主权和工作负荷）来分析：由于像增加晋升机会和增加薪酬的举措往往主要由组织的发展来决定的，所以一个初步的结论是：目前的管理工作需要将减少角色冲突、提高工作自主权作为工作的重点。考虑到目前某公司在工作单调性和工作自主权两个指标上处于差距不大的状态，因此当前管理的重点，建议放在减少员工的角色冲突（减少员工接受不同指令的现象）上。

（4）小组访谈的主要结论。

为了更好地认识问卷调查的结果，需要结合和员工小组访谈获得的资料进行。某公司的员工小组访谈共有以下员工对工作满意和不满意的一些方面：

工作中满意的方面：

①公司所处的是朝阳行业，国家的相关政策好，成功的希望大；

②在新的公司发展的机会多、参与感强；

③能在工作的过程中学到东西；

④领导层有积极的心态，想做出事情；

⑤公司是中外合资企业，外方从资金、技术方面可以带来很多的帮助。公司的技术起点高。

工作中不满意的方面：

①分工不是很明确，一个人同时做好几件事情；

②产品急于求成，对技术难度和工作量考虑不足；

③公司管理不顺，员工和中层领导的职责不明确；

④待遇偏低，和 IT 行业搞软件的比要差 20%～30%；

⑤ 是个新的公司，员工大多没有经验，管理和技术方向不明确。现在管理上职责不明，相互沟通存在障碍；

⑥公司发展到现在没有技术上的主线；

⑦ 部门文化差异大，在产品部只用考虑技术上的事情。在技术部，同级之间、上下级之间都有隔阂。

对于员工反映出的工作不满意的方面，角色冲突能看出来也是普遍提到的一个方面。某公司处在发展的初期，工作的负荷量比较大，在这种情况下，明晰的工作职责和前后一致的工作指令对员工的影响会很大。在访谈中，员工也多次提到“一个人同时要做好几个事情”、“岗位变化快，分配职责难”等等。

10.3.3 建议

任何一家企业在发展的过程中都会遇到不同的管理问题。本次管理诊断主要是从员工职业生活质量的角度出发来发现问题。整体的感觉是：某公司目前处于小型公司的发展初期，很多东西还不健全，人员也需要磨合。某公司目前管理的重点可能应放在减少员工角色冲突上，具体的措施包括完善开发流程、明确上下级的职责，等等。

本报告是在一些初步掌握的资料上做出的，在反映公司管理的全貌上可能还存在不足，但是已有的结论对于某公司进一步的发展应具有一定的参考价值。更全面的结论还应该和其他角度的管理诊断结合做出。

小　　结

员工职业生活质量越来越成为管理者关注的问题。若能对组织内成员的工作满意度加以适当的监督，可以早期发现组织在工作上的不当调配现象、策略或计划上的缺失，进而能够采取适当的补救措施；通过对员工满意度的调查，了解员工满意度具有的重要影响，把它作为拟定相关策略的重要参考指标。

了解企业员工工作满意度可以通过两种方法：一种是定量调查法，即工作满意度问卷调查；另一种是定性调查法，常见的有工作满意度座谈、个别访问等。

本章给出了一套完整的员工工作满意度调查表及调查分析报告实例。

第11章

员工工作满意度调查操作实务

11.1　问卷调查法

11.1.1　员工满意度模型选择

西方学者对员工满意度调查的研究时间已超过了70年，产生了一些比较有名的员工满意度模型。如洛克（Locker）认为，员工满意度构成因素包括：工作本身、报酬、提升、认可、工作条件、福利、自我、管理者、同事和组织外成员10个因素。阿莫德（Arnold）和菲德曼（Feldman）则指出，员工满意度的结构因素包括工作本身、上司、经济报酬、升迁、工作环境和工作团体。

西方学者的员工满意度模型是否适合于我国现阶段的企业，目前尚未见报道。我国专家虽然在员工满意度方面研究的时间较短，但由于有国外的研究成果作为支持，也开发出了一些适合我国企业状况的员工满意度模型。本调查将选用我国思创管理顾问企业的员工满意度模型作为调查问卷设计的基本模型。

该模型最大的优点在于较为完整和科学地涵盖了员工满意度测评的各个方面，各项测评要素完整和细致，便于应用和操作。

该模型将员工满意度分为五个大类，分别为：

- 对工作回报的满意度；
- 对工作背景的满意度；
- 对工作群体的满意度；
- 对企业管理的满意度；
- 对企业经营的满意度。

每类又包含了两个层级，第二层级要素项合计18项。第三层级要素项合计为100项。“思创员工满意度模型”如下表11－1所示：

表 11 －1　　　　　　　　　　　　**思创员工满意度模型**

1 级（5 个）纬度	2 级（18 个）纬度	3 级（100 个）纬度
1. 对工作回报的满意度	1. 物质回报	1. 工资收入
		2. 加班工资
		3. 奖金
		4. 福利
		5. 社会保险
		6. 薪资系统
		7. 假期
	2. 精神回报	8. 工作乐趣
		9. 成就感
		10. 尊重与关怀
		11. 友谊与朋友
		12. 个人能力及特长的发挥
		13. 职位与权力
		14. 威信与影响力
		15. 表扬与鼓励
	3. 成长与发展	16. 培训
		17. 机遇
		18. 晋升
		19. 知识的进步
		20. 社会地位
		21. 能力提升
	4. 奖惩管理	22. 物质或金钱奖励
		23. 评比优秀
		24. 罚款
		25. 记过或降级、降职处罚

续表

1 级（5 个）纬度	2 级（18 个）纬度	3 级（100 个）纬度
2. 对工作背景的满意度	5. 后勤保障及支持	26. 劳动合同
		27. 食堂
		28. 住宿
		29. 职业病防护及保健
		30. 休息场所
		31. 医疗保障
		32. 工伤保险
		33. 劳保
	6. 工作休息制度	34. 上下班时间
		35. 休息
		36. 加班制度
		37. 请假制度
	7. 工作配置	38. 资源充裕性
		39. 资源适宜性
		40. 设备的维护及保养
		41. 资源配备的效率
		42. 固定资产管理
		43. 新设备的配置
		44. 新技术的应用
	8. 工作环境	45. 舒适感
		46. 现场管理
		47. 污染与环保
		48. 安全感
		49. 美观
		50. 便利

续表

1级（5个）纬度	2级（18个）纬度	3级（100个）纬度
3. 对工作群体的满意度	9. 内部和谐度	51. 行为、礼节与礼仪
		52. 沟通与交流人际关系
		53. 工作配合
		54. 信息与经验
		55. 员工士气及心态
		56. 舆论控制
		57. 团队精神
	10. 工作方法与作风	58. 工作质量
		59. 工作效率
		60. 工作成本
		61. 工作计划
		62. 责任感及能动性
		63. 灵活性与技巧
		64. 职业操守
	11. 人员素质	65. 会议
		66. 品格、修养
		67. 观念
		68. 学识水平及经验
		69. 体质与健康
		70. 能力表现
4. 对企业管理的满意度	12. 管理机制	71. 管理创新和改进
		72. 管理的连续性和稳定性
		73. 组织机构
		74. 用人机制
		75. 监督机制

续表

1 级（5 个）纬度	2 级（18 个）纬度	3 级（100 个）纬度
4. 对企业管理的满意度	13. 管理风格	76. 管理才能
		77. 管理艺术
		78. 情感管理
		79. 管理的有效性
	14. 制度	80. 内部投诉
		81. 制度建设
		82. 认可程度
		83. 实施效果
	15. 企业文化	84. 对企业的认同感及归属感
		85. 企业形象
		86. 文体、娱乐活动
		87. 生日及节假日慰问
		88. 报纸、图书杂志
		89. 内部刊物
		90. 合理化建议
5. 对企业经营的满意度	16. 产品质量	91. ISO9000 质量管理体系
		92. 客户投诉
		93. 客户信心及满意度
		94. 质量目标
	17. 社会形象	95. 与供应商的联系
		96. 对地方经济的贡献
		97. 与当地政府的关系
		98. 就业解决与社会公益事业
	18. 发展远景	99. 企业远景及规划
		100. 企业经济指标

11.1.2 员工满意度调查问卷设计

思创员工满意度模型的要素非常丰富，涵盖的范围也非常广泛，非常适合于制造业和服务业。但对于某中心这个具体的机构而言，由于企业性质的区别，有必要对原模型进行适当修改和裁剪。在对原模型进行裁剪和修改时，我们主要考虑了以下几个因素：

（1）原模型中的某些要素与外派人员工作特点相差过大，对这些要素要进行必要的裁剪。例如，“工作背景的满意度”中的“工作作息时间”、“工作配置”和“工作环境”项目等；

（2）由于本调查问卷用于中心工作人员和外派人员两个不同群体，所以在要素选择中尽量使用通用要素；

（3）为了调查中心的绩效管理水平，在“企业管理的满意度”栏目的2级纬度增加“绩效管理”项目，其中有“工作评价”和“工作业绩与待遇适合度”两项要素；

（4）由于原模型中要素过多，不利于未来进行调研及数据分析，所以将很多相近要素进行了合并，总要素控制在35个。

“某信息中心员工满意度模型”如表11－2所示：

表11－2　　某信息中心员工满意度表

1级（4个）纬度	2级（13个）纬度	3级（35个）纬度
1. 对工作回报的满意度	1. 物质回报	1. 工资收入
		2. 奖金
		3. 福利
		4. 社会保险
		5. 薪酬系统
		6. 假期
	2. 精神回报	7. 成就感
		8. 尊重与关怀
		9. 个人能力及特长的发挥
		10. 职位与权力
		11. 表扬与鼓励

续表

	3. 成长与发展	12. 培训机制
		13. 机遇
		14. 晋升
		15. 岗位知识培训
		16. 英语培训
	4. 奖惩管理	17. 物质或金钱奖励
		18. 评比优秀
2. 对工作背景的满意度	5. 后勤保障及支持	19. 食宿安排
		20. 劳保
3. 对工作群体的满意度	6. 内部和谐度	21. 沟通与交流状况
		22. 同事之间的人际关系状况
		23. 员工士气及心态
	7. 工作方法与作风	24. 责任感及能动性
	8. 人员素质	25. 现代观念
4. 对企业管理的满意度	9. 管理机制	26. 管理创新和改进
		27. 管理的连续性和稳定性
		28. 组织机构
	10. 管理风格	29. 管理才能
		30. 管理艺术
		31. 管理的有效性
	11. 制度	32. 制度建设
	12. 企业文化	33. 对企业的认同感及归属感
	13. 绩效管理	34. 工作评价
		35. 工作业绩与待遇适合度

在进行“某中心员工满意度调查问卷”设计时，我们注意了以下问题：

（1）为避免题目由于晦涩而造成被调查人的逆反心理，影响答题，我们对每个调查问题都采用单项选择的方式，题目和备选答案简明扼要，易于回答；

（2）为了提高被调查人回答的真实性，被调查人可以匿名填写本调查问卷；

（3）由于本调查问卷用于中心工作人员和外派人员两个不同群体，所以在编写题目时，尽量提高问题的通用性；

（4）为了解除被调查人的顾虑，使其放心回答，我们将本调查问卷的密级定为A级，任何信息都将严格受到保密；

（5）为了提高数据的有效性，我们规定，如果有超过50%的题目不作回答时，本问卷将作无效处理。

11.1.3 员工满意度调查问卷

某中心员工满意度调查问卷

调查问卷说明：

（1）本调查问卷共有35个问题，问题采用单项选择的方式，简明扼要并易于回答；

（2）你必须当天写完此份调查表；

（3）本调查问卷的密级为A级，任何信息都将严格受到保密，所以你可以放心作答；

（4）当你有超过50%的题目不作回答时，本问卷将作无效处理；

（5）请你按实际情况作答，否则将影响调查结果。

你的姓名：________（可以不填）所在部门：__________（可以不填）

你的职位：____________任职年限：____________

性 别：____________学历程度：____________

答题纸：

编号	答案编号					编号	答案编号				
1	A	B	C	D	E	19	A	B	C	D	E
2						20					
3						21					
4						22					
5						23					
6						24					
7						25					
8						26					
9						27					
10						28					
11						29					
12						30					
13						31					
14						32					
15						33					
16						34					
17						35					
18											

表 11－3　　调查问卷表

编号	问　　题
1	你对工资收入是否感到满意?
	A 非常满意　B 基本满意　C 不确定　D 不满意　E 极度不满意
2	企业奖金计算与给付是否合理?
	A 非常合理　B 基本合理　C 不确定　D 不合理　E 极度不合理
3	你对福利待遇是否感到满意?
	A 非常满意　B 基本满意　C 不确定　D 不满意　E 极度不满意
4	你对企业的社会保险是否感到满意?
	A 非常满意　B 基本满意　C 不确定　D 不满意　E 极度不满意
5	企业的薪酬系统是否合理?
	A 非常合理　B 基本合理　C 不确定　D 不合理　E 极度不合理

续表

编号	问　　题
6	你对假期的安排是否感到满意?
	A 非常满意　B 基本满意　C 不确定　D 不满意　E 极度不满意
7	你是否感到工作有成就感?
	A 肯定有　B 有时有　C 不确定　D 没有　E 肯定没有
8	你是否能够得到尊重与关怀?
	A 完全能够得到　B 基本得到　C 不确定　D 没有得到　E 肯定没有得到
9	你的个人能力及特长是否得到了发挥?
	A 完全能够得到　B 基本得到　C 不确定　D 没有得到　E 肯定没有得到
10	你认为企业的职位与权力是否相对应?
	A 非常对应　B 基本对应　C 不确定　D 不对应　E 极度不对应
11	日常工作中，你经常受到表扬与鼓励吗?
	A 经常有　B 偶尔有　C 不确定　D 没有　E 肯定没有
12	你对企业的培训机制感到满意吗?
	A 非常满意　B 基本满意　C 不确定　D 不满意　E 极度不满意
13	你是否常获得企业给予的机遇?
	A 经常有　B 偶尔有　C 不确定　D 没有　E 肯定没有
14	你的晋升机会多吗?
	A 非常多　B 较多　C 不确定　D 不多　E 肯定没有
15	你对企业岗位专业知识培训满意吗?
	A 非常满意　B 基本满意　C 不确定　D 不满意　E 极度不满意
16	你对企业的英语培训满意吗?
	A 非常满意　B 基本满意　C 不确定　D 不满意　E 极度不满意
17	你认为企业的物质及金钱奖励公正吗?
	A 非常公正　B 比较公正　C 不确定　D 不太公正　E 极不公正
18	企业评比优秀员工的方法是否合理?
	A 非常合理　B 基本合理　C 不确定　D 不合理　E 极度不合理
19	你对企业的食宿安排感到满意吗?
	A 非常满意　B 基本满意　C 不确定　D 不满意　E 极度不满意
20	你对企业的劳保感到满意吗?

续表

编号	问　　题
	A 非常满意　B 基本满意　C 不确定　D 不满意　E 极度不满意
21	你与同事之间的沟通与交流状况如何？
	A 非常顺畅有效　B 基本顺畅有效　C 不确定　D 难沟通　E 极难沟通
22	你对同事之间的人际关系状况是否感到满意？
	A 非常满意　B 基本满意　C 不确定　D 不满意　E 极度不满意
23	你觉得目前企业员工的士气与心态是？
	A 非常高昂心态非常好　B 基本高昂心态一般　C 不确定　D 不好　E 极度不好
24	你和周围同事的责任感及能动性如何？
	A 非常强　B 基本有　C 不确定　D 没有　E 极度没有
25	你认为企业同事的观念是否跟上了时代？
	A 完全跟上了时代　B 基本跟上时代　C 不确定　D 没有跟上时代　E 完全没有跟上时代
26	你对企业的管理创新及改进方面的工作是否感到满意？
	A 非常满意　B 基本满意　C 不确定　D 不满意　E 极度不满意
27	你对企业管理的连续性和稳定性感到满意吗？
	A 非常满意　B 基本满意　C 不确定　D 不满意　E 极度不满意
28	你认为企业的组织机构设置的是否合理？
	A 非常合理　B 基本合理　C 不确定　D 不合理　E 极度不合理
29	你对企业管理人员的管理才能感到满意吗？
	A 非常满意　B 基本满意　C 不确定　D 不满意　E 极度不满意
30	你对企业管理人员的管理艺术感到满意吗？
	A 非常满意　B 基本满意　C 不确定　D 不满意　E 极度不满意
31	你对企业管理人员的管理有效性感到满意吗？
	A 非常满意　B 基本满意　C 不确定　D 不满意　E 极度不满意
32	你对企业的制度建设感到满意吗？
	A 非常满意　B 基本满意　C 不确定　D 不满意　E 极度不满意
33	对你来说，你对企业有认同感和归属感吗？
	A 非常有　B 基本有　C 不确定　D 没有　E 极度没有
34	你认为企业是否对你的工作进行了正确的评价？
	A 非常正确　B 基本正确　C 不确定　D 不正确　E 极度不正确
35	你认为你的工作业绩是否与待遇相吻合？
	A 非常吻合　B 基本吻合　C 不确定　D 不吻合　E 极度不吻合

11.1.4 问卷调查实施及数据采集

“某中心员工满意度调查问卷”在××××年×月份由调查小组通过电子邮件的方式发送给在家休假的200名外派人员，并在中心中抽出100名有代表性的员工进行了调查。

截至××××年×月底，共回收问卷208份，其中无效问卷23份，有效问卷185份。在有效的185份问卷中，外派人员有效问卷95份，中心工作人员有效问卷90份。

11.2 访谈法

11.2.1 访谈实施

1. 访谈人员名单

调查小组于2002年3月份对中心的上级领导、中心领导及骨干员工进行了访谈，共计10人，中心上级领导1人，中心领导3人，骨干员工3人，新员工3人，由于有些员工对敏感的话题存在一定的顾虑，因此当时不便做记录，只有6人有明确的访谈记录。访谈人员清单如下（见表11－4）：

表11－4　访谈人员名单

访谈人员编号	职务	访谈时间	访谈地点
A1	中心上级领导	×月×日	领导办公室
A2	中心副主任	×月×日	副主任办公室
A3	中心中层经理	×月×日	洽谈室
A4	中心中层经理	×月×日	洽谈室
A5	中心骨干员工	×月×日	洽谈室
A6	中心新员工	×月×日	洽谈室

注：为了保密起见，访谈姓名用编号代替

2. **访谈问题清单**

访谈主要集中在以下问题：

- 对工作性质、工作内容的满意程度；
- 工作技能的发挥情况；
- 希望接受的培训情况；
- 与领导及同事的关系、沟通状况；
- 对薪资、福利、制度等看法和要求；
- 对企业与员工的交流沟通媒介的看法。

对于不同的人员，在访谈过程中有不同的侧重。

11.2.2 访谈纪要（见表11－5～11－10）

表11－5　　访谈纪要1

访谈人员编号：A1	职务：中心上级领导
访谈时间：×月×日上午	访谈地点：领导办公室
访谈内容纪要： 1. 通过近20年的发展，中心的发展是令人可喜的。特别是随着我国该领域的发展，中心也取得了不小的发展，已经成为了龙头老大。 2. 这几年市场竞争比较激烈，所以中心就要苦练内功，从管理上想办法。我们以前都是粗放式经营，现在要向集约型经营转变。向管理要效益是唯一的可行方案。 3. 虽然我主管中心工作时间不是很长，但也是看着中心发展和成长的。近几年中心的发展停滞不前，我也很担心。但是，只要敢想敢做，我想还是有出路的。 4. 具体地讲，就是大家要转变经营思路，要主动参与竞争，不要老认为自己是政府的单位。我们现在的用人机制和经营机制都是企业化的运作方式，从观念上改变自己的旧有思路是非常重要的。	

表 11－6　　　　　　　　　　　　**访谈纪要 2**

访谈人员编号：A2	职务：中心副主任
访谈时间：×月×日上午	访谈地点：副主任办公室

访谈内容纪要：

1. 虽然中心暂时遇到了困难，但我还是坚持认为中心的发展是很有前途的，中心的前途就掌握在我们自己手中。

2. 从中心内部来讲，中心是在政府的扶持下在国内无竞争对手的情况下发展起来的，中心并没有建立起一套完整的人力资源管理系统，出现了譬如没有一套外派人员招募程序，奖惩制度设计不合理，外派人员长期得不到培训，致使知识无法及时更新等问题。

3. 由于长期的粗放型管理，这样，长期以来就造成了外派人员和外派人员之间、外派人员和企业管理人员之间、企业管理人员之间都充满了矛盾。近几年中心年利润率以每年下降 11% 的速度在减少。

4. 目前最紧迫的问题是人才问题，人才的流失，特别是新进人才的大量流失让人痛心疾首。但要留住人才，关键是要转变管理机制，实施人力资源开发战略，这也是今后相当长一段时间中心的管理重点。

5. 中心一直有着高度和睦的人际环境，这种企业文化也有弊端；过分和睦会导致我们在工作时不得不考虑很多工作以外的事情。另外，工作一旦出现了问题，无法进行严格的奖惩。

6. 前一段时间中心曾经搞过一套新的薪酬体系，遗憾的是这套薪酬体系没有通过，对这套东西我是投赞成票的。为什么没有通过？我想主要的原因还是大家头脑中旧的意识在作怪。虽然口头上说“多劳多得，少劳少得”，但谁都见不得别人比自己拿得多，说到底，还是意识没有跟上。

表 11－7 访谈纪要 3

访谈人员编号：A3	职务：中心中层经理
访谈时间：×月×日下午	访谈地点：洽谈室

访谈内容纪要：

1. 我在中心工作的时间比较长，对中心也非常有感情，和领导相处得也比较好，虽然我是职能部门，但还是能够明显感觉到竞争的压力。说句实话，虽然这几年效益不好，但我感觉这几年的工作效率要比前几年还要好。前几年中心是“皇帝的女儿不愁嫁”，根本没有任何竞争。现在可不行了。

2. 我们都是国家公务员，所以各项福利比较好，具有一定的社会保障。所以对于中年人比较有吸引力，我们一些老员工尤其不愿意离开中心。但是这些福利保障并不能吸引年轻人，这些人更看重工资水平和奖金，希望能多劳多得，这种想法是好的，但我们现在还没有形成这样的机制。

3. 要说到中心管理中的问题，我感觉最大的问题就是没有形成一种奖惩机制，有时让人感觉有劲没处使。比如有段时间工作比较辛苦，领导能够体谅，经常问寒问暖，但在工资上始终没有体现，也没有一个说法。

4. 绩效考核这几年年年都在搞，搞得挺正式的。刚开始还比较新鲜，现在已经感觉无所谓了。主要是因为考评的结果没有落到实处。虽说考评制度中有很多奖励和处罚办法，但很少能够执行。有人在我们之前已经在中心工作了好多年，要处罚还真抹不开面子。

5. 关于培训，主要是专业知识方面有一些培训，真正技能上的培训没有。实际上，对很多人来说，培训是一种福利。有的时候，外出培训就是一种旅游。没有人会认真考虑什么岗位什么人应该进行什么样的培训。

6. 前一段时间中心搞了一个新的薪酬体系，我投的是反对票。因为我感觉这种薪酬分配方式不太公平。我们是职能部门，我们的工作很难量化，但是不能因为很难量化待遇就要比别人低。

表 11－8　　　　访谈纪要 4

访谈人员编号：A4	职务：中心中层经理
访谈时间：×月×日下午	访谈地点：洽谈室

访谈内容纪要：

1. 我们这个部门是一线部门，每个人都有自己的一摊工作，比较好管理，不过就是流动性太强。平心而论，中心还是有吸引力的，否则他们当初不会来应聘的。他们之所以没有留下，我想不光是待遇问题，用人也有问题。我们这个单位比较重视人情，大家相处得比较久就比较好办事。新来的不太适应，有的时候就吃亏。

2. 如果要说到重视人情好不好，不能一概而论。比如，如果一个部门经理不满意另外一个部门的新战略计划的话，该经理不会在正式会议上说明自己的反对意见，而是直接去说服（在工作之余，一边喝酒一边谈）一个老朋友——中心的主任，结果，这个计划可能会被突然撤销，甚至不告诉这个部门是因为什么。

3. 从最好的情况去估计，这种超越制度的做法可能使中心得到一定的灵活性：也许那个营销计划本身就很糟糕，如果通过正规程序去撤销它可能需要花几个月时间。但是，从最坏的情况去估计，这种做法则可能破坏忠诚、奉献精神以及士气。

4. 换言之，如果你是圈内人的话，圈子会很有作用，因为你了解有用的人，听得到有用的小道消息。而那些圈外人却往往在组织中有失落感，觉得受到了不公正的对待，或者完全不能对流程或产品产生任何实际的影响。

5. 绩效考核中心这几年搞得很正规，但是没有落到实处，实际上也很难落到实处。毕竟大家都相处这么多年了。奖惩方面的制度好定，实施起来非常困难，谁愿意去得罪人呢。

6. 专业方面的培训比较多，因为我们是一线的，中心比较重视我们的培训。至于其他部门我不太清楚。

7. 工资待遇我比较满意，主要是各方面的环境也比较熟悉，工作也比较舒心。所以工资高一些、低一些没有什么关系。不过，年轻人非常看重这些，经常在一起议论。

表 11－9　　访谈纪要 5

访谈人员编号：A5	职务：中心骨干员工
访谈时间：×月×日下午	访谈地点：洽谈室
访谈内容纪要： 1. 中心的福利还可以，工资有些低，关键是工资太死，奖金比较少。我比较喜欢这里的工作气氛，人情味儿比较浓，不像有些企业除了干活还是干活。 2. 培训我参加的不多，很多都是部门经理去参加。有时，他们学习完回来会给我们讲讲。我感觉培训比较重要，毕竟现在是市场经济，每个人都要考虑自己以后的发展。在一个地方工作一辈子不太现实，关键是要让自己在社会上有竞争力。 3. 中心的文化以高度和谐的人际关系为主，但很明显，新员工对这些不太适应，也有不同的看法。很多新员工无法适应这种以非正式管理为主导的管理局面，他们也无法在短时间内建立自己的“关系网”，致使在工作分配和待遇上感觉自己受到了不公的待遇，有时就会产生离职的想法。 4. 我们的考评都是由我们的部门经理进行的，每个季度都有，最后的结果会通知本人的。主要是评几个级别，也没有具体的分数，如果工作没有严重失误，一般大家都在合格以上。我感觉考评还是比较公正的。	

表 11－10 访谈纪要 6

访谈人员编号：A6	职务：中心新员工
访谈时间：×月×日下午	访谈地点：洽谈室

访谈内容纪要：

1. 我来中心只有 3 个月，还感觉比较新鲜，总体的感觉还可以，不过有些像大国企。

2. 刚来的时候副主任和我们部门经理都跟我们谈过话，主要是介绍中心的一些情况，正规的培训现在还没有。

3. 我来中心的动机很简单，希望找一个稳定的工作。像深圳这地方，稳定又不太累的工作不好找。待遇低一些也没有关系。

4. 我比较适应这里的环境，可能是性格比较外向吧。跟我一起来的有些同事不太适应，觉得缺乏挑战性。

5. 另外就是这里的人情味儿太重，中心的规章制度好像都是给我们新来的制定的。这里的老员工没有把制度当一回事的。

6. 前一段时间中心搞新的薪酬体系，我也知道这事，但我没有表决权。如果让我表决，我一定赞同。新的薪酬体系将工资的差距拉得很大，可能也就是这个原因才没有通过。不过我觉得，这样做才有奔头，才有刺激。

7. 跟我一起来的一些新同事，有的已经辞职了。他们都比较有抱负，也有才华，不希望在这里埋没自己的才能，因为很多事情，根本轮不到我们这些新来的做，我们只能打打下手。

11.3　调查数据处理

11.3.1　调查数据统计（表 11－11～11－13）

表 11－11　　　　1. 调查数据汇总

	问　　题	A	B	C	D	E
1	你对工资收入是否感到满意	0	25	61	97	2
2	企业奖金计算与付给是否合理	2	18	67	95	3
3	你对福利待遇是否感到满意	2	33	49	100	1
4	你对社会保险是否感到满意	1	90	77	17	0
5	企业的薪酬系统是否合理	3	41	21	118	2
6	你对假期的安排是否感到满意	15	87	55	25	3
7	你是否感到工作有成就感	30	65	71	17	2
8	你是否能够得到尊重与关怀	17	120	30	13	5
9	个人能力及特长是否得到发挥	17	98	44	22	4
10	职位与权力是否相对应	4	58	83	35	5
11	你经常受到表扬与鼓励吗	18	102	17	47	1
12	你对培训机制感到满意吗	3	17	71	89	5
13	获得企业给予的机遇多吗	5	42	98	39	1
14	晋升机会多吗	7	34	61	75	8
15	岗位专业知识培训满意吗	2	34	48	91	10
16	你对英语培训满意吗	4	27	25	120	9
17	物质及金钱奖励公正吗	2	41	68	71	3
18	评比优秀员工的方法合理吗	10	63	66	41	5
19	你对食宿安排感到满意吗	11	78	71	21	4
20	你对劳保感到满意吗	17	98	49	18	3
21	沟通与交流状况如何	10	69	75	27	4
22	你对人际关系状况是否感到满意	8	75	61	35	6

续表

	问题	A	B	C	D	E
23	员工的士气与心态怎样	9	60	62	47	7
24	责任感及能动性如何	18	92	48	24	3
25	观念是否跟上了时代	2	14	73	91	5
26	管理创新及改进方面的工作如何	3	45	69	62	6
27	管理的连续性和稳定性如何	7	90	65	20	3
28	组织机构的设置是否合理	2	42	94	38	9
29	对企管人员的管理才能感到满意吗	4	48	71	59	3
30	对企管人员的管理艺术感到满意吗	3	67	72	36	7
31	对企管人员的管理有效性感到满意吗	4	50	78	48	5
32	你对制度建设感到满意吗	9	76	72	24	4
33	企业有认同感和归属感吗	24	101	16	38	6
34	对工作是否进行了正确的评价	3	62	48	68	4
35	工作业绩是否与待遇相吻合	2	28	73	77	5

表 11－12　　　　2. 调查状况优劣排序

	问题	满意	一般	不满意
1	你对社会保险是否感到满意	▲		
2	你对假期的安排是否感到满意	▲		
3	你是否能够得到尊重与关怀	▲		
4	个人能力及特长是否得到发挥	▲		
5	你经常受到表扬与鼓励吗	▲		
6	你对食宿安排感到满意吗	▲		
7	你对劳保感到满意吗	▲		
8	你对人际关系状况是否感到满意	▲		
9	责任感及能动性如何	▲		
10	管理的连续性和稳定性如何	▲		

续表

	问　　题	满意	一般	不满意
11	你对制度建设感到满意吗	▲		
12	企业有认同感和归属感吗	▲		
13	你是否感到工作有成就感		▲	
14	职位与权力是否相对应		▲	
15	获得企业给予的机遇多吗		▲	
16	评比优秀员工的方法合理吗		▲	
17	沟通与交流状况如何		▲	
18	员工的士气与心态怎样		▲	
19	管理创新及改进方面的工作如何		▲	
20	组织机构的设置是否合理		▲	
21	对企管人员的管理才能感到满意吗		▲	
22	对企管人员的管理艺术感到满意吗		▲	
23	对企管人员的管理有效性感到满意吗		▲	
24	你对工资收入是否感到满意			▲
25	企业奖金计算与付给是否合理			▲
26	你对福利待遇是否感到满意			▲
27	企业的薪酬系统是否合理			▲
28	你对培训机制感到满意吗			▲
29	晋升机会多吗			▲
30	岗位专业知识培训满意吗			▲
31	英语培训满意吗			▲
32	物质及金钱奖励公正吗			▲
33	观念是否跟上了时代			▲
34	对工作是否进行了正确的评价			▲
35	工作业绩是否与待遇相吻合			▲

表 11－13　　　　　　　　　　3. 调查数据百分比统计

	问　　题	(A%)	(B%)	(C%)	(D%)	(E%)
1	你对工资收入是否感到满意	0	13.51	32.97	52.43	1.08
2	企业奖金计算与付给是否合理	1.08	9.72	36.21	51.35	1.62
3	你对福利待遇是否感到满意	1.08	17.84	26.49	54.05	0.54
4	你对社会保险是否感到满意	0.54	48.65	41.62	9.19	0
5	企业的薪酬系统是否合理	1.62	22.16	11.35	63.78	1.08
6	你对假期的安排是否感到满意	8.11	47.03	29.73	13.51	1.62
7	你是否感到工作有成就感	16.22	35.14	38.38	9.19	1.08
8	你是否能够得到尊重与关怀	9.19	64.86	16.22	7.03	2.70
9	个人能力及特长是否得到发挥	9.19	52.97	23.78	11.89	2.16
10	职位与权力是否相对应	2.16	31.35	44.86	18.92	2.70
11	你经常受到表扬与鼓励吗	9.73	55.14	9.19	25.41	0.54
12	你对培训机制感到满意吗	1.62	9.19	38.38	48.11	2.70
13	获得企业给予的机遇多吗	2.70	22.70	52.97	21.08	0.54
14	晋升机会多吗	3.78	18.38	32.97	40.54	4.32
15	岗位专业知识培训满意吗	1.08	18.38	25.95	49.19	5.41
16	英语培训满意吗	2.16	14.59	13.51	64.86	4.86
17	物质及金钱奖励公正吗	1.08	22.16	36.76	38.38	1.62
18	评比优秀员工的方法合理吗	5.41	34.05	35.68	22.16	2.70
19	你对食宿安排感到满意吗	5.95	42.16	38.38	11.35	2.16
20	你对劳保感到满意吗	9.19	52.97	26.49	9.73	1.62
21	沟通与交流状况如何	5.41	37.30	40.54	14.59	2.16
22	你对人际关系状况是否感到满意	4.32	40.54	32.97	18.92	3.24
23	员工的士气与心态怎样	4.86	32.43	33.51	25.41	3.78
24	责任感及能动性如何	9.73	49.73	25.95	12.97	1.62
25	观念是否跟上了时代	1.08	7.57	39.46	49.19	2.70
26	管理创新及改进方面的工作如何	1.62	24.32	37.30	33.51	3.24
27	管理的连续性和稳定性如何	3.78	48.65	35.14	10.81	1.62

续表

	问　　题	(A%)	(B%)	(C%)	(D%)	(E%)
28	组织机构的设置是否合理	1.08	22.70	50.81	20.54	4.86
29	对企管人员管理才能感到满意吗	2.16	25.95	38.38	31.89	1.62
30	对企管人员管理艺术感到满意吗	1.62	36.22	38.92	19.46	3.78
31	对企管人员的管理有效性感到满意吗	2.16	27.03	42.16	25.95	2.70
32	你对制度建设感到满意吗	4.86	41.08	38.92	12.97	2.16
33	企业有认同感和归属感吗	12.97	54.59	8.65	20.54	3.24
34	对工作是否进行了正确的评价	1.62	33.51	25.95	36.77	2.16
35	工作业绩是否与待遇相吻合	1.08	15.14	39.46	41.62	2.70

11.3.2　调查结果汇总

(1) 通过调查发现，在工作性质、工作内容方面大家都表现出了很高的满意度，许多员工都用了“很满意、比较满意”的字眼。

就这个问题更深入地探讨后，有的员工提出，希望可以在工作内容中加大对业务的了解程度，希望明确业务的每一步流程都是如何运作的；有的提出了轮岗的要求，希望自己可以把所有的流程都从事一遍，自己可以负责单独做一个业务。

(2) 谈到对本岗位是否已经充分发挥了你的技能这个问题时，对于大部分员工来说，这个岗位非常能体现自己的技能，有两个员工提出自己的技能还有很多，希望通过加大工作量、提高工作职位来充分发挥自己的技能。

(3) 在接受培训这个问题上，有95%的人都表示“不满意”现在的状况，因为没有接受到相应的培训，仅仅是在刚进企业的时候有一个简单的培训，但是，后来的新员工一点的培训都没有接受到。而且，在日常的工作中，有一些技术的问题征询别的同事的意见，都表现出保守的态度；而且在希望接受到更多的本行业的技术培训外，大部分人对财务知识、英语知识、WTO知识的培训表现出更高的兴趣；认为需要参与社会的活动，应该有更多丰富多彩的培训。在技术培训方面，希望更多的针对性，而不需要过多的表面化的东西。

在同技术部的深入探讨中得知，技术部每周都会组织一些小范围内的自我培训，大家普遍反映对这种培训的形式比较认同，而且效果良好；但是还是希望能够出去参与更多的外部培训，比如针对某个技术或程序的专业培训，更有助于个人能力的提高。

（4）在谈到工资、福利待遇等劳资关系中最敏感的话题中，所调查中的大多数人用了“不太满意”这个词，有15%的人用了“不满意”这个词，经过进一步的交流，问题主要表现在以下几个方面：

①在工资中没有体现学历的差异与工作年限的差异，实行的是“一刀切”的制度。干多干少都是一个标准，论资排辈的情况非常严重，没有体现多劳多得。分工不是非常明确，存在同一个岗位出现了同工不同酬的现象。使员工感觉到工资分配有不公平的现象，根据管理学中的亚当斯“公平理论”的描述，产生这种不公平感觉是极大的中心隐忧，而且，很多员工提出了现在比较流行的“项目制”的工资制度，提出如果项目提前完成的话，应该拿出一部分钱作为项目奖金发放，这样就可以激发更多的工作热情。

②在工资的发放过程中，没有出现工资的明细单，导致员工对自己的工资没有一个清楚的了解及计算方法，影响了工资的发放透明度。

③多数员工希望企业在福利方面提供更多的内容，比如发放节假日的奖金，各种岗位、交通、午餐津贴；比如组织更多的活动，例如春游、秋游、舞会、聚餐、体育活动、拓展训练等活动；其中大家最感兴趣的活动是郊游，员工普遍认为通过这些活动可以增强集体的凝聚力，可以和同事之间更好地沟通，也有助于彼此之间工作的融洽和谐。

（5）关于升职的问题，也是反映比较集中的问题。因为年轻人比较多，所以都希望有一套规范的升职流程。希望中心可以提出明确的升职制度来说明什么样的员工可以升职，然后大家朝着这个方面努力工作。

（6）多数员工认为企业高层应该有一种媒介和员工进行及时的沟通，并关心员工未来的职业发展和个人成长。60%的员工认为这种沟通1个月1次，40%的员工认为3个月1次。沟通的形式最好是面对面。还有的员工提出了设置意见箱、网上邮件的方式进行隐蔽的沟通。总之，员工们都认为加强企业管理层与普通员工之间的及时交流非常有助于工作。

11.3.3 员工满意度调查应避免的七大误区

员工满意度调查是公认的能够衡量、监控和管理员工满意度的一个工具。但这里有个坏消息：随着员工满意度调查运用的日益广泛，也产生了日益增多的滥用现象。总部设在美国芝加哥的国际调查研究公司 International Survey Research（ISP）发现，为了有效地利用这个管理工具，应避免以下七种误区：

1. 时机选择不恰当

员工满意度调查越来越多地被运用于公司面临重大变革或者剧变的时候。调查成为组织重组的一种工具——它不是为了提供有用可行的信息，而是为决策服务。在公司面临重大变革的时候，员工的想法会有很大的波动。当调查结果出来的时候，员工的想法已经发生了很大的变化，为什么要选择在这个时机做调查呢?

其实，可行的办法是进行低调的定性的访谈来判断目前的变革对员工想法的影响。这能够帮助管理者决定是否需要一个全面的调查，同时帮助他们关注员工目前的想法。

2. 一不做二不休

ISP 发现，许多公司急于调查所有员工的意见，而事实上，调查 20% 甚至更少比例的员工就可以比较准确地得到全体员工的满意度情况（但要这个公司的人数超过 2000 人）。对全体员工进行满意度调查的难点在于如何通过表格形式整理这些数据，如何解释这些数据以及如何作出反应。“全民普查”会发现许多问题，而所有这些问题都不是马上可以解决的。这就会给公司造成麻烦，尤其是对第一次进行调查的公司，因为员工会在参与调查的过程中提高期望值。

可行的办法是采用抽样调查的方式，同时在需要特别关注的或战略上对公司未来绩效有重大影响的部门，进行全民普查。

3. 调查过于频繁

许多公司进行年度、半年甚至季度的员工满意度调查。通常，调查的结果只有很小的变化——即便是年度性的调查。因此，在一年的时间内进行一次以上的员工满意度调查是一种浪费，没有什么明显的效果。而且，这样做可能对生产率带来负面影响，因为公司难以如此迅速和频繁地满足员工的期望（调查提升了员工的期望值），这将导致员工士气低落。

正确的做法是避免“调查瘾”，当上一次的调查带来实际的改善之后，再开展下一次的调查。调查的频率和调查的深度将取决于公司的规模。

4. 调查过于简单

因为一些公司过于频繁地面向所有员工做满意度调查，因此它们试图简化调查的过程，采用简化的员工满意或员工激励调查指标，这就有可能会偏离研究人员和管理者希望了解影响员工士气关键因素的愿望。这也降低了调查指标的有用性，因为它们不能有效地解释员工满意度的偏差

解决的办法是设计出一个有效的员工满意度调查指标。这需要在获取完整问卷结果的基础上，进行二次统计分析。这样得出的调查指标就具有很强的解释性和预测性。

5. 参与调查的团队人数太少

为了要了解对员工士气有负面影响的问题，高级管理层倾向于针对若干人数很少的团队（不超过10人）进行调查。给予本土管理者更多的责任和权力，在理论上是行得通的，但是实际上这种方式可能并不能达到预期效果。一个人可能就会影响到25%的总体结果，使整体团队实际的满意度情况发生严重偏差。而且如此小范围的调查，匿名性基本上得不到保证。由于员工知道他们可以对直接上司的结果施加影响，员工满意度调查会变得政治化。

所以，一次成功的调查通常在不少于20人的团队中开展。

6. 将调查结果和奖金联系在一起

由于员工满意度对公司的重要性仅次于客户服务和盈利率，所以许多公司会根据员工满意度调查的结果来决定发给管理者的奖金。这样做自然有一定的价值，但是这也可能导致调查被滥用。一个管理者如果觉得自己可能有失去奖金的危险，那他或她可能会在调查开始前的几周之内“迎合别人的趣味”，来影响调查的结果。因此，员工满意度可能由于投机性的操纵而短期内获得提高，但对公司的长期业绩而言则有害无益。

可见，如果具有限制操纵结果的严格规定的步骤和协议，并且考虑到长期的利益，那么根据员工满意度调查结果来奖励管理者也不失为好的方法。

7. 随意设定调查目标

公司常常会根据去年的调查结果为今年制定随意的并且往往不切合实际的员工满意度目标。仅仅根据去年的满意度调查结果，设计出满意度调查指标并且随

意地推断出增长幅度，这就没有认识到调查原则，或者没有认识到调查的“常规模式”。

举例来说，一个过渡时期的公司（正在经历变革的公司）在福利方面获得了51%的满意度，今年可能就会制定60%的目标。这很可能是不切实际的，因为表现非常优异的公司的常规模式只有59%。不了解其中可能的得分范围，设定改进目标会成为拍脑袋的过程。

可行的办法是请教在员工满意度调查方面有经验的专家。希望自己来完成调查的公司不仅难以取得好的效果，而且可能会遗漏一些关键的问题，试图修补没有破的锅而白白浪费资源。

11.4 企业管理现状分析

在前面，我们主要对定量调查进行了数据汇总和统计。在本节中，我们将运用前面数据统计的结果，并结合定性调查的记录对员工满意度调查结果进行综合分析。

11.4.1 薪酬管理现状分析

根据问卷调查，被调查者中对“工资收入”的满意率仅有13.51%，“奖金计算与付给”的满意程度仅为10.8%，“福利待遇的满意率为18.92%，“社会保险”的满意率接近50%，“薪酬系统”的满意率不到25%。从上述数据可以看出：被调查者对薪酬体系、薪酬水平及奖金发放方式普遍感到不满，值得欣慰的是，有一半的员工对“社会保险”感到满意。

在访谈中，我们也发现了类似的问题。一位中心中层经理曾经谈到：“我们都是国家公务员，所以各项福利比较好，具有一定的社会保障。所以对于中年人比较有吸引力，一些老员工尤其不愿意离开中心。但是这些福利保障并不能吸引年轻人，他们更看重工资水平和奖金，希望能多劳多得，这种想法是好的，但我们现在还没有形成这样的机制。”

根据马斯洛的需求层次理论，人类的需求分为五个不同的层次：生理需求、安全需求、归属需求、尊重的需求和自我实现需求。这些需要从基本需求开始排列，依次上升到最高需求。只有首先满足了员工的基本需求，满足员工的高层次需要才有意义。所以，薪酬问题是人力资源管理中应该首要解决的问题，只有解决好这个问题，解决其他问题才有效果。

（1）存在问题：

①薪酬制度无法反映出不同岗位的区别；

②有相当一部分的员工对目前的奖励制度不满意，认为存在“人为”和“论资排辈”的现象，有失公平。

（2）产生原因：

①薪酬系统中的级别是按照员工职务高低来分级的，反映不出岗位的重要性；

②有些主管没有受过严格的管理培训，对执行“绩效考核管理办法”中的评定标准理解不正确，从而无法对员工工作结果做出客观的评价，而是根据自己的一部分主观判断及员工的资历进行资金的分配。

11.4.2 绩效考核管理现状分析

在问卷调查中，有35.13%的被调查者对“工作是否进行了正确的评价”感到满意，只有16.22%的被调查者认为“工作业绩与待遇相吻合”。这表明被调查者对绩效考评管理的满意度不高，其中与“是否正确评价”相比，更多的人认为工作业绩与待遇没有吻合。

在访谈过程中，受访人员也表示了相同的看法，他们普遍认为，虽然中心考核的过程比较细致，并且考核的方案中明确说明考核与人事的升迁、工资的升降等方面挂钩，但最后的结果总是不了了之，没有任何下文。另外，中心比较重视对中层管理人员的考评，而对于普通员工的考评则由各部门领导具体掌握，这也就造成了各部门员工对考评管理评价不一。

绩效考核工作中心一直在进行具体由中心人事部负责绩效考核制度的制定和实施。中心目前的做法通常是由企业的高层领导与相关的职能部门人员组成考核小组。

考核的内容主要包含三个方面：被考核单位的经营管理情况，包括该单位的财务情况、经营情况、管理目标的实现等方面；被考核者的德、能、勤、绩及管理工作情况；下一步工作打算，重点努力的方向。具体的考核细目侧重于经营指标的完成、政治思想品德。对于能力的定义则比较抽象。各业务部门（分企业）

都在年初与总企业对于自己部门的任务指标进行了讨价还价。

对中层干部的考核完成后，企业领导在年终总结会上进行说明，并将具体情况反馈给个人。尽管考核的方案中明确说明考核与人事的升迁、工资的升降等方面挂钩，但最后的结果总是不了了之，没有任何下文。

公平理论认为，员工在工作中所注意的，并不是自己所得的绝对值，而是与他人比较的相对值。也就是说，员工通过与他人的比较来做出判断，从而指导他们下一步的行为。如果绩效考评的结果没有落到实处，就会“干多干少一个样”，从而使中层干部产生不公平的感觉，进而降低了工作效率。

对于一般的员工的考核则由各部门的领导自己掌握。分企业的领导对于下属业务人员的考核通常是从经营指标的完成情况（该企业中所有子企业的业务员均有经营指标的任务）来进行的；对于非业务人员的考核，无论是总企业还是分企业均由各部门的领导自由进行。通常的做法，都是到了年底要分奖金了，部门领导才会对自己的下属做一个笼统的排序。进行到第二年时，大家已经丧失了第一次时的热情。第三年、第四年进行考核时，员工考虑前两年考核的结果出来后领导对于业绩差的或好的并没有多大区别，自己还得在他手下干活，领导来找他谈话，他也只能敷衍了事。被考核者认为年年都是那一套考核方式，没有新意，失去积极性，只不过是领导布置的事情，不得不应付。

（1）存在问题：

①对考核定位的模糊与偏差；

②绩效指标的确定缺乏科学性；

③受领导主观印象影响较大；

④考核周期的设置不尽合理；

⑤绩效考核与其前后的其他工作环节衔接不好。

（2）产生原因：

①领导缺乏必要的考核培训，容易使领导对员工印象由于员工在考核前好坏而受影响；

②部分中层领导刚刚提上领导岗位，对评定标准的掌握不准确；

③缺乏可衡量、操作的标准。

11.4.3 绩效考核中的正向激励之伤

绩效考核的正向激励手段，一直被管理者和员工所推崇。事实上，正向激励是一把双刃剑，有极强的导向作用，如果导向偏离，将对员工的履职行为和业绩产生负面效果，甚至危及整个绩效考核体系的功能，使绩效考核流于形式。

1. 正向激励也有错

王经理是某大型国有企业行政部的负责人。某年该公司分企业、部门和员工三个层次推行绩效考核。根据考核制度，员工月度绩效考核成绩占 80%，年度综合评价占 20%。王经理在考核过程中，奉行正向激励的原则，部门内部月度考核得分采取加分法，即员工基本得分为 100 分，在此基础上进行加分。因此，王经理所在部门员工得分均在 100 分以上。王经理解释，这是一种数学游戏，实际上不加就是减。

小李是行政部的员工，这一年 1 ~ 11 月，小李的月度评价得分都是 100 分。到了 12 月份，年度业绩考核时，小李得分为 100 分，但其他同事均在 100 分以上，小李是部门最后一名。公司人力资源部建议对小李进行末位淘汰。

小李接到考核结果运用建议后，向公司绩效考核委员会提出了申诉：一是每个月考核都是满分，怎么到了年底成了淘汰对象；二是如果日常工作中存在问题，为什么不指出问题，让我改进，100 分的考核结果使我无法对自己的工作业绩进行客观的评价。

绩效考核委员会受理了申诉，但最后仍然坚持考核制度的刚性，对小李进行了末位淘汰。小李在接到公司的解聘通知时，对王经理说，正向激励其实比负向激励更残忍。

同一单位财务部的刘经理采取了和王经理不太一样的正向激励方法。在平时打分时大家一视同仁，部门内 20 个员工，全部都得 100 分，奖金也是平均分配，大家都觉得不错。到年底了，按照月度得分和年度 360 度考核得分加权求和。因为平时得分大家都一致，所以最后只能通过 360 度考核拉开差距。

结果出来以后，大家发现平时工作不积极、不吭声不出气的老好人老贾得了最高分，评为优秀员工。而平时工作任务最重的小苏则因为性格比较外向，常常就工作和同事进行激烈的讨论，并且还出现过一次工作失误，因而被评为末位。小苏总结，今后要注意处理好同事关系，在工作中不出风头。

我们在绩效考核过程中，常常强调正向激励的使用，却引发了倡导 A，却奖励了 B 的问题，导致绩效考核的导向偏离。

2. 片面选择正向激励的原因

（1）员工对绩效考核心存疑虑。绩效考核结果在薪酬、培训、岗位动态管理、劳动合同、职业生涯发展等方面的运用，都牵涉员工的切身利益。由于绩效考核推进初期员工思想认识不到位，体系不健全，员工对考核过程的公正性、考核方式的合理性会产生质疑。所以，在考核方式的选择和接受上，更容易倾向于以奖励为主的正向激励，否定和抵制负向激励。

（2）部门负责人认识偏差，一是不清楚，或者否定绩效考核工具的作用，认为绩效考核只是一种工作形式，二是不愿意面对矛盾，出于对矛盾的回避，往往会选择加分的方式进行处理；三是管理方式上，推崇正向激励管理，过于依赖正向激励的作用。

（3）企业文化一团和气。在计划经济体制下，长期以来形成的“家”的文化氛围，使企业内部在面临问题时，在文化导向上倾向于采取一种温情脉脉的处理方式。以业绩为导向的文化氛围没有形成，或者处于弱势。对业绩不合格的员工，宁愿“资源闲置”，也不愿意进行负向激励。

（4）绩效考核制度设计不合理。在考核制度设计时，有两种倾向，一是过分地强调正向激励，没有对需要进行惩戒的内容进行明确说明，或避而不谈；二是过分地强调考核结果的惩戒运用，激化矛盾。或者干脆把矛盾交给员工，交给人力资源部。

3. 片面选择正向激励的危害

（1）导致业绩导向偏离。如：案例引申中所叙述，容易出现倡导 A 却奖励 B 的蠢事。无法通过绩效考核，引导员工去做企业让他做的事，不做企业不让他做的事。企业战略无法通过绩效考核在员工层面落脚。

（2）无法科学评价员工，有效提升绩效。只用正向的方式评价，员工只看到工作好的一面，没有看到不足之处，无法对自己的业绩进行全面的评价，无法进行有针对性的绩效改进。

（3）可能会给绩效考核系统带来致命的打击。以正向激励代替“正负激励”，将使绩效考核成为企业、部门和员工心知肚明的“走形式”。最终不堪其烦，对经营管理产生负面作用，导致执行不力，绩效考核体系分崩离析。

（4）滋长消极文化，容易形成一团和气式的思维和工作方式，不利于管理者和员工正确地面对矛盾和解决矛盾，企业很难形成与市场竞争机制相适应的业绩导向文化。

4. 正负激励该如何结合

（1）倡导和强化绩效考核体系的业绩导向。

要重视和加强绩效考核推进初期，公司高层、中层和员工三个层次的绩效考核宣传，使全体员工认识绩效考核，强化绩效考核的业绩导向作用。要让每一位员工清楚自己岗位考核内容，如何考核和考核结果怎样使用。

（2）根据企业实际，在制度设计上处理好正负激励的组合。

要紧紧围绕企业倡导什么，鼓励什么，对正负激励手段进行优化组合。一方面不能只奖不惩，让管理者找不到管理的依据；另一方面又不能惩罚过重，让管理者不愿意使用。

要在制度设计上，将绩效考核落实到基于岗位职责和岗位履职行为的考核。明确哪些是要进行负向激励的指标，是惩戒性质的，哪些是正向激励的指标，是奖励性质的。让绩效考核制度成为管理者的管理工具，而不仅仅是人力资源部的制度。

（3）坚持绩效考核推进初期的负向激励使用。

在国有企业推行绩效考核的初期，必要的负面激励使用是可行的，应该通过考核结果的负向激励使用，强化绩效考核在经营管理工作中的导向作用，使各级管理者和员工重视绩效考核，随着绩效考核工作的推进，可以逐步完善正向激励的内容。

（4）注重和加强绩效考核的考核过程沟通。

加强对员工日常考核结果的当期反馈，管理者要成为员工提高绩效的导师。加强正向导向的激励作用，配合负向激励的负强化作用，使绩效考核一张一弛。确保绩效考核工作对提升企业经营业绩和促成员工成长方面的积极作用。

（资料来源：林开新、张爱艾，《绩效考核中的正向激励之伤》，《中外管理》2006 年 7 期）

11.4.4 培训管理现状分析

通过问卷调查得知，在所有被调查者中，仅有 10.81% 对“培训机制”感到满意，19.46%的人对“岗位专业知识培训”感到满意，16.75%的人对“英语培训”感到满意。这表明中心员工普遍对培训及培训机制感到不满。

在访谈中我们发现，中高层管理人员与普通员工对培训满意度有所区别，中高层管理人员普遍对培训感到满意，而普通员工对培训普遍感到不满意。通过进一步了解，我们发现中心对中高层管理人员的培训与普通员工的培训投入是有区别的。对于中高层管理人员，特别是高层管理人员每年都有外派培训的机会，另外，中心也经常请一些专家来进行讲座，而这些培训是与普通员工无缘的。中心每年大部分的培训经费主要花费在中高层管理人员身上。

麦戈莱伦的成就需要理论认为，不论是什么人，并且不论他们在什么样的社会环境或家庭环境下，拥有什么样的学历，或经历过哪些事情，他们都具有三个方面的需要：成就需要、权利需要和友情需要。作为普通员工，虽然岗位级别较低，但他们同样有成就需求，通过培训提高自己的技能，从而获取工作中的成就，是他们自然的欲望。

（1）存在问题：

多数员工反映对本中心培训计划安排和与本人相关的培训内容不了解。有些培训计划没有坚持贯彻落实下去，往往虎头蛇尾。

①培训缺乏系统性；

②培训需求的分析不够具体（甚至没有分析）；

③培训课程的开发与集团的总体战略目标的有机结合较弱；

④培训信息和资源没有很好地共享；

⑤培训工作记录不完善（甚至不存在或不可查询）；

⑥总部和各分企业培训经费和资源存在浪费。

（2）产生原因：

①因为某中心的子企业及分支机构较多，母子企业的培训管理教育各自为政，没有进行统筹计划安排，不但造成资源的浪费，还使得员工对中心的培训制度产生混淆及不解；

②没有确定岗位的标准技能，因而无法对各类岗位做出针对性的培训计划；

③培训计划的制订是单向地由上至下而决定的，忽略了员工本人的意见及要求，因此不够切合实际；

④培训制度的管理力度不够，缺乏相应的配套措施予以监控；

⑤外部培训提供者缺乏对本行业及中心基本情况的了解，使培训难以达到应有的效果。

11.4.5 内在激励机制现状分析

赫茨伯格的双因素理论认为，一些工作因素可以使员工产生满足感，而另一些因素只能消除员工的不满足感（而无法产生满足感）。前者称为激励因素，而后者则称为保健因素。

赫茨伯格认为，主要的激励因素是工作对员工的吸引力，所以要注意通过工作本身来调动员工的积极性。导致员工对工作满意的因素往往与工作内容和工作本身的特点有关（即激励因素）；员工感到不满意的因素则往往与工作环境或外部因素有关（即保健因素）。

在现代企业，职工价值观念的优劣、精神状态的好坏、技术水平的高低等等，对生产经营活动有着直接的巨大影响。从这种意义上来说，企业文化建设也是企业的一种生产活动，它的产品就是广大职工从事生产经营活动的积极性、主动性和创造性。强有力的企业文化能够激发和提高职工的劳动热情，并通过职工的创造性劳动向社会提供比以前更多、更好的劳动成果，最终表现为企业经济效益的提高。

应当说，某中心是一个强调精神激励的单位，这一点在问卷调查中也得到了印证；比如有 51.36% 的被调查者认为在工作中感到了成就感，有高达 74.05% 的被调查者认为自己能够得到尊重与关怀，有 64.87% 的被调查者认为自己能够经常受到表扬和鼓励。

在访谈中我们得知，中心的最高领导者对每一个新来的员工教导的第一句话就是："先做人，后做事。"这样一来在中心内部形成了一种高度和睦的人际关系，中心的这种高度和睦的人际环境形成了这样一种企业文化。（1）大多数员工认为，在这样一种环境中，工作很愉快，其有助于形成良好的士气和集体精神；（2）和睦的环境往往也有助于开发创造力，因为它培育团队精神、信息共享习惯以及敞开接受新思想的精神，并且允许自由地表达和接受冲破禁区的想法；（3）高度和睦的人际环境还能创造一种和谐的环境，促使人们更努力地工作以帮助同事。

但是，这种高度和睦的人际环境也有弊端。过分和睦使不良工作绩效得到宽容。没有人想指责或解雇一个朋友。将下级的工作绩效当作一个员工的个人问题来理解和原谅是比较舒服的。而且，这样的人际环境通常以过分强调团结一致为特征。也就是说，朋友们往往不情愿互相争执或批评。在企业环境中，这种倾向很容易导致制止有关指标、战略甚至是导致形成简单的工作方法的结果。

此外，高度和睦的人际环境往往还会引发派系和非正式的、暗地的小圈子，他们会超越或损害组织的预定程序。但这并不是说具有高度和睦人际环境的企业缺乏正式的组织结构。相反，很多这样的企业都具备森严的等级制度。然而，友情及非正式的小圈子使等级制度发挥不了作用。

在访谈中我们还发现，新员工和老员工对这种高度和谐的人际关系环境有着不同的看法，很多新员工无法适应这种以非正式管理为主导的管理局面，他们也无法在短时间内建立自己的“关系网”，致使在工作分配和待遇上感觉自己受到了不公的待遇，从而产生了离职的想法。

例如，如果一个部门经理不满意另外一个部门的新战略计划的话，该经理不会在正式会议上说明自己的反对意见，而是直接去说服（在工作之余，一边喝酒一边谈）一个老朋友——本中心的主任。结果，这个计划可能会被突然撤销，甚至不告诉这个部门是因为什么。从最好的情况去估计，这种超越制度的做法可能使中心得到一定的灵活性：也许那个营销计划本身就很糟糕，如果通过正规程序去撤销它可能需要花几个月时间。但是，从最坏的情况去估计，这种做法则可能破坏忠诚、奉献精神以及士气。换言之，如果你是圈内人的话，圈子会很有作用，因为你了解有用的人，听得到有用的小道消息。而那些圈外人却往往在组织中有失落感，觉得受到了不公正的对待，或者完全不能对流程或产品产生任何实际的影响。

某中心从一开始就是一个强调激励的企业，它所建立的特有的企业文化、核心价值观、宽松的工作氛围和企业环境等等，对于鼓舞员工士气、增强企业整体的凝聚力起到一定的作用。但是，同时也应看到，正是由于企业的发展及扩张，产生了如下的问题：

（1）存在问题：

①部分新员工对某中心的企业文化及价值观不接受，因此可能会出现分歧，甚至出现出走；

②新员工缺乏初期进入企业的员工的强烈认同点,缺乏精神上的归属感；

③部分员工认为所在部门岗位设置不合理，岗位状况不很理想，没有“因岗

设人”，因而无法发挥自己的专长；

④很多员工认为缺乏个人成长与发展的机会，“看不到前途”，与刚刚加入企业时的期望有背离。

（2）产生原因：

①早期进入企业的员工经过创业维艰的阶段,是与某中心一起成长的,对企业有深厚的感情,与后期企业稳定发展期进入的员工有相当大的差别；

②主管与下属之间缺乏沟通，并不知道下属的真实想法，企业也缺乏岗位轮换及员工内部工作流动方面的规定，未做到人尽其才；

③员工缺乏非技能方面的培训及“个人职业生涯设计”，因而无法认清个人在企业的发展方向；

④某中心的文化缺乏强烈的同化性、兼容性和消化力。

11.5 调查结果的应用

11.5.1 人力资源开发模型设计思路

通过前面的调查结果分析，我们可以发现：建立以外部激励与内部激励相结合的激励机制是某中心未来人力资源开发的核心。

激励就是驱动力，建立激励机制的目的就是通过建立企业完善的政策来发挥员工的潜能，鼓励员工为实现企业的目标而努力工作，并取得良好的绩效。某中心企业从创建开始就是一个很强调激励的企业，特别是其特有的企业文化及价值观，吸引了许多人才，并使他们在某中心得到发展。但是，随着社会环境的改变，某中心经营的发展和人员、机构的改变，员工对企业的激励机制也有了新的期望和要求。近来，某中心相当多的员工认为激励不够，对目前的激励机制不满意，因此，对某中心企业现有的激励机制进行再设计已是当务之急了。

激励机制就是要研究员工对工作的需求是什么，研究如何对待和评价员工的工作，怎样对自己的工作有成就感，并激发员工努力工作的热情。在激励机制的设计中，报酬和福利是让员工满意的重要因素，事业发展和接受培训是相对重要的激励因素，公平和竞争的工作环境是员工对单位的追求。这是激励机制设计的最基本的思路来源。

中心的激励机制要系统地来考虑，既要有外在的激励因素，也要有内在的激励因素；既要有对员工报酬性的物质激励，也要重视中心的工作氛围、工作环境和中心的企业文化对员工的精神激励。

通过前面对某中心管理机制现状的评价和分析，总的来说，某中心激励机制的再设计将主要集中在以下几个方面的内容：

（1）实施以人为本的管理方式和柔性管理，创建良好的工作氛围，给有创造力、实践力的优秀员工以充分发展空间和机会；

（2）区分不同岗位类别,结合人才市场现状,制定更合理的薪酬体系；

（3）根据有效性、条理性、系统性及资源的共享性原则完善培训管理体系；

（4）实施多元化、更有针对性的激励手段；

（5）建立灵活和有竞争力的机制,特别是要注重长期激励机制的建立,以适应不同产业、不同区域、不同岗位员工对激励的不同需求,推进激励机制成为调动员工积极性和创造性的有效手段,成为中心长期发展的制度保证。

11.5.2 人力资源开发模型的建立

某中心人力资源开发可以分为外部激励机制和内部激励机制两大部分。薪酬激励体系是激励机制中的基础部分,应首先完善;绩效考评体系的建立关系着薪酬激励体系是否能够在企业有效实施,而培训体系可以看作是一种长期激励。上述三个体系同属于外部激励机制。某中心的内部激励机制可以分为企业文化与核心价值观、工作设计、成长与发展设计三个方面。

某中心人力资源开发模型如下图 11－1 所示：

11.5.3 薪酬激励体系设计

从调研结果分析情况来看，我们可以把某中心薪酬激励体系设计的原则归纳为以下几个方面：

1. 提高薪酬的竞争优势

中心整体薪酬水平在同类行业中的高低取位取决于中心的薪酬战略，这里主要的问题是不一定要领先，但与平均水平持平是必要的。中心员工平均受益一旦与同类可比行业平均水平的差异达到 20%，且同时持续时间较长，薪酬杠杆对员工稳定性的负面影响将对企业人力资源保持构成严重影响。中心目前企业内部

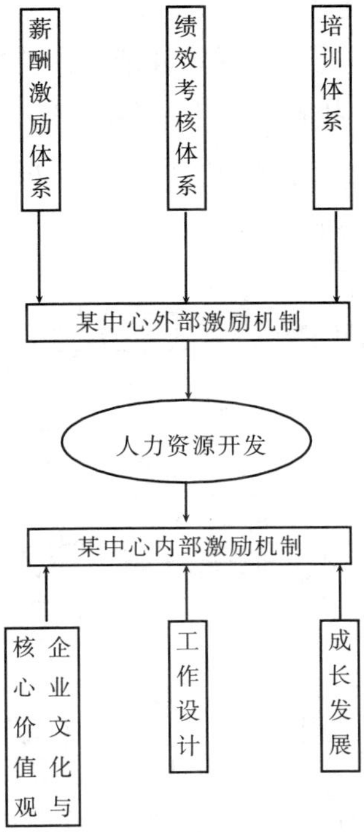

图 11-1　某中心薪酬激励体系设计图

员工个人认知的本企业薪酬水平比较低，建议在严格控制薪酬成本的前提下适当弥合与平均水平的差距。

2. **量化付酬，肯定个人贡献**

个人在中心内部的价值创造需要有量化和均衡的度量工具和评价制度，使作出贡献者得到肯定，更重要的是为达到薪酬分配的内部公平提供基础和依据。

3. **确保公平与公正**

从员工感受上讲，薪酬的内部公平与否比对外竞争力的高低刺激更大，目前的主要问题是由于缺乏评价职务贡献高低的统一标准和有说服力的度量模板，无法使员工从心里认同内部分配是公平的。

4. **有效地运用资源与法定福利**

法定福利需与员工现实需求相结合，并且使员工看到中心的付出，总体说还是一个员工个体感知的问题。

5. **让员工了解中心的薪酬制度**

游戏规则必须保持透明，透明的规则才能确保在实际运行中的简单和效率，也避免和控制不必要的误解和执行过程中的各部门领导主观因素的介入。

根据上述薪酬激励体系设计原则，结合某中心薪酬管理现状，某中心薪酬激励体系设计模型如下图 11－2 所示：

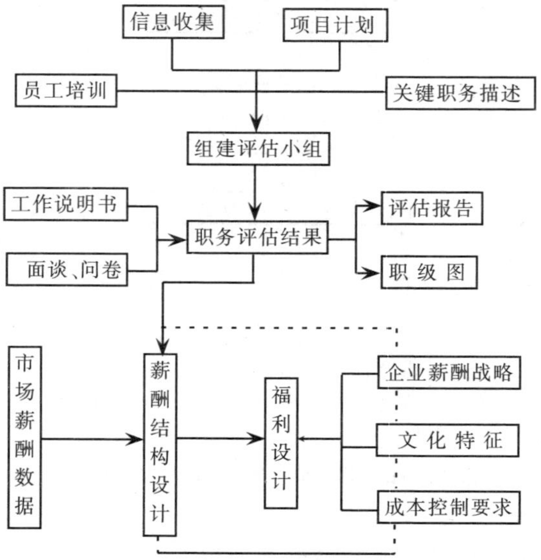

图 11-2 某中心薪酬激励体系设计模型图

具体而言，某中心的薪酬激励体系设计可以通过以下 9 个步骤来实施：

1. **信息收集和项目计划**

收集中心现有人力资源薪酬激励体系以及相关的详尽内部信息，重点为实施过程中存在的主要矛盾和关键职务（职务）信息。

2. **员工培训（与 1 同步进行）**

向中心员工及外派人员代表介绍科学的薪酬体系和实践，阐述薪资管理的机理和原则，修正观念并强调改革中心奖励制度的必要性。

3. **关键职务描述的完善**

完善中心关键岗位职务说明书，通过个别面谈、团体面谈、调查问卷、同业标准参照等多种方式，明确关键职务特征，确定相应职务（岗位）的价值要素。

4. **组建职务评估小组**

组建评估小组，评估关键（基准）职务对中心价值的相互比重，作为薪酬评价和薪酬体系构建的依据。

5. **评估要素的确定**

进行职务评估培训，确定评估要素，设计问卷。

6. **评估**

依据工作说明书，通过多角度人员面谈、问卷形式，由评估小组对关键职务进行评估，并由项目小组审阅全部职务考核结果。

7. **评估结果分析**

总结评估结果，完成评估报告和职级图。

8. **薪酬结构设计**

取得中心所有基准职位的竞争性市场数据，根据市场薪资数据和职务评估结果，拟定薪资结构。

9. **福利设计**

根据中心薪酬战略、文化特征和成本控制要求，分析各种薪资政策手段的优缺点，设计中心作为薪酬补充部分的福利政策。

11.5.4 绩效考核体系设计

绩效考核制度虽然不是激励机制的一部分，但是当管理者就发展需求、提升、增加工资、解雇、转岗、接纳培训计划等领域做出决策时，绩效考核制度起着不可缺少的基础作用，因此在对某中心薪酬激励机制进行设计的同时，对其绩效考核制度的设计也是十分的必要。有效的绩效考核制度应具备四个特点：一是标准的可考核性；二是考核体系须运作迅速、反馈快；三是可操作性强；四是公平。

某中心的绩效考核体系设计，总体来说，应该遵循以下设计思路：

首先，考核结果必须与利益紧密挂钩，如奖金、提级、任岗任职，特别是前两项；

其次，考核结果应帮助员工提高能力，通过考核得出结论，确定其适合哪一类岗位，一方面可以通过它调整岗位，另一方面也可通过培训提高员工某些技能，进一步适应工作岗位；

最后，创造一种公平感，使员工看到自身的努力得到中心的认可，从而找到公平公正的位置，达到一种精神鼓励的目的。

根据上述绩效考核体系设计原则，结合某中心绩效考核管理现状，某中心绩效考核体系设计模型如下（如图 11－3 所示）：

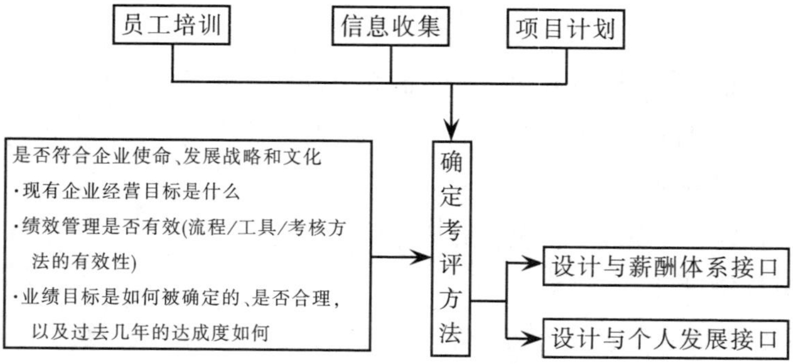

图 11-3　某中心绩效考核体系设计模型图

具体而言，某中心绩效考核体系设计可以通过以下 5 个步骤来进行：

1. 信息收集和项目计划

分析绩效考核体系的考核时点、考核元素、领导责任和考核采用的工具（表格）等。通过这一分析过程，确定与中心的战略目标和文化相一致的考核因素。

（1）是否符合中心使命、发展战略和文化？

（2）现有中心经营目标是什么？

（3）绩效管理是否有效（流程/工具/考核方法的有效性）？

（4）业绩目标是如何被确定的？是否合理以及过去几年的达成度如何？

2. 动员培训

宣导现代考核体系和实践，阐述业绩管理的原则，必要的话还可挑战旧观念并强调改革中心业绩管理制度的必要性。

3. 确定适用于本中心的绩效考核方法

某中心与其他企业不同，有着自身的管理特点。所以在设计绩效考核体系时也应该注意选用适用于本中心的绩效考核方法。

4. 设计绩效与现有薪酬体系接口

结合薪资管理思路，设计奖金方案。

5. 个人绩效与个人发展计划接口

绩效管理既是个人收入的依据，同时也是中心发展的一个基础。因此，绩效管理过程不但需要重视个人业绩，并找出需要改进的方面，同时，应将个人发展计划与中心发展目标相结合。

11.5.5 培训体系设计

企业之间的竞争归根结底是人才的竞争。作为企业所有投资中风险最小、收益最大的战略性投资，培训是企业获得高质量人力资源的重要手段。人力资源的培训开发不仅能够更经济、可靠地获得人才，提高企业人力资源的质量，而且培训开发能够有效地激励员工，培养员工对企业产生持久的归属感及对企业的忠诚。

建立一整套专业化的培训管理体系，使某中心的培训逐步迈向正规化、系统化和经常化，从而更好地为中心和员工的发展目标服务。

人力资源培训系统是由五个环节所组成的，即通过需求分析，确定培训内容，设置培训目标，拟定培训计划，实施培训活动，总结考核及反馈。为了有效地做好培训工作，应该把培训视为一项系统工程，即采用一种系统设计的方法，使培训活动能符合中心的目标，同时让其中的每一环节都能实现员工个人、工作和中心本身三方面的优化。通过对某中心目前存在问题的分析，它的培训系统将主要从需求分析、总结考核及反馈两方面做出设计。

1. 落实需求分析确定培训内容

改变原先需求分析形式主义的状况，每年初从中心、部门和个人三个层次的培训需求分析确定不同岗位的培训内容，在参考当年的培训预算的基础上，对上一年的培训计划做出修正并确定本年度的培训计划。

2. 加强培训后的总结考核及反馈

每次培训结束后，首先通过参与培训员工所填写的调查问卷的结果作为培训考核的一部分。从培训考核中总结培训的不足，在下次培训时避免类似问题的出现；发现新的培训需要，以作为下一轮培训的重要依据，使中心培训活动不断循环。

其次，应建立专门的培训组织，形成对各岗位员工的培训制度；扩充并完善培训组织机构，培养中心自己的培训讲师，以胜任越来越高的培训需求；在制度中建立提升机制和淘汰机制，培训制度的选择完全按照“优胜劣汰、择优发展”的原则而展开工作。

再次，在培训方式上，也可以有所创新。比如：

（1）新员工培训。

因为在员工刚刚进入中心时是培训的最好时机，所以要通过新员工培训使他们对中心的企业文化、价值观、组织结构、管理理念等得到全面的了解，从而尽快而顺利地融合到中心中来并投身到工作中去。从更深层的意义来说，这种“导向活动”对于培养员工的中心归属感意义更为长远重大。

（2）在线培训。

对部分课程采取在线培训，以满足中心员工个性化的需要，并有助于员工的沟通与交流；通过技术方案，使员工可在中心网页上查询到所有与培训相关的信息并提供反馈意见，达到中心所有员工共享资源的目的。

（3）奖励性的培训。

为更好地发挥培训的激励作用，尽可能地让一些有吸引力的培训项目成为一种奖励，给予表现优秀的员工。包括有：

A. 组织业绩突出的员工去外地参观同行业中著名的企业；

B. 鼓励员工利用业余时间进修学习，并对成绩突出者给予奖励；

C. 让一些有培养潜力的员工参加专门为部门领导举办的管理培训班。

11.5.6 内部激励机制设计

某中心内部激励机制设计可以通过“中心企业文化和核心价值观设计”、“工作设计”和“成长与发展设计”三个大的方面来进行。某中心内部激励机制设计模型如下图 11－4 所示：

1. 企业文化和核心价值观设计

某中心的企业文化和核心价值观独具特色，应在保持其特色的基础上，加强中心企业文化建设，向员工灌输具有某中心精神精髓的核心价值观，以增强企业的凝聚力，以激发每一位员工的主动性和创造力。

（1）提倡“以人为本”的管理模式，强调“客户”“员工”两方面。

这两方面缺一不可。充分尊重和信任员工，是中心立业与发展之本。人的问题解决以后，强调“以客户为中心”，因为所有的活动都围绕着为客户创造价值而展开，是事业成功的基础。

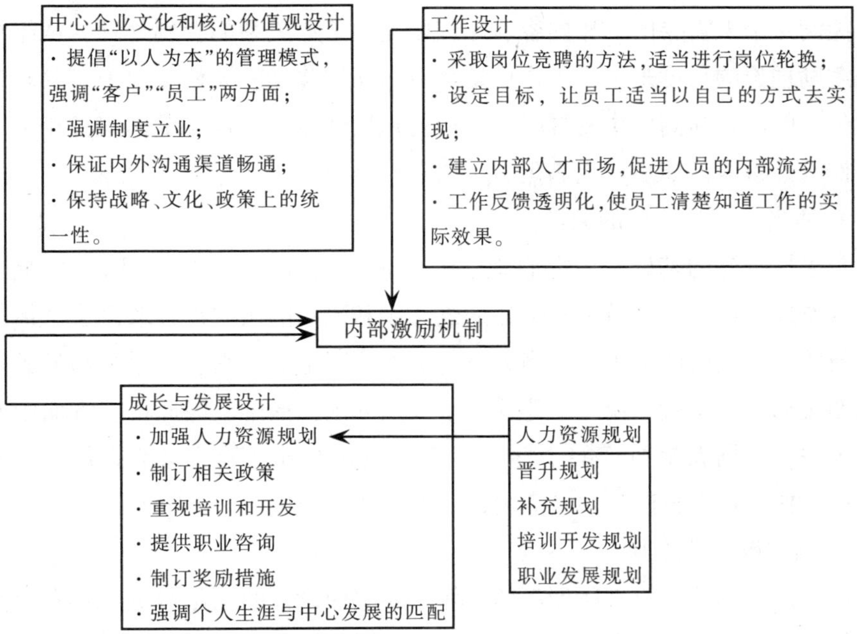

图 11–4　某中心内部激励机制设计模型图

（2）强调制度立业。

在人性化管理和制度化管理之间找到一个平衡点，既能保持和发展中心的传统文化，又能规范管理业务流程，最大限度地提高工作效率。

（3）保证内外沟通渠道畅通。

通过中心内部刊物及内部网页，保证包括中心与各子企业之间、上级与下级之间、企业与客户之间沟通渠道的畅通。

（4）保持战略、文化、政策上的统一性。

自身的文化不能被外来的文化稀释，应具有同化力，又需要创新。对中心各子企业，无论采取何种管理方式，都应保持它在战略、文化、政策上与中心的统一性。

对新加入中心的员工，首先，应在招聘面试时对其基本价值观与中心价值观是否吻合加以考察；员工加入后，通过新员工培训向他们介绍中心的文化、价值观及管理理念等。

2. 工作设计

工作设计是指为了有效地达到中心目标以及合理有效地处理人与工作的关系，对能满足个人需要的工作内容、工作职能和工作关系的特别处理。从组织行为学的激励理论的角度来看，工作设计是对内在性奖励的设计。因为激励理论认为，在员工的需要向高层次发展时，他们的积极性主要来自与工作本身相关的因素，工作设计得当就能更好地满足员工内在性需要。

（1）适当的人在适当的岗位。

这是工作设计的基础。根据心理学家约翰·霍兰德（John Holland）提出的人格－工作适应性理论，员工对工作的满意度和流动的倾向性，取决于个体的人格特点与职业环境的匹配程度；当人格与职业相匹配时，则会产生最高的满意度和最低的流动率。也就是说，个体受到很强烈的内在激励。因此，一方面中心应把好面试关，根据新招员工的个性及其工作倾向安排至最适当的岗位；另一方面，通过工作轮换等方法加强企业内部人员的合理流动。

（2）工作设计的原则。

工作设计是一项需要有所创新的工作。要想使设计的工作对员工具有激励作用，必须进行科学的工作设计，使工作具有多样化、完整性、重要性、自主权以及反馈等特点。

（3）采取措施：

①采取岗位竞聘的方法，适当进行岗位轮换；

②设定目标，让员工适当以自己的方式去实现；

③建立内部人才市场，促进人员的内部流动；

④给员工更多的自主权；

⑤工作反馈透明化，使员工清楚知道工作的实际效果。

3. 成长与发展设计

某中心如果要吸引人才、留住人才，就必须关心人才的成长和发展。因此，如何为员工提供适合其成长与发展的环境，并在其成长与发展中，给予必要的指导和帮助，将是内在激励机制设计中的一个重要环节。

个人成长与发展也就是员工的自我职业生涯的设计，企业应做到把员工的需要与组织的需要统一起来，做到人尽其才，并最大限度调动员工的积极性；同时使他们觉得在此组织中大有可为，前程似锦，从而培养、提高其组织归属感。具体来说，应采取以下措施：

（1）加强人力资源规划。

人力资源规划是指在有效安排组织目标和满足个人目标之间保持平衡的条件下，使组织拥有必要的数量和质量并与工作任务相适应的人力而拟订的一套措施或程序。对员工个人职业生涯管理的前提是，中心要对自己内部的人力资源现状和未来的人力资源需求十分清楚。这样才能给员工及时提供中心内职业发展的有关信息，给予员工公平竞争的机会。

①晋升规划。根据中心人员分布状况和层级结构，拟订人员的提升政策和计划。

②补充规划。拟订中心不同岗位的补充政策，使中心能够合理、有效地在中长期内把所需数量、质量和结构的人员填补在可能产生空缺的岗位上。

③培训开发规划。为中心中长期发展准备所需要的人才。

④职业发展规划。通过职业规划，把员工个人的发展与中心的发展结合起来，使二者的利益在发展过程中共同得到实现。

（2）制订相关政策。

①拟订骨干员工个人发展计划，包括通过仔细考核与选拔，找出重点培养对象，认真安排他们的岗位与升迁路线。

②中心制订出明确的发展战略目标，使员工切身感受到他们的工作与实现中心的发展目标息息相关。

（3）重视培训和开发。

员工的成长与发展必须要以能力的提高为基础。中心应制订正式的培训计划，实施针对各层次员工的培训，不断提高员工的知识和技能。

（4）提供职业咨询。

中心有责任为员工提供比较专业的职业生涯发展咨询，使其对自己的职业生涯发展规律有深入了解，并结合自己的特点和工作实践进行判断和决策。另外，应定期考核员工的工作绩效，并及时给予反馈，使员工更准确地了解个人发展状态，也更好地理解中心的要求。

也可聘请外部专家或内部专职人员为员工提供职业生涯指导，包括帮助员工做好自我分析，提供中心中可供选择的发展途径的信息以及为员工拟订有预见性的培养计划。

（5）制订奖励措施。

中心也可制定相应的奖励措施，鼓励员工在个人职业生涯发展道路上的任何可取进展。

（6）强调个人生涯与组织发展的匹配。

务必使员工明白，只有中心发展得好，个人才会有更好的发展机会，两者相辅相成。

小　结

本章是一个企业工作满意度调查实施实例。在进行员工满意度调查之前，首先要设计满意度调查量表，调查量表的编制要结合企业的实际情况进行。为了使满意度调查量表更为科学和客观，我们选择了“思创满意度模型”作为满意度调查量表设计的基本模型。

满意度调查一般分为问卷调查和访谈调查两种形式，这两种形式各有长短，在实际操作时建议结合使用。为了有效地利用员工满意度这个管理工具，企业在进行员工满意度调查时，应该避免七种误区。

调查完成后，要对调查结果进行统计和分析。

绩效考核中的正负激励是一把双刃剑，有极高的导向作用，如果导向偏离，将对员工的履职行为和业绩产生负面效果，甚至危及整个绩效考核体系的功能，使绩效考核流于形式。

本章的调查结果为该企业人力资源开发的模型设计提供了强有力的数据保障。

第12章

知识型员工管理

12.1 知识型员工概述

12.1.1 什么是知识型员工

在知识经济时代，人是最重要的资源。这是因为知识企业的发展很大程度上取决于资本的运作，而知识资本的提供者和所有者是人，是企业的员工。在知识型企业里，企业的资本由两部分构成，物质资本和知识资本。物质资本的所有者是企业股东，而知识资本的所有者是企业的员工。

所以，在知识型企业里，员工已不同于传统意义的员工，其素质较高者，追求自我实现者，不再是企业的"打工者"，而是企业的投资者。所以员工与企业的关系已发生了巨大变化。由传统意义上的完全雇用、契约的关系转向协同的"双赢"关系。昔日刚性的"胡萝卜加大棒"的管理模式已无法适应，而要转变为刚柔相济的"法治加人治"的管理。管理是科学也是艺术，将在知识型企业的人力资源管理中得到充分的体现。

新经济、新形势下知识企业对人力资源管理者提出了更大的挑战，管理者领导的是比自己还专业的下属，管理的是自己并不熟悉的领域。他们不再是生产的指挥者，也不是工作的调节者，而是工作环境的设计者，以使员工能够心情愉快地工作，能充分挖掘出他们头脑中的智慧，为企业带来更具创造力的价值。

那么，什么样的员工才是真正意义上的知识型员工呢?

美国著名的管理学家彼得·德鲁克对知识型员工是这样定义的：知识型员工是指，一方面能充分利用现代科学技术知识提高工作的效率，另一方面知识型员工本身具备较强的学习知识和创新知识的能力。知识创新能力是知识型员工最主要的特点。此外，知识型员工的工作主要是一种思维性活动，知识的更新和发展往往随环境条件的变化而有所适应，具有很大的灵活性。所以，知识型员工兼具知识性、创造性、灵活性等方面的特征。

加拿大著名学者、加拿大优秀基金评选主审官弗朗西斯·赫瑞（Frances Horibe）认为："简而言之，知识员工就是那些创造财富时用脑多于用手的人们。他们通过自己的创意、分析、判断、综合、设计给产品带来附加价值。"

对于知识型员工，我们可以这样说，知识型员工是指在一个企业组织之中用智慧所创造的价值高于其动手所创造的价值的员工。后工业经济社会里，企业之间实力的抗衡，将不再依靠自然资源和廉价的劳动力了。其关键资源逐渐成为人力资源以及附着在人力资源上的智力、知识。企业只有取得了竞争对手的人力资源，并充分发挥他们的智力能量，才能在竞争中取胜并保持其优势。所以企业竞争进入到了知识资本竞争时代，而面对知识经济的挑战，转变管理观念迫在眉睫。

12.1.2 知识型员工的特点

知识型员工具有比其他员工更强的竞争性，必须调整公司，把公司建成知识型公司，并建立有利于知识型员工彼此进行合作的创造性方式。彼德·德鲁克说："知识型员工不能被有效管理，除非他们比组织内的任何其他人更知道他们的特殊性，否则他们根本没用。"为此，必须充分了解及掌握知识型员工的特点，才能管理好知识型员工。

知识型员工应具有以下六大素质：

1. 职业道德素质

职业道德素质是所有素质中最重要的素质，也是越来越多的公司最看重的素质。由于知识型员工掌握着公司大量的技术或其他资料和信息，如果职业道德素质很差，对公司会造成很大的危害。所以，现在有些公司在招收知识型员工的时候，要求他们有原辞职单位的工作表现证明，以证明他以往工作中的职业道德素质水平。

2. 人际交流素质

知识型员工大多是团队作业，需要员工有较强的交流素质和人际交往能力。如果在工作讨论中，沉默寡言或固执己见都会影响工作效率。由于知识更新的速度越来越快，这就要求团队本身是一个开放型的不断学习的组织，如果员工不愿将自己的知识拿出与他人分享，会影响整个团队的进步。

3. 专业技术素质

员工要有适合本岗位工作所需要的技术理论知识和专业技能。同时员工要有较强的自学能力，否则会被飞速发展的技术所淘汰。

4. 基本管理素质

知识型员工要掌握一般的管理原理和管理方法。在工作团队中，没有专业的管理者；根据项目的不同，每个员工都可能成为临时的管理者，来负责团队成员工作的协调。由于自主管理和平等协作的管理模式的引入，就要求员工有这方面的基本素质。

5. **身体素质**

不论是身体健康还是心理健康，对于知识型员工来说都是非常重要的。不论工作有多繁重，也要善于调节自己的身体和心理素质，这是未来能够更好地工作的基石。

6. **思维素质**

知识型员工应该有较好的分析问题的能力，对事物的判断较为准确。另外，要有系统思维的观点，并掌握一些良好的思维方法，这些对自己的工作都会大有裨益。

12.1.3 如何管理知识型员工

赫德利·多诺万是《时代》杂志的总编辑，他花了近三十年的时间去研究如何管理这些“难以管理的人”。多诺万认为，管理知识分子的压力源于：管理者迫切需要有创造性而且能独立思考的人，同时又需要用一定的纪律约束他们；另外，管理者对知识型员工的工作不易作出明确的界定，并且用以衡量的标准又极富主观性。

多诺万在如何管理知识型员工方面有一些很好的经验和教训。

1. **管理者不摆架子**

知识型员工具有独立的思考能力，有自己的价值观和抱负，他们往往和管理者一样对很多事情有深刻的认识，甚至在一些方面要超过他的上级。他们与管理者的接触要比工人与管理者的接触频繁得多，所以他们往往可以发现管理者的种种不足和弱点，并且不加遮掩地把自己的看法公开交流。明智的管理者应该放下自己的架子，把自己摆到与员工相同的位置上，谦虚地接受员工的批评，与员工一起来讨论如何改进自己的工作。

2. **与员工讨论公司发展**

知识型员工对公司的未来发展往往有很多自己的建议，而这些建议一般又和他们的抱怨混淆在一起。管理者必须静下心来，与员工一起来讨论公司未来的发展。你会发现，在某些问题上，他们可能比你更有创建。把员工当成自己的志同道合的合作者，更有利于公司的发展。

3. 讨论和命令并重

知识型员工不太喜欢被别人命令，而喜欢根据自己的意愿去做事。但当大家在一起讨论而又达不成一致时，就需要进行决策，并采用命令方式强制执行。

4. 敢于批评

不必担心知识型员工害怕批评，其实每个人都不喜欢被别人批评，但知识型员工对待批评可能更加理智和客观。管理者只要能通过批评把员工说服，员工往往不但不会生气，还可能会佩服你的管理才能。对知识型员工进行批评，除了要有理有据以外，还要注意表达出以下三条意思：第一，你的工作做得不错，但凭你的能力还能够做得更好；第二，我对你的要求和对其他员工的要求是相同的；第三，你们也可以以同样的要求对待我。

5. 上级对下级要忠心耿耿

我们都希望下级对上级忠心耿耿，管理者对知识型员工更加希望如此。要做到这一点，首先要做到管理者对员工忠心耿耿，以换取员工对管理者的忠心。知识型员工一般不轻易相信任何事物，所以不要试图去欺骗你的下级！——这样你会失去下级对你的支持和信任。管理者应该像对待自己的上级一样对待自己的下级。上级应该积极维护下级的利益，在证据不足时，要假设下级是无辜的。并且要尽量多表扬下级，下级工作中出现了差错，要积极承担自己的领导责任，而不是将所有的过错推诿给下级。

12.2 如何激励知识型员工

在知识经济时代，随着电子、通讯、计算机及网络等高新技术的飞速发展，诞生了许多以信息服务为主的高新技术企业。高新技术企业的一个显著特点就是知识性员工在人员构成中所占的比例较大。知识性员工因为拥有知识资本，所以在工作上他们的独立性和自主性比较强。正是基于这样的特点，他们往往具有较高的成就欲望，愿意从事具有挑战性、创新性和前沿开拓性的工作，希望在工作中不断地提高和发展自己并得到社会的认可，进而实现自身的价值，即满足自我实现的需要。知识性员工的大量出现对传统人力资源管理中的激励理论和实践提出了巨大的挑战，如何对知识性员工进行有效地激励，已成为高新技术企业发展过程中一个非常关键的问题。

针对知识性员工的特点，我们认为应该对传统的激励方法进行改进，采取灵活多样的激励制度，坚持内在激励（精神激励）和外在激励（物质激励）相结合的原则。外在激励主要是指物质方面的有形激励，包括薪酬制度、绩效工资制度、奖金制度、股票期权及有形服务和福利等各个方面。内在激励主要是指精神方面的无形激励，包括向知识性员工授权，对他们的工作绩效的认可，公平、公开的晋升制度，提供学习和发展、进一步提高个人能力的机会，实行灵活多样的弹性工作时间制度以及制定适合每个人特点的职业生涯发展道路，等等，其目的旨在向员工提供实现自我的机会。

12.2.1 外在激励因素分析

从马斯洛将人的需要分为五个层次的理论来看，传统的人力资源管理认为，薪酬只是一个生理层面上的东西，也就是说只能用它来满足马斯洛在他的需要层次论中论及的较低层次的需要。但在当今知识性员工大量出现的知识经济时代，许多人力资源管理专家都认为，在所有的各种各样的激励因素中，金钱无疑仍是最重要的因素。薪酬这一概念本身早已经超越了它原本固有的涵义，而成为一个人所拥有的社会声望、地位及其所达到的成就的标志。从这一深层次的意义上讲，薪酬也就成为知识性员工满足自己高层次需要，即成就的需要和自我实现需要的重要手段之一。

薪酬是最重要的激励因素，但并不是说只要付给员工丰厚的薪酬就可以达到激励的目的。

公平理论认为，每个人都有估价自己的报酬和贡献的倾向，如果有客观标准，就会用客观标准来比较，如果没有客观标准，人们就会用其他相似的人作为比较的标准。用公式可表示为“（自己的）报酬投入 =（别人的）报酬投入”。公平理论说明了员工的工作积极性不仅受到所得的绝对报酬的影响，而且还受到相对报酬的影响；即一个人不仅关心自己收入的绝对值，而且还关心自己收入的相对值。每个人会自觉不自觉地把自己付出的劳动和所得的报酬与他人付出的劳动和得到的报酬进行社会比较。如果当他发现自己收支比例与他人收支比例相等，便认为是公平的，因而心情舒畅，努力工作。如果他发现不平衡时，就会产生紧张，引起动机，追求他所意识到的公平与合理。如果满足不了这种公平的欲望，他就可能从其他方面寻找公平，由此分散精力，影响本职工作的积极性、主动性和创造性，降低对组织的贡献。

由此，我们可以看出，薪酬的公平程度对于薪酬本身的激励效果起着至关重要的作用。这也就是许多组织的薪酬绝对水平并不低，但大多数员工的积极性仍然不高的原因所在。在论及公平的时候，我们还应该注意公平包括两个方面：内部公平和外部公平。外部公平是指员工的薪酬水平相对于其他组织中同类工作的薪酬水平相比是公平的，这可以通过薪资调查来实现。内部公平是指员工的薪酬水平相对于本组织中其他员工的薪酬水平相比是公平的，这可以通过工作分析和工作评价来实现。

除了要保证薪酬的公平性之外，要想使薪酬起到应有的激励作用，还必须采取合适的薪酬给付方式。也就是说，同样数量的薪酬以不同的方式支付，其作用是不一样的。

第一，绩效工资制度比年功序列工资制度更具有激励性，因为在绩效工资制度中薪酬与工作绩效之间具有很大的正相关性。

第二，强化理论认为，不定期奖励比员工可预测的定期奖励更具有激励性。

第三，年龄、性别等个性因素差异导致人们对不同的支付形式（如实物支付和延期支付等）有不同的偏好。因此，企业应该制定诸如弹性福利计划一类的计划供不同偏好的人群选择，以达到更好的激励效果。

第四，股票期权与现期支付相比，可以使人们更关注组织的长期绩效。

此外，还有许多其他的激励计划，如利润分享计划、收益分享计划、集体奖励计划及斯坎伦计划等。这些激励计划都是从不同的角度对员工进行激励。

12.2.2 内在激励因素分析

赫茨伯格的双因素理论指出，影响员工积极性的因素可以分为两类：激励因素和保健因素。激励因素主要包括对工作绩效的认可、公平的晋升制度、得到学习和发展的机会、赋予挑战性的工作、授权及对员工进行职业生涯设计等。激励因素的改善能够激励员工的积极性和创造性，并提高员工的工作满意度。保健因素主要包括薪酬水平、福利和服务、工作条件、工作的保障性及企业的政策等方面。保健因素是一种维持现状的因素，有它并不能激发员工的积极性，但没有它会导致员工的工作满意度下降。

双因素理论告诉我们，要想对知识性员工进行有效的激励，必须在重视薪酬水平等保健因素的同时，应更加强调内在激励因素的作用。由于知识性员工大都具有较高的成就需要，都希望充分利用、发挥自己所掌握的知识和能力，在为组织创造经济效益的同时实现自身的社会价值。所以，组织应该开展有助于员工“自我实现”的活动，以保证员工有机会在工作中充分发挥自己的技能，实现他们自己的愿望。

内在激励因素之所以更能激发人们的工作热情，提高工作绩效，是因为很少有哪种需要会像实现自己的梦想，即达到自己力所能及的目标这种需要更为强烈。我们经常可以发现，有些组织的薪酬水平不低，但员工的工作积极性并不高且人员流动率比较大。究其原因，在于这些组织的人力资源管理水平低，体现在对知识性员工在工作上的自由度限制比较大，缺乏良好的双向沟通渠道，员工没有机会和正式的渠道来反映和表达自己的意见，绩效结果不能得到及时的反馈以及不能参与组织的决策等方面。因此，为了提高知识性员工的工作绩效，增强他们对组织的忠诚度，就必须在人力资源管理方面进行彻底的变革，变“以工作为中心”的管理为“以人为中心”的管理。为此，应从以下几个方面着手：

首先，应明确组织的人力资源管理哲学，确立“以人为本”的管理理念，确立人力资源为企业的第一资源的价值观念。人力资源数量的多寡、质量的好坏对于企业在发展中能否获得长期的竞争优势起着至关重要的作用。

其次，改变领导的工作作风，实行民主式领导，在决策过程中充分汲取、采纳员工的正确建议。由于知识性员工具有丰富的知识，思想活跃，视野开阔，因此对于每一件事情他们往往都会有自己的想法和主见。为了激发知识性员工的工作积极性和创造性，就必须为他们提供表达自己意见的正式渠道，并且在意见或建议正确的情况下，能够给予他们及时的反馈。这就要求领导在决策过程中改变作风，走下去，深入到员工之中了解员工方面的信息。

第三，向员工授权。要想充分发挥知识性员工的能力，就必须授予他们与其职责相适宜的决策权和行动权。权力过分集中无形中限制了知识性员工的手脚，这与他们本身具有的较强的独立性、自主性是矛盾的、冲突的。当矛盾和冲突出现的时候，他们就会表现出无所适从，从而失去对工作的积极主动性，降低工作绩效。因此，对于知识性员工来说，要想让他们提高工作绩效，明责授权是非常必要的。

第四，积极为员工提供和创造能促进其不断进步和发展的学习和培训机会，使他们不断地提高自己的才能，增强自身的竞争力。

第五，有目的地开展工作轮换，丰富员工的工作内容，使有能力的员工担任责任更大的工作，增加工作的挑战性。

第六，为每个员工量身定做适合其自身特点的职业生涯发展道路。使员工自身的发展目标与企业的发展目标有机地结合起来，减少冲突，增加一致性。

12.2.3 外在因素与内在因素的结合

从上面的分析我们看出，外在激励因素和内在激励因素对于员工积极性的发挥都有不可替代的促进作用。从经济学的角度来看，外在激励因素使员工获得了货币收益，通过消费和娱乐来增加自身的效用；内在激励因素使员工获得了非货币收益，直接增加了自身的效用。这表明，尽管内在激励和外在激励的内容及作用机理不同，但他们的最终目标和效果是一致的，即都增加了员工的效用。

在强调内在激励和外在激励一致性的同时，我们更应该注意的是，对于知识性员工而言，内在激励因素具有更大的激励作用。这一方面可能是因为，在当今知识资本倍受重视的时代，知识型员工的货币收入本身就已经比较高。许多对知识型员工进行的调查结果表明，在他们所关心的诸多因素当中，金钱并不是占第一位的因素。另一方面，相对于一般员工而言，知识型员工在人力资本方面进行了更大的投资，掌握了更为先进的理论知识和技能，他们有一股强烈的愿望和冲动想把自己的所学和所知转化为现实生产力，实现自身的社会价值。要做到这一点，企业就必须要建立完善的内在激励机制，为他们创造实现自身价值的条件。

12.3 知识型企业的人力资源管理

12.3.1 知识型企业人力资源管理新特点

在20世纪最后10年，人们都已意识到人力资源管理是组织成败的关键，在知识型企业里这更是不争的事实。知识型企业里有力的人力资源管理已跃升为组织成功的重要条件。这一趋势是由技术经济和知识经济的特征而决定的，且方兴未艾，其势不减，如知识总监等新职位的出现，其责任是促进员工知识与技能水平的不断提升，确保组织在高科技时代的竞争力。

所以我们可以看出在知识型企业里人力资源管理出现了许多新特点：

（1）董事会、企业主是物质资本的所有者，员工是知识资本的所有者。

（2）人员构成年轻化，是年轻人聚集地，公司充满活力和激情。人员知识层次高，整体上而言，本科以上学历占到80%以上。由于年纪轻，学历高，加之自我要求与企业需求的不一致性，容易出现供需矛盾，从而产生较高的流动性。

（3）人力资源更强调的是将企业的员工作为一种最活跃、最具动力的可开发的资源来对待。公司的所有管理者都应采取积极的态度和科学的方法进行开发、经营和管理。

（4）人力资源管理更强调员工个人与工作小组在员工前程发展中的责任，工作小组的业绩将成为关注的核心，那种单纯强调员工个人激励的策略将成为历史。

（5）随着知识技术水平的提高，员工在组织中的地位越来越重要，满足员工工作生活质量的需求成为企业人力资源的核心目标之一，员工不仅要得到公平合理的充足报酬、自我发展的机会和条件，而且还要得到职业安全的保障。员工需要的不再只是工作，而是职业。

12.3.2 知识型企业人力资源管理方法

1. 合理的组织设计保证企业的正常运转

组织的重新设计将成为新经济形势下的人力资源管理员重要的制度背景。很多企业发展不利的一个重要原因是结构问题，传统企业的组织结构在新形势下很难运行。依据功能来组织生产，市场与销售、研究与开发、财务等业务部门的传统做法将大大改变，转而实行组织结构的扁平化和网络化。

传统的金字塔组织结构中强调命令与控制，重视清晰地描述员工的任务，这种“专制型”的管理方式是源自大工业生产的需要。因此，组织对员工的期望是明确的，员工的晋升路线也是垂直的，人力资源管理的全部信息都集中在组织的最高管理层。而扁平式的组织结构则强调对员工的授权，并把授权的员工组织成工作小组；鼓励员工扩大自己的工作内容，提高员工的适用性和灵活性。在知识型企业的组织中，应更强调员工参与管理，重新构造组织的边界。

2. 健全激励机制

根据行业产业的特点，人员构成的特殊性，企业应该学会从传统的单纯物质激励转向与精神激励相结合。个人受到尊重后的愉悦感，个人价值实现后的幸福感以及创造欲望获得和满足后的自豪与激动等等，都是员工奋斗的动力。而以股票期权让员工得以共享产权，则更把员工与企业的利益连在一起了。

在具体实施过程中要注意两点：

首先，在绩效考核过程中，应以目标考核为基准，注重工作效果而非工作过程。这也需要上级安排工作时应讲明需达到的结果及这样做的目的。至于具体办法无从追究，只要不违反相关制度就行。这样既便于员工有充分的空间发挥自己的潜能，同时又易于领导和考核。

其次，文化是企业的灵魂，知识型企业是以人为中心的，文化更显得重要。所以在绩效考核与激励政策中要全面体现企业的精神，增强企业的聚合力。比如提倡团队精神、钻研精神、工作热情等。人力资源管理更加强调员工个人与工作小组在员工前程发展中的责任，工作小组的业绩将成为关注的核心。

3. 实行民主管理，倡导全面沟通

员工是股东，是知识资本的所有者。刚性的指挥链被打破，员工不再只需要工作，更需要的是职业。所以管理由法制转为"人治加法制"。那种由上而下的官僚主义，既降低了企业对外部环境变化的快速反应力，又使企业陷于竞争的劣势。我们倡导在知识的管理上通过庞大的通讯、信息系统将众多的部门、雇员联系起来，共同构建相互合作的网络，共享资源，共同管理，提倡全面沟通并直接与最高管理层沟通。减少管理层次，使组织扁平化；大量向员工授权，让员工承担更大的责任和更独立地开展工作，增加员工的参与决策，提高员工的积极性，增强员工的责任感。

4. 真正实现以人为本

所谓"人本管理"，就是要给员工一个充分发展、展示个性并适应企业需要的宽松空间。从招聘开始，除了明确的岗位职责要求，还要提出完整的个人职业生涯规划，使员工随时明确自己在企业中的定位。同时，企业也要肯定员工的个人尊严和价值理念。如摩托罗拉公司在每个季度都会与员工交流"工作是否如你所愿"、"能力与岗位是否匹配"、"还需要公司为你做什么"等。

由于知识已经成为促进经济增长的重要的因素，而且知识的更新速度非常快，知识的生产、学习、应用和创造也应成为企业的重要活动，即企业模式由生产经营型向学习型组织转变。在"学习型组织"的企业中，以往"终身雇用"的模式正被"终身培训"的模式所替代。传统人事管理中的招聘、启用、培训、工资、福利、劳动时间、退休制度等正被淘汰，取而代之的是更灵活、更富生机的人力资源管理制度和柔性的工作方式。如灵活的工作时间，轻松的工作氛围和场所，新的薪酬制度等。同时企业要参与员工的职业生涯设计，通过培训等手段加强企业内部的智力开发，提高员工的技能，扩展员工的个性与人际沟通能力。企业有大量不满足于现有知识的员工，企业才有生命力、才会壮大。所以，作为协调关系、提供条件的管理者的一个重要任务，就是促使员工更新知识。而企业提供的组织培训只是一个保障，重要的是为员工提供前沿性知识、创造学习新知识的动力，把员工的目标定位于需要更多知识的岗位。

总之，知识型企业的人力资源管理，不仅对组织建立竞争优势，而且对组织维持竞争优势都具有重要价值。其人力资源管理制度将从尊重个人、提高效率出发，工作内容范围不断扩大，不断创新，使个人能力不断扩展。现代的知识企业要实现其经营目标，它的“上帝”不仅是顾客，更是自己的员工。友好地对待员工，才会使员工与企业的利益一致，才会依赖企业，对企业忠诚，真正实现“双赢”的战略，使企业稳步发展，使员工的潜能得到最大程度的发挥。

12.4 知识型员工技术职称管理

12.4.1 知识型员工的职业生涯

技术的因素在组织中愈来愈重要，特别是掌握核心技术的专业人员，他们是企业创新的骨干力量。这些人才的去留往往极大地关系到组织的生存和发展。基于此，为科技及专业人员薪酬管理作专门的讨论显然是很有意义的。

科研及专业技术人员，企业组织中有专门技术或有专业技术职称的工程师、经济师、会计师、律师、科学家、人力资源管理专家等等，他们主要从事脑力工作。他们工作的内容、困难程度及重要性很容易被感觉到，但都不易作出衡量，因为许多工作都不是例常的。为了进行科研攻关或者解决专项管理课题，他们常常需要组成专门的小组，但在不同的小组中他们所承担的角色也不固定，简单的通过职务高低来确定薪资，显然很困难。在科研和专业人员较为集中的公司或组织中，为技术人员专门设计一套薪资制度是必要的。

员工的薪资报酬与其在公司中的地位晋升密切联系着，所以考察组织中科研及专业技术人员的晋升是薪酬管理的突破口。可以看到，科研及专业技术人员的晋升遵循着两种途径：

一种是管理类：主要从事一般管理阶层的监督指导类的工作，组织下属科研、专业技术人员及其他人员工作，从而使自己的管理职务不断提升。

一种是专业类：完全将精力放在专业知识的增长及专业贡献方面，一直从事本专业的工作，并不涉及或主要不是从事行政或管理工作，通过专业上的发展，使自己在组织中的地位、权威或资历不断上升，薪资也必然随之上升。

化学、物理、机械、电子计算机等学科的大学毕业生，在企业中担任本专业方面的科研人员，这类专业技术工作者可以遵循着专业发展途径晋升为高级研究员、副研究主任、研究主任等技术级别。另外，他们还可以逐渐从事行政或管理工作，同时兼顾专业研究，他们遵循着组长、部长、实验室主任的管理职级晋升。

在通常的情况下，这两条途径到后来还会合二为一。其原因有二：

一是从专业途径争取向上晋升所受限制较多，通常不及转向管理途径晋升的机会多，晋升得快。

二是企业最高层一般情况下都是属于管理性质的职位，所以专业人员发展到一定的程度，若想在企业中继续晋升，只有逐渐脱离原有专业，向管理方向发展。

12.4.2 知识型员工职称管理制度实例

某软件企业技术人员职称管理制度

第一章 总则

第一条 为进一步充分调动公司专业技术人员的积极性和创造性，特制定本办法。

第二条 本办法中的“职称”仅指公司内部自行制定的技术人员职务称谓，与社会中的职称评定无关。

第三条 各职称为浮动职称，根据员工的表现，职称可以随时升降。

第四条 技术人员职称分为技术职称和管理职称两类。

第二章 技术职称

第一条 技术职称级别共分为四级：

1. 初级工程师（JSE/Junior Software Engineer）

2. 工程师：软件工程师（SE）、测试工工程师（TE）、网络工程师（NE）

3. 高级工程师：高级软件工程师（SSE）、高级测试工程师（STE）、高级网络工程师（SNE）

4. 技术专家（ARC/Architect）

第二条 技术职称的范围涉及安全产品开发部、电信产品开发部、实验室、测试部、系统部及其他部门技术岗位的正式员工。

第三章 工程师

第一条 工程师分为三类：

表 12-1 **工程师分类**

所属部门	称谓
产品开发部、实验室	软件工程师（SE/Software Engineer）
测试部	测试工程师（TE/Test Engineer）
系统部	网络工程师（NE/Network Engineer）

第二条 软件工程师分为三级、二级、一级三个级别。

第四章 高级工程师

第一条 高级工程师分为三类：

表 12-2 **高级工程师分类**

所属部门	称谓
产品开发部、实验室	高级软件工程师 （SSE/Senior Software Engineer）
测试部	高级测试工程师 （STE/Senior Test Engineer）
系统部	高级网络工程师 （SNE/Senior Network Engineer）

第二条 高级软件工程师分为三级、二级、一级三个级别。

第五章 管理职称

第一条 具有“高级工程师”或“技术专家”职称的技术人员有资格申请

管理职称；

第二条 管理职称分为以下四种：

表 12-3 **管理职称分类**

所属部门	称谓
产品开发部、实验室	产品开发组长 （PGM/Program Manager） 产品开发经理 （PM/Product Manager）
测试部	测试组长 （TGM/Test Group Manager）
系统部	工程经理 （EM/Engineering Manager）

第六章 职称调整程序

第一条 职称调整分为职称晋升和职称下调两部分；

第二条 调整时间：

1. 加入项目组的技术人员，在项目里程碑（或结束）评审时进行职称评审；
2. 未加入项目组的技术人员，每年6月下旬、12月下旬进行职称评审；
3. 对于工作业绩特别突出的员工，可以随时进行职称调整。

第三条 职称调整标准：各职称的岗位职责和任职资格，参见《技术人员职称评审标准》。

第四条 调整程序

1. 项目经理（部门经理）结合职称调整标准，根据员工工作业绩，填写《职称调整建议表》，并经主管经理审批；
2. 主管经理审批后，由企业管理部发布职称调整通知；
3. 相关材料由企业管理部存入员工档案。

第七章 职称晋升标准

凡符合以下条件之一的员工，在职称晋升时优先考虑：

第一条 在项目中，工作表现突出，业绩优秀；

第二条 进行技术创新，取得重大科研成果；

第三条 在产品化过程中做出突出贡献的；

第四条 提出关于技术开发流程的合理化建议；

第五条 发现重大技术隐患。

第八章 各职称的相关利益

第一条 在薪酬调整、奖金分配、员工持股、继续教育等方面，优先考虑职称较高的员工；

第二条 在同等需求下，优先安排职称较高的员工参加外派培训；

第三条 高级工程师和技术专家，根据项目需要享有一定的资料购买自主审批权；

第四条 技术专家可以根据研究需要向公司申请研究经费。

第九章 附则

第一条 本制度由企业管理部负责解释；

第二条 本制度自20××年×月×日起执行。

12.4.3 知识型员工职称评审标准实例

某软件企业技术人员职称评审标准（见表12－4～12－17）

一、技术职称

1. 初级工程师

表12－4 **初级工程师**

职称名称	任职资格	工作职责
初级软件工程师 JSE/Junior Software Engineer	计算机及相关专业本科以上学历；缺少项目开发经验； 尚未通过公司工程师任职资格考核	参加公司岗前培训； 在公司培训指导的辅导下开展工作

2. 工程师

表 12－5 软件工程师

职称名称	任职资格	工作职责
软件工程师/SE Software Engineer（一级）	已通过公司工程师任职资格考核； 掌握公司产品开发与设计所使用的软件及语言； 能够依据产品的设计文档，熟练从事公司软件产品复杂度一般的软件模块的开发； 熟悉公司软件工程管理。具有按照公司开发管理制度完成自己分内工作的良好习惯	在进入项目组期间从事软件开发工作； 主要负责根据设计文档完成编码及单元测试工作； 在未进入项目组期间，根据软件开发部的要求参加培训，或者加入核心小组从事开发工作
软件工程师/SE Software Engineer（二级）	在具有 SE 一级任职资格的基础上，符合以下要求： 熟练掌握公司产品开发与设计所使用的软件及语言； 能够依据产品的设计文档，熟练从事公司软件产品复杂度较高模块及核心模块的开发	在进入项目组期间从事软件开发工作； 主要负责根据设计文档完成编码及单元测试工作； 根据设计文档完成复杂度较高模块及核心模块的编码及单元测试工作
软件工程师/SE Software Engineer（三级）	在具有 SE 二级任职资格的基础上，符合以下要求： 本科毕业后具有一年以上工作经验； 另外，具有以下技能之一： 在与公司产品方向相关的某项软件开发技术方面有专长； 可独立完成某个方向技术预研和技术突破工作； 具有初步的系统需求分析与设计能力	进入项目组期间从事软件开发工作； 根据设计文档完成编码及单元测试工作； 根据设计文档完成复杂度较高模块及核心模块的编码及单元测试工作； 根据需要进行技术预研和技术突破工作； 参与系统需求分析与设计工作

表 12－6　　　　　　　　　　　　**测试工程师**

职称名称	任职资格	工作职责
测试工程师/TE Test Engineer （一级）	已通过公司工程师任职资格考核； 熟悉所负责产品的业务背景，掌握业务知识； 了解初步的测试理论与技术； 能熟练完成公司产品的环境搭建、产品安装和产品使用； 具有编写产品功能黑盒测试方案和测试计划的能力； 掌握对所负责产品进行黑盒测试的技术要求和业务要求； 熟悉公司软件工程管理。具有按照公司开发管理制度完成自己分内工作的良好习惯	编写产品功能黑盒测试方案与测试计划； 搭建和维护测试环境； 完成公司产品的单元测试和集成测试（黑盒）； 提交产品 Bug 和缺陷分析报告； 根据产品过程管理的要求完成分内的管理工作
测试工程师/TE Test Engineer （二级）	在具有 TE 一级任职资格的基础上，符合以下要求： 基本掌握公司某项产品开发与设计所使用的软件及语言； 能够根据测试要求，制作测试用数据或用例； 具有根据产品的设计文档编写完整的产品黑盒测试的测试计划和测试方案的能力	在进入项目组期间从事软件开发工作； 主要负责根据设计文档完成编码及单元测试工作； 编写完整的黑盒测试方案； 对产品的友好性、易用性等方面提出改进意见
测试工程师/TE Test Engineer （三级）	在具有 TE 二级任职资格的基础上，符合以下要求： 了解公司某项产品的技术平台和技术路线，并掌握在此平台与路线下的各种性能指标的测试方式； 能够编写系统的性能测试方案，设计并搭建性能测试环境； 具有产品性能测试方法或工具的选取和开发的能力； 具有根据上一阶段设计文档审查本阶段开发工作与上一阶段工作一致性和完整性的能力	编写产品的各项性能指标测试方案； 产品性能测试工具的选取； 可以根据方案设计测试方法（必要时包括测试方法或工具的开发）； 根据上一阶段设计文档审查本阶段开发工作与上一阶段工作一致性和完整性； 根据测试情况，提出产品各项性能改进意见

表 12－7　　　　网络工程师

职称名称	任职资格	工作职责
网络工程师/NE Network Engineer	熟练掌握常用的工具软件（Netxrary、Visio、Office、Outlook 等）； 常用网络设备、服务器设备的安装、调试、维护能力； 熟悉常用的网络标准、协议、技术规范； 熟练掌握常见操作系统（Linux、Windows NT、Solaris 等）； 熟练掌握自有产品的安装、调试、维护、使用，能从机理上进行全面理解； 能够按照工程方案设计进行工程实施，能够排除一般性的技术问题； 具备一定的方案设计能力； 具备较强的学习能力； 工作积极、主动，能按时完成任务	根据技术方案进行工程实施； 已成形方案的修改、售前支持； 及时处理客户的问题或投诉，并加以解决； 将具有通用性质的问题整理到 FAQ 中在网站上发布，同类产品比较在内部网，解决方案在外部网

3. 高级工程师

表 12－8　　　　高级软件工程师

职称名称	任职资格	工作职责
高级软件工程师 SSE/ Senior Software Engineer （一级）	在具有 SE 三级任职资格的基础上，符合以下要求： 本科毕业后具有两年以上工作经验； 有丰富的编程经验和技术经验，能够排除项目中较难解决的问题。 具有以下技能之一： 熟悉公司某方面产品的技术路线，对产品及其所采用的技术具有全面的认识，能够规划非创新性产品的体系结构、开发平台； 具有技术方案或产品方案的编写能力，能够独立完成非创新性产品的初步方案； 对于公司产品方向的技术有较全面的了解，能够形成完整的性能优化方案或技术改进方案； 具有较强的系统分析能力和设计能力； 能够主持系统的设计工作	进入项目组期间从事软件开发与设计工作； 根据设计文档完成复杂度较高模块及核心模块的编码及单元测试工作； 根据需要进行技术预研和技术突破工作。 根据技能完成以下工作之一： 规划非创新性产品的体系结构和技术路线； 完成非创新性产品的初步技术方案或产品方案； 完成产品的性能优化方案或技术改进方案； 主持或者作为主要人员参与系统的分析或设计工作

续表

职称名称	任职资格	工作职责
高级软件工程师SSE/ Senior Software Engineer （二级）	在具有 SSE 一级任职资格的基础上，符合以下要求： 本科毕业后具有两年以上工作经验； 具有较强的系统分析能力和设计能力； 能够主持系统的设计工作。 具有以下技能中的至少两项： 熟悉公司某方面产品的技术路线，对产品及其所采用的技术具有全面的认识，能够规划非创新性产品的体系结构、开发平台； 具有技术方案或产品方案的编写能力，能够独立完成非创新性产品的初步方案； 对于公司产品方向的技术有较全面的了解，能够形成完整的性能优化方案或技术改进方案	进入项目组期间从事软件开发与设计工作； 主持或者作为主要人员参与系统的分析或设计工作； 根据设计文档完成复杂度较高模块及核心模块的编码及单元测试工作； 根据需要进行技术预研和技术突破工作。 根据技能完成以下工作： 规划非创新性产品的体系结构和技术路线； 完成非创新性产品的初步技术方案或产品方案； 完成产品的性能优化方案或技术改进方案
高级工程师 SSE/ Senior Software Engineer （三级）	在具有 SSE 二级任职资格的基础上，符合以下要求： 本科毕业后具有三年以上工作经验； 熟悉公司某方面产品的技术路线，对产品及其所采用的技术具有全面的认识，具有规划创新性产品体系结构和技术路线的能力； 具有技术方案或产品方案的编写能力，能够独立完成创新性产品的具体实施方案； 对于公司产品方向的技术有较全面的了解，能够形成完整的性能优化方案或技术改进方案； 能够提出有创建性的建议	进入项目组期间主要从事软件设计工作； 主持或者作为主要人员参与系统的分析或设计工作； 规划新产品的体系结构和技术路线； 完成新产品的初步技术方案或产品方案； 完成产品的性能优化方案或技术改进方案； 对公司现有产品提出未来发展路线及版本规划方案

表 12－9　　高级测试工程师

职称名称	任职资格	工作职责
高级测试工程师 STE/ Senior Test Engineer (一级)	在具有 TE 三级任职资格和 SE 三级技能的基础上，符合以下要求： 本科毕业后具有一年以上工作经验； 能够根据产品测试情况和产品试点情况，提出产品改进和优化意见； 熟练掌握公司某项产品的开发技术。 具有以下两项技能之一： 掌握相关测试理论并可以将其应用到产品的测试工作中； 某种业务领域的知识丰富，能够根据业务领域知识检查分析和设计工作的结果是否满足需求，描述是否翔实	参与系统需求分析与设计的评审工作； 对测试结果进行分析，提出改进或优化意见； 根据需要对核心模块进行白盒测试。 根据技能完成以下工作之一： 分析测试结果，形成缺陷分析报告，分析形成缺陷的原因，提出对开发过程或开发技术的改进意见； 检查分析和设计工作，提交缺陷分析报告，分析引起分析和设计缺陷的原因，提出开发过程的改进意见
高级测试工程师 STE/ Senior Test Engineer (二级)	在具有 STE 一级任职资格和 SSE 一级技能的基础上，符合以下要求： 本科毕业后具有两年以上工作经验。 并同时具有以下两项技能之一：掌握相关测试理论并可以将其应用到产品的测试工作中； 某种业务领域的知识丰富，能够根据业务领域知识检查分析和设计工作的结果是否满足需求；描述是否翔实	完成 STE 一级的主要工作，并可以担负以下两项工作内容： 完成对系统需求和设计的检查工作，确保通过检查的分析和设计与需求的一致性、完整性，并描述充分详细； 将某项产品的测试工作理论化和量化，并能根据量化的测试结果改进开发过程
高级测试工程师 /STE Senior Test Engineer (三级)	在具有 STE 二级任职资格和 SSE 二级技能的基础上，符合以下要求，具有以下技能： 本科毕业后具有三年以上工作经验； 有至少一年专业测试的工作基础； 熟练掌握全面的测试理论，并能够结合公司实际情况改进测试过程，改进测试技术，形成测试体系； 在对某类产品非常娴熟的情况下，对公司其他各类产品也要有一定程度的了解	完成 STE 二级的主要工作，并可以担负以下工作内容： 改进和优化测试过程和测试技术，形成完整的测试体系，并能够根据各种产品的差异性，有针对性地细化测试方法

表 12－10　　高级网络工程师

职称名称	任职资格	工作职责
高级网络工程师 SNE/ Senior Network Engineer	除应具备所在工作定位的工程师职级技能要求外，还应在自己的工作定位范围内具备以下工作技能： 独立工作的能力； 工程实施方案、技术方案的设计、规划能力； 能够对深度技术故障进行分析、定位，并提出解决问题的建议或办法； 能够准确反馈公司产品的问题； 能够将公司自有产品和同类产品进行深度分析对比； 根据产品、技术方案的特色引导客户的能力； 具备较强的学习能力，能够针对公司的工作提出具有建设性的意见	根据用户要求，进行需求分析、设备选型、方案制订； 向用户、合作伙伴、销售经理讲解公司的解决方案； 收集竞争者产品的功能、性能信息，比较各产品的优缺点，对客户和竞争对手的数据进行深入的分析，提出比较报告，规划公司产品在竞争环境下的发展方向； 将整理的产品信息在系统内部进行知识扩散； 定期在专业性大众期刊上、web站点发表与公司产品、技术方向相关的文章

4. **技术专家**

表 12－11　　软件技术专家

职称名称	任职资格	工作职责
软件技术专家 SA/Software Architect	在具有 SSE 三级任职资格的基础上，符合以下要求： 精通某一技术领域内的所有相关技术，有丰富的技术经验； 能够针对公司产品提出有建设意义的发展道路和技术思路； 能够提出新产品规划的思路，能够主持完成新产品的初步设计方案和核心技术预研	对公司某一技术领域进行深层次的研究； 设计公司某个项目的技术体系或进行系统分析； 规划公司产品未来的发展道路、版本规划和技术思路； 规划新产品，主持完成新产品的初步设计方案和核心技术预研

表 12－12　　测试技术专家

职称名称	任职资格	工作职责
测试技术专家 TA/ Test Architect	在具有 TSE 三级任职资格的基础上，符合以下要求： 具有二年以上专业测试的工作经验，曾经负责某类产品的专业测试工作，具有深度问题定位能力； 熟悉公司的技术体系和技术发展路线； 能够根据特定产品系统地规划测试方案，构建测试模型，确定测试方法，选择测试工具。 能够根据公司产品测试特性，规划和主持开发较通用的测试工具	负责公司测试技术平台的规划与构建； 针对产品，规划整体测试方案和测试模型； 牵头对产品深度问题的定位与分析； 抽象通用测试工具模型、牵头测试工具开发

表 12－13　　网络技术专家

职称名称	任职资格	工作职责
网络技术专家 NA/Natwork Architect	除应具备 SNE 职级的技能要求外，还应在自己的工作定位范围内具备以下工作技能： 熟练掌握应用主流 IP 网络、操作系统及支撑系统技术； 深度挖掘自有产品的功能特色，针对不同的行业需求进行方案包装，为市场销售提供有力保障； 针对不同的行业应用，将自有产品和同类产品进行方案及功能、特色对比； 精确把握市场需求，从系统的角度对产品研发规划提出建议； 具备一定的技术前瞻性学习能力，能够对部门的技术更新提出建设性意见和进行引导； 精通熟悉用户群的行业背景和技术体系	研究用户需求，规划行业及各种网络状况下，公司产品的解决方案，并将该方案在部门内扩散，同时提供给销售部； 根据市场情况，深度分析对比竞争产品，为公司产品方向、功能性能提出建设性建议

二、管理职称

表 12－14　　产品开发组长

职称名称	任职资格	工作职责
产品开发组长/PGM Program Manager	具有公司 SE 三级以上职称； 具有工作认真、耐心、踏实的特性； 有技术经验和产品开发经验； 熟练掌握公司的产品开发管理体系，能够依此进行严格的监控与开发管理； 能够有效地检验开发人员工作结果，及时发现和解决问题； 善于把握产品开发的进度，能够根据实际情况及时解决影响进度的问题，及时调整开发计划； 善于沟通，有一定的管理技巧，能清楚了解开发人员工作状况、工作表现和思想活动； 能够依据具体产品，制定相关的开发模板、管理流程以及考评标准	负责整个产品或产品某项功能的开发； 参与系统的分析与设计工作； 管理产品的开发团队，根据项目计划制订具体的产品编码计划并跟踪进度，能够根据实际情况及时解决影响进度的问题，及时调整开发计划； 根据产品开发管理体系进行严格的监控与开发管理； 检验开发人员工作结果，及时发现和解决问题； 适当的时候与开发人员进行沟通，了解开发人员工作状况、工作表现和思想活动； 对开发人员的工作情况进行考评

表 12－15　　　　　　　　　　　　**产品开发经理**

职称名称	任职资格	工作职责
产品开发经理 PM/ Product Manager	具有公司 SSE 或 SA 职称； 具有产品开发组长的任职资格； 在公司曾担任过产品开发组长； 熟练掌握产品开发管理与过程管理的技术，并能够据此形成本项目组的管理规范； 熟练掌握软件工程方法，能够确定项目所采用的软件工程方法、技术与工具； 了解测试技术和测试方法，能够组织协调产品的测试工作； 善于沟通，有很强的管理技巧和领导水平，有很强的执行能力	在产品可行性研究完成之后，负责公司某项产品从设计到测试完成，直至产品交付通过内部验收的全部过程； 主持或主要参与产品的分析与设计工作； 制定项目计划，跟踪并及时调整项目计划； 根据公司相关规范制定适合本项目的产品管理规范； 按照产品的开发管理规范，组织产品开发的过程管理； 主持或主要参与项目采用软件工程方法、技术和工具的方案； 组织产品的测试工作； 主持产品各阶段工作的评审工作； 在适当的时候，与项目组内员工进行工作沟通，及时了解下级人员工作状况、工作表现和思想活动； 对下级人员的工作情况进行考评

表 12－16　　　　　　　　　　　　**测试组长**

职称名称	任职资格	工作职责
测试组长/TGM Test Group Manager	具有 TE 二级以上技术能力； 丰富的测试工作经验，熟悉公司产品的测试方法； 熟悉公司的测试项目管理； 善于沟通，有一定的管理技巧	参与整个测试项目的实施管理，负责测试组的人员管理与任务分配与监控； 讨论公司的测试项目管理方案； 测试方案框架与测试计划的主要编写； 根据产品具体情况，裁减测试要求和测试项目管理

表 12－17　　　　　　　　　　　　**工程经理**

职称名称	任职资格	工作职责
工程经理/PM Project Manager	具有 SNE 职称； 熟悉公司的工程项目管理； 丰富的网络实施经验，熟悉用户的网络及服务环境； 善于沟通，有一定的管理技巧	负责整个项目的实施管理； 参与讨论公司的工程项目管理方案

12.5　知识型团队项目管理实证研究

12.5.1　项目背景

某局职工教育工作取得了显著的成绩，每年各类培训、进修及自学考试人员不断增多，为了使分散在各类院校学习学员的学籍管理以及已毕业学员的学习档案管理更科学、方便，为了使学历认定工作更加规范、快捷，以符合国家教委及本局的要求，教育培训处与工程技术研究所联合开发了“某局职工学历教育管理系统”。

该系统包括：职工学历教育管理、职工自学考试管理及劳务合同工学历登记三个子系统。

1. 职工学历教育管理

职工学历教育管理包括数据管理、信息管理、信息查询、统计打印、口令保护和学历认证六个子模块。数据管理子模块主要管理职工学历数据，其中包括学历数据的录入编辑、数据转储、数据备份及数据还原等功能；信息管理子模块包括学校浏览、专业浏览、层次浏览和单位浏览等功能；信息查询子模块包括学校查询、单位查询、专业查询、年度查询、姓名查询及等记号查询等功能；统计打印子模块可以完成专业历年招生情况统计及打印、录取/在校/毕业情况统计及打印、学历教育人员情况统计及打印、学历教育人员花名册统计及打印等工作；口令保护子模块可以对口令进行录入、删除及修改等操作；学历认证子模块可以对学历及登记表进行认证及打印。

2. 职工自学考试管理

职工自学考试管理主要对职工自学考试数据进行管理，包括数据管理、信息管理、信息查询、统计打印、口令保护和学历认证六个子模块。

3. 劳务合同工学历登记

劳务合同工学历登记主要对劳务合同工学历数据进行管理，包括数据管理、信息管理、信息查询、统计打印、口令保护和学历认证六个子模块。该系统在中文 WindowsXP 环境下，用中文专业版开发，适合于各种微机。该系统主结构图如图 12－1 所示：

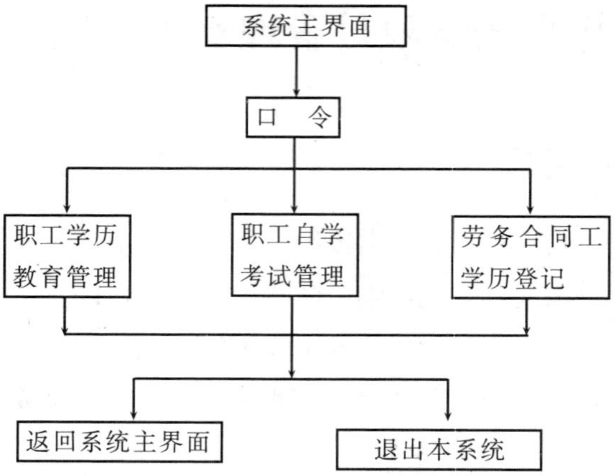

图 12-1 劳务合同工学历登记微机系统主结构图

12.5.2 团队的组建

"某局职工学历教育管理系统"开发项目是一个管理软件项目，既涉及学历管理问题，又涉及计算机编程问题。而实际的情况是：技术人员不懂学历教育的管理，而管理人员又不懂计算机编程技术。

所以，在决定开发该项目之前，就想到了由某局教育培训处与某局工程技术研究所进行联合开发。我们在与工程技术研究所协商之后，决定由双方各自抽调自己的精干人员，组织成一个由八人组成的开发团队。该开发团队的成员如下表12－18所示：

表12－18 某局开发团队成员表

编号	原部门	原职务	团队中职务	工作职责
A1	培训处	副处长	队长	总体负责项目进度
A2	研究所	高工	副队长	主要负责研发进展
B1	培训处	职员	成员	负责功能设计
B2	研究所	工程师	成员	负责编码设计
B3	研究所	工程师	成员	负责数据库设计
B4	研究所	工程师	成员	负责程序编写
B5	研究所	工程师	成员	负责界面设计及编写
B6	培训处	职员	成员	负责数据录入

注：为了便于真实描述，这里隐去了姓名

团队组建以后，我们及时召集了所有团队成员参加的第一次团队会议。会议主要进行了以下内容：

- 确定项目研发时间计划：200×年2月至200×年7月
- 公布团队成员的组成名单
- 明确团队各成员的职责
- 介绍各团队成员相互认识

会议进行得比较顺利，团队各成员都明白了自己的角色，并且对完成各自的任务充满信心。

12.5.3 团队的磨合

在团队建立初期，由于团队各个成员的工作项目没有交叉，当工作中出现问题时，团队成员会直接找副队长或队长进行协商处理，所以团队整体运转较为正常。

但是好景不长，在团队成立一个月以后，各类问题陆续出现：

当B1将第一个模块的功能设计完成以后，交于B2时，B2认为功能描述过于简单，不符合软件开发的技术要求，无法通过B1的功能设计文件进行编码设计。而B1则认为自己并不是专业的技术人员，主要能够用自己的语言描述清楚即可，同时也没有人说要按软件开发的技术要求进行功能设计。

由于双方都认为不是自己的过错，所以都以为对方会向队长汇报，自己只是静静地等待。B1、B2的工作搁置，直接导致了B3与B4的工作无法正常开展。

在月末团队工作进度汇报会议中，队长及副队长才发现此类问题。副队长认为B1应该重新按照软件开发的技术要求编写文件，而队长却认为这样做会影响整个进度。另外，由于B1没有经过系统的软件开发培训，所以也很难在很短的时间内完成该项工作。最后会议决定由B3、B4协助B1完成工作。

工作虽然布置下去了，但团队成员之间产生了不快。B3、B4认为不应该因为自己懂技术就应该多干活儿，虽然B1写的文档有些不够标准，但B2作为一名设计人员，有责任通过与B1交流的方式去了解自己不明白的地方，如果B3、B4加入到功能设计中去，不仅降低了效率，而且只会将问题变得更加复杂。

随着工作的深入，这种团队成员之间的不快，逐渐地演变成了隔阂甚至冲突。团队的工作效率继续下降，成员之间互相推诿的事情越来越多。

队长及副队长很快发现了问题，经过交流后，他们一致认为：这并不是简单的工作分配问题，更深层次的问题是团队成员之间没有相互协助的团队精神。

于是，我们又专门召集了一次特别会议，这次会议的主要内容就是让各位团队成员能够将自己的真实想法和遇到的矛盾都摆出来，然后大家一起来讨论解决办法。会议中，各位成员发言十分踊跃，争论也非常激烈。

不过，在会议快结束时，大家还是统一了意见：达成团队的目标（按时完成项目的研发工作）是最重要的，相互推诿只能让每个人都完不成任务。所以，成员之间必须相互协作，有问题积极协商、共同解决。

12.5.4 团队的成熟

会议开过以后，成员之间再也没有相互推诿的情况出现。每个人除了按要求完成自己的工作以外，还积极主动地协助他人。

以前，B4 一直在抱怨 B2 经常修改已经提交的编码设计，使自己的编码工作无法顺利进行。现在 B4 可以主动与 B2 进行沟通，说明自己的苦恼，B2 表示非常能够理解，但 B2 也并不是因为自己的原因才进行修改的。

于是，在 B2 的召集下，专门就此问题召开了一次会议。与该问题相关的 B1、B3 和 B5 都积极地参加了会议。他们重新讨论了相互之间的工作衔接程序，修改了不合理的一些流程，最终达成了一致。与会各成员对会议的结果都非常满意。

会后，B2 将会议结果通知了 A1 和 A2。A1 和 A2 都非常高兴，因为这是团队成立以来团队成员自发召开的第一次会议。另外，B2 工作态度的转变也让 A1 和 A2 非常高兴。

在此之后，团队成员的工作热情与工作效率一直很高，团队成员经常自发性地组织会议，对出现的问题进行讨论，并协商解决的对策。

该团队最终按规定的时间完成了工作任务。

12.5.5 团队成员的绩效评估

在团队工作过程中，我们一直在对团队成员进行评估。评估的最终目的是改善团队成员的工作表现，以达到团队的目标，并提高团队成员的满意程度和未来的成就感。我们按照以下的顺序对团队的成员进行了绩效评估。评估的顺序如下

图 12 －2 所示：

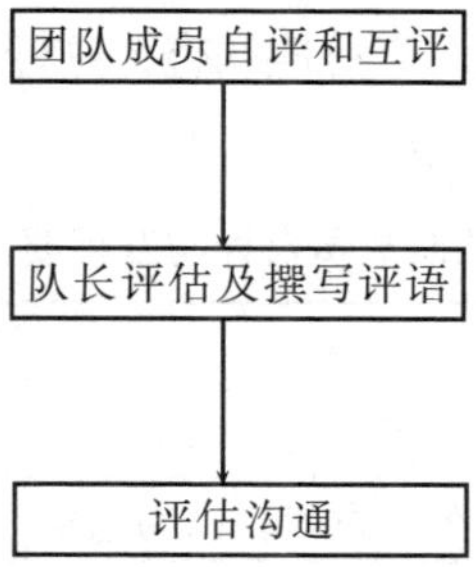

图 12－ 2　团队成员评估流程图

1. 考核的原则

在评估时，我们坚持了一致性和客观性的原则。一致性是指在一段连续时间之内，评估的内容和标准不能有大的变化，至少应保持 1 年之内评估的方法具有一致性；客观性是指评估要客观地反映员工的实际情况，避免由于光环效应、新近性、偏见等带来的误差。

评估每季度进行一次，原则上在 3 月、6 月、9 月、12 月下旬进行；绩效考核结束后，应由团队领导及团队成员进行绩效考核沟通。绩效考核沟通应在考核结束后一周内安排。

2. 评估的方法

绩效评估先从团队成员自评开始，然后进行互评。队员之间的相互评价是困难而又必要的。因为，团队的工作绩效来源于团队每一位成员的表现，因此每一个成员都应单独进行评价。团队成员的评价无法由你一个人来完成，因为你不可能对每一个队员都十分了解。团队成员应增强自身的评判能力，而队员们相互之间的评价则是一个好方法。

最后由团队领导进行评估并撰写评估评语。

上述工作完成后，经过审核，确定无误后，就可以进入评估沟通阶段。

“评估沟通”，一般由评估人和被评估人单独进行。沟通的程序建议采用“三明治”法，即开始先对被评估人的工作成绩进行肯定，然后提出一些不足（这时要充分听取被评估人的意见，让其畅所欲言）及改进意见，最后再对被评估人进行一番鼓励。

为了防止在评估沟通中评估人与被评估人对评估结果发生争执，评估人应该事前做好评估沟通的准备工作。比如评估人可以根据被评估人自评结果找出可能产生争执的问题，并对相关内容进行客观而广泛地调查，这样才能有效地解除争执。

3. **评估的要素（见表 12－19 和 12－20）**

表 12－19　　　　团队成员自评与互评要素

评价因素	评价工作要点
参与性	积极参与团队活动
交流性	公开发表自己的意见
	清晰表明自己的意见
	听取他人的意见
合作性	当需要时帮助他人
团队精神	以团队的最高利益为行为标准按规章制度办事
革新性	集思广益，改善不良之处

表 12－20　　　　团队负责人绩效评估要素

评价因素	评价工作要点
勤务态度	A. 严格遵守工作制度，有效利用工作时间 B. 对新工作持积极态度 C. 忠于职守、坚守岗位 D. 以协作精神工作，协助配合其他团队成员
受命准备	A. 正确理解工作内容，制定适当的工作计划 B. 不需要详细的指示和指导 C. 及时与团队成员取得联系，使工作顺利进行 D. 迅速、适当地处理工作中的失败及临时追加任务
业务活动	A. 以主人公精神与团队成员同心协力努力工作 B. 正确认识工作目的，正确处理业务 C. 积极努力改善工作方法 D. 不打乱工作秩序，不妨碍他人工作
工作效率	A. 工作速度快，不误工期 B. 业务处置得当，经常保持良好成绩 C. 工作方法合理，时间和经费的使用十分有效 D. 工作中没有半途而废、不了了之和造成后遗症的现象
成绩	A. 工作成果达到预期目的或计划要求 B. 及时整理工作成果，为以后的工作创造条件 C. 工作总结和汇报准确真实 D. 工作中熟练程度和技能提高较快

4. **评估沟通的内容**

评估沟通围绕着如下内容来进行：

- 工作成功的方面
- 工作中需要改善的地方
- 是否需要接受一定的教训
- 本人认为自己的工作在本团队处于什么状况
- 本人认为本团队工作最好的是谁？为什么？
- 对考核有什么意见
- 希望从团队得到怎样的帮助
- 下一步的工作和绩效的改进方向

小　　结

在知识经济时代，人是最重要的资源。这是因为知识企业的发展很大程度上取决于资本的运作，而知识资本的提供者和所有者是人，是企业的员工。在知识型企业里，企业的资本由两部分构成，即物质资本和知识资本。物质资本的所有者是企业股东，而知识资本的所有者是企业的员工。

知识员工在管理上有其自身的特点，对于知识员工的激励，要通过外在激励和内在激励两个方面来进行，将外在因素和内在因素相结合，才能取得最大的激励效果。

知识型企业的人力资源管理也有其新特点：一方面要加强企业激励机制的建设，另一方面要做到公开和民主，尽可能做到以人为本。知识型员工对自我实现有着强烈的要求，所以对知识型员工进行职称管理，规划其职业发展轨迹亦显得尤为重要。

第 13 章

防止人才流失

13.1 人才流失的主要原因

13.1.1 从一个案例谈起

当周先生的雇主给他加薪8%时，老板实际上是递给这位业务经理一个信息，希望他继续待下去，但周并不感兴趣。当一个猎头公司由北京给他打电话后，他准备前去应聘，虽然目前他的收入总数已经达到6位数字。“我主要追求的是给真正需要我为他们工作的人去干活，”周说，“我不愿意别人以为是在对我施什么恩惠。”

当周的原雇主答应给他以贵宾礼遇时，他去意已决。“这里真的需要我!”周在他的新办公室里简单地说了这么一句。越来越多的招聘公司、招聘人员和公司人力资源部主管都说，钱是重要的，但还不足以吸引有才之士转职换岗。

近年来，研究人员调查了150个高级职员，其中一半都在人力资源部门任职，当问到他们为什么待遇挺好的雇员会离职？41%的人回答，是因为晋升的机会有限；25%的人指出，他们的业绩没有得到赏识；只有15%的人说钱是主要因素。

对于人才而言，赏识和夸奖对他们来说甚至比工资和福利还重要。在目前这样竞争激烈的劳动市场中，对雇员既不示以光明前途又不及时提升他们的公司，就要输给那些能做到这一点的公司。早在雇用之初，雇主的一个义不容辞的责任就是指明前途。一旦就职以后，公司就应兑现；他们需要定期同雇员接触，要保证雇员真正得到了在雇用之初许诺他们的一切。

徐小姐最近换了职务，“我一直在找这样的一个工作，不那么无聊，我还能有真正的责任要负，有独立性，还有发展的机会。”她说。“虽说我过去的头衔也是个决策者，可是我有个班子，如果得不到七个人的同意什么决策也定不了。他们没把你当做那么回事，他们由外面雇人，给的钱比给我的还多。”往深层说，雇员希望知道公司支持他们，相信他们。要证明这点，就得委以重任付以高薪。

在招聘人员之间，有那么多的职位但只有那么少的人可求，竞争变得激烈了。关键是要明确，怎样才能打动他们换岗，常常金钱并不成为主要问题。如果其他条件都一样，招聘人员的个人魅力和职业专长也许能帮助解决问题。

13.1.2 人才流动的主要原因

在人才市场中，人愿意挪动的两个理由就是：金钱和提升机会。一般都认为，跳槽是越来越常见的现象。但正相反，平均任职年限的统计数字在近些年并没有多大改变。不过，在这些总体统计数字的背后也还有不少人，他们不想为同一雇主干到退休为止。新一代职员认为，忠诚应建立在业绩的基础上，而不是工龄有多久。“根据我的工作来评价我，不要看年头。”他们这样说。他们追求的是个人职责的大小，他们认识到社会总在变，他们还得为自己的未来做准备。他们寻求的是，更大的职责、良好的同事关系和更多的培训和提高的机会。他们喜欢述职关系较为灵活的具有横向组织的机构。他们的触须总是朝向外界，外边是买方市场，他们总是在寻求新的机遇。

培训机会是促使新一代职员跳槽的一个重大刺激，当然福利也有关系。人们需要培训以使自己安心确能顺利升级，这不仅仅是为了头衔，而且是出于自我发展的观点。现在机构都在缩小，人们逐渐认为，一辈子受雇用是个不可靠的想法。你得自我投资，那样你的工作除了钱以外还应为你付红利。我们现在发现，候选人选择的雇主是那些许诺当天、当月或当年就能提高你的技能的人。

公司文化和技术问题同样是使雇员雇主能相互契合的重要因素。今日我们面对的雇员最可能就是那些要求机构应适合他们自己企业观的新一代雇员。当然，每个人都希望有钱，但越来越多的求职者关心的是幸福，这就意味着要找一个文化氛围更合得来的公司。他们希望找一个能晋升的地方，一个能有所作为的地方，一个能找到良师益友帮助他们发展的地方。一个人力资源部经理到一个招聘公司就任新职，他说：“每个人都以能做雇主为荣；他们谈起我们的首席执行官时直呼其名；他们说他们得给自己拟定目标。后来我碰见首席执行官，他鼓励我去见他并说出我的想法。我有创造性，我一直在找一个这样会鼓励我的公司。另外吸引我的是，我在一个国际性的职业介绍公司能施展出全套的人事工作技能。我认为发展机遇是吸引人们来这里的首要原因。”

当几个竞争的雇主提供的钱都差不多时，人们追求的是另外一些东西。也正是这些东西把信息技术人员推到技术上的优势地位；销售或培训人员则想在全球范围开展业务；在投资和财务上，他们就想跟大公司打交道。关键是要找到这个人的那根弦，找到究竟靠着什么才能说动他肯于挪动换岗的理由。

对于招聘募人员来讲起码的问题是，这些人是不是真的想跳槽，如果想，他们到了新的地方会不会待足够的时间（通常要三到六个月），好让招聘人员能拿到报酬。你得找到真想动的人。如果有人告诉你他总是盯着新机会，那还不够，你还得深挖。需要多听，一直到听出苗头来。要了解一个人的动机，有的招聘人员先是初步的电话调查，然后是见面，有时甚至要私下见上两三面才把应征者带到主顾那里。他们要了解应征者，了解他要干什么，他有什么技术，他们还想知道应征者为什么要离开。公司应该问出确确实实的理由，例如“我们公司在最近五年里，像我这个位置的人一个也没提升”，或者说“他们由外边招的人都比我水平高”。如果只是为了钱，雇主都很精明，他们知道这个家伙待不长。于是公司不难用这些因素把他留下干活。

表 14－1 将以表格形式演绎导致雇员产生辞职想法的原因和可能的解决途径。

表 14－1　　雇员辞职原因及对策

工作要素	导致员工产生辞职想法的原因分析	可能采取的员工保持策略
薪酬	1. 薪酬缺乏行业竞争力； 2. 收入分配不公平； 3. 收入与贡献不挂钩是深层次的原因	1. 注意市场薪酬水平的变化，参加薪资调查； 2. 完善绩效评估体系； 3. 考虑员工持股方案，做好内部股的规划、实施工作
晋升	1. 晋升的机会太少，有一种做到头的感觉； 2. 公司的业务领域不扩大，职位的数量就很少	1. 工作轮换； 2. 给专门走技术路线的人设计技术发展道路，不一定非要有个人升迁； 3. 偏重内部提升； 4. 职业生涯设计，员工会感到有发展前途
管理制度	1. 存在部门不正风气，相互协作不够； 2. 上下级之间存在较严重的沟通障碍； 3. 公司的组织架构复杂，层级多，下面的信息层层上去很慢； 4. 管理结构不稳定、明晰，往往会感到多头领导； 5. 管理层的决策慢	1. 上级能安排出专门的时间和员工做面对面的交流，如在绩效评估时交流； 2. 能够建立一个提出合理化建议的方式，如专用的电子邮箱； 3. 可以举行一些活动让员工相互了解、认识； 4. 定期开展员工座谈会，了解员工的思想动态； 5. 明确每个人的权限； 6. 实行目标管理； 7. 高层管理人员要提倡沟通和交流
成就感	1. 工作发展设想和个人预想不一致； 2. 研究开发人员渴望接触新的技术，而不是原地踏步	1. 内部换岗； 2. 提供细致的技术培训； 3. 研究开发人员能接手新的任务

13.2　防止人才流失的对策

13.2.1　加强风险管理

在进行人力资源管理时，我们往往重视招聘、培训、考评、薪资等各个具体内容的操作，而忽视了其中的风险管理问题。其实，每个企业在人事管理中都可能遇到风险，如招聘失败、新政策引起员工不满、技术骨干突然离职，等等。这些事件会影响公司的正常运转，甚至会对公司造成致命的打击。如何防范这些风险的发生，是我们应该研究的问题。特别是高新技术企业，由于对人的依赖更大，所以更需要重视人力资源管理中的风险管理。

风险管理是指通过风险识别、风险估计、风险驾驭、风险监控等一系列活动来防范风险的管理工作。人力资源管理中的风险管理是指在招聘、工作分析、职业计划、绩效考评、工作评估、薪金管理、福利激励、员工培训、员工管理等各个环节中进行风险管理，防范人力资源管理中的风险发生。

1. 风险分类

一般我们可以按人力资源管理中的各环节内容对风险进行分类，如招聘风险、绩效考评风险、工作评估风险、薪金管理风险、员工培训风险、员工管理风险等等。对高新技术企业来讲，招聘风险、绩效考评风险、薪金管理风险、员工管理风险等显得更为重要。

另外我们也可从已知风险、可预知风险、不可预知风险的角度对风险进行分类。对于已知风险和可预知风险，我们要采取积极地措施进行防范。

2. 风险识别

要想防范风险，首先要进行风险识别。识别风险就是主动地去寻找风险，比如员工管理中，技术骨干离职风险可能会由以下几个方面产生：

（1）待遇：他是否对他的待遇满意？

（2）工作成就感：他是否有工作成就感？

（3）自我发展：他是否在工作中提高了自己的能力？

（4）人际关系：他在公司是否有良好的人际关系？

（5）公平感：他是否感到公司对他与别人是公平的？

（6）地位：他是否认为他在公司的地位与他对公司的贡献成正比？

（7）信心：他是否对公司的发展和个人在公司的发展充满了信心？

（8）沟通：他是否有机会与大家沟通、交流？

（9）关心：他是否能得到公司和员工的关心？

（10）认同：他是否认同企业的管理方式、企业文化、发展战略？

（11）其他：他是否有可能因为结婚、出国留学、继续深造等原因离职？

人事经理要根据认真了解到的客观情况，对可能发生的风险进行有效识别，这是防范风险的第一步。

3. 风险评估

风险评估是对风险可能造成的损害进行分析。主要通过以下几个步骤进行评估：

（1）根据风险识别的条目有针对性地进行调研；

（2）根据调研结果和经验，预测发生的可能性，并用百分比表示发生可能性的程度；

（3）根据程度排定优先序列。

比如说，人事经理可以通过与当事人交谈、发调查表等形式进行调研，并根据调研结果和经验，确定该员工在各风险识别条目中离职的可能性。结果如下：

（1）10%（2）20%（3）10%（4）0%（5）50%（6）20%

（7）0%（8）30%（9）0%（10）0%（11）0%。

优先序列是：（5）、（8）、（2）、（6）、（1）、（3）、（4）、（7）、（9）、（10）、（11）。

人事经理可以发现，该员工对公平、沟通较为不满，由于公平问题而离职的可能性最大，其次是沟通问题。

4. 风险驾驭

风险驾驭是解决风险评估中发现的问题，从而消除预知风险。它一般由以下几个步骤构成：

（1）针对预知风险进行进一步调研；

（2）根据调研结果，草拟消除风险方案；

（3）将该方案与相关人员讨论，并报上级批准；

（4）实施该方案。

如人事经理可针对公平问题和沟通问题，进行专项交谈或调查，找出问题的根源，并草拟相应的方案。解决公平问题的方案如下：

（1）在制定公司规章制度时，广泛征求员工的意见；（通过调查发现，由于没有参与制度的制定，误认为制度本身不公平）

（2）向各部门发放公司制度合订本，方便员工了解公司制度；（通过调查发现，由于对某些制度的细节不很清楚，误以为制度执行不公平）

（3）将工资晋升标准公开，使工资晋升透明化；（通过调查发现，由于公司工资晋升标准不明确，容易产生待遇不公平感）

（4）增加部门间交流。（通过调查发现，误认为其他部门工作轻松，而自己是最辛苦的，也容易产生不公平感）

人事经理可以将上述建议与大家讨论，最后由办公例会或总经理批准通过。

通过上述方案的实施，可能会增加大家的公平感，具体效果如何，还要进行调查得出结论。

5. 风险监控

当旧的风险消除后，可能又会出现新的风险，所以风险识别、风险评估、风险驾驭这几个环节要连续不断地进行下去，形成有效的监控机制。

在一段时间以后，要对风险进行再分析，确保对风险制定的驾驭方案能够切实有效地进行，并且要对执行中的问题进行再评估。

另外要注意总结经验，为将来的风险管理提供数据。

13. 2. 2　防止人才流失的五项措施

人是企业最重要的资源，员工跳槽，特别是公司骨干跳槽，对中小企业的影响是很大的，有时甚至是致命的。然而，人才资源始终是稀缺资源，随着社会的发展，人才的竞争会越来越激烈。那么，我们该如何防止员工跳槽呢？

1. 把好招聘关

在招聘员工时，特别是在招聘技术或业务的核心人员时，我们除要考察他的岗位技术能力外，还要考察他的稳定性。我们可以从他的以往经历中，看出他个人的稳定性。比如，他是否经常换单位？他换单位的原因是什么？是因为个人发展，还是因为待遇？他是否结婚？是否打算长期在这个城市待下去？如果我们将这些问题都搞清楚了，这个人是否能在公司长期干下去我们基本也有了定论。

2. **规范管理制度**

员工跳槽本身并不可怕，可怕的是他带走公司的技术和客户资源。如果公司规范了岗位职责、作业流程、工作汇报等相关制度，加强技术资料和客户资料的管理和备份，就可以将人员跳槽的损失减少到最小程度。

另外，很多人员跳槽，正是因为公司的规章制度不健全，管理混乱，认为公司没有前途，自己干下去也没有什么意思，有这种想法的人往往都是较有能力的人。所以，从长远来看，加强公司的管理制度、工作流程、岗位职责、激励机制等建设，是解决人员流失的根本出路。

3. **提高薪金待遇**

人只有满足了生存的需要，才会有发展的需要，所以员工的待遇问题是员工最关心的问题。当另一家同等规模、同等岗位的待遇高于本公司待遇的20%，则有可能会因为待遇问题引起低待遇公司向高待遇公司流动。所以，在制定公司的薪酬制度时，一定要参考本地区同行业其他公司的薪酬待遇，使本公司的薪酬等于或略高于同等行业的平均待遇，这样才会稳定公司的人员。

另外，公司应为员工及时办理各项社会保障福利，如社会医疗保险、社会失业保险及社会养老保险等等，使员工对公司产生好感和信赖。

4. **加强平等沟通**

沟通不畅几乎是每个中小企业都存在的问题。员工在工作中，由于这样或那样的原因有时会或多或少的产生一些怨气，如果这时管理者能够有所察觉，及时地与员工沟通，将矛盾消灭在萌芽之中，这样对公司或对个人都有好处。

平等沟通还能激发员工的创造性和培养员工的归属感，但平等沟通不是自然形成的，也不是一条行政命令可以解决的。管理者必须是平等沟通的积极倡导者，必须首先主动去找员工进行沟通，久而久之才能形成平等沟通的风气。

5. **员工持股计划**

员工持股实际上是给员工戴了一个“金手铐”，它可以让员工把公司当成自己的家（而不仅仅是打工挣钱的地方）。员工感觉到是为自己在工作，是为自己的“家”在添砖加瓦。在积极提高员工待遇的同时，我们可以根据员工对公司不同的贡献，使其持有不同的股份。我们可以通过赠送的方式，也可以将奖金的一部分折为股份。

员工持股是稳定员工队伍的一个新的方法。但在执行前，要进行必要的资产评估，要谨慎地制定出详细的持股方案，最好有相关的专家进行指导。

13.2.3 美国公司采用的雇员保持策略（见表 14－2）

表 14－2 美国公司采用的雇员保持策略

主题	具体措施	代表性的公司
招聘	将招聘渠道、雇员来源按流失率的水平分类 在招聘过程的后期进行工作现实预展(RJP) 在头 6 到 12 个月进行员工定向和同化过程	PriceWaterhouseCoopers Northwestern MutualLife Leo Burnett Cisco Systems Disney World Intel
工作本身	提供更多的决策机会 在工作职责中允许有显著的自主权和自由度	General Electric AES Ritz Cariton
薪资	测量薪资的竞争性以及满意度的稳定性	Emerson Electric
职业发展	偏重于内部提升 可持续发展的工作任务：既考虑公司的需要也考虑员工的发展 帮助明确个人的职业发展目标 鼓励员工定位自己的职业发展方向 提供细致的培训机会	3M Disney World Citigroup Royal Dutch Shell Motorola WalMart AlliedSignal Dow Corning Motorola Disney World
工作环境	提供高绩效员工喜欢的工作环境（如：灵活的工作时间、尖端科技、电子办公等） 通过有效的绩效管理减少低绩效员工，给高绩效员工创造更多的机会	SAS Institute HewlettPackard Microsoft PepsiCo

13.2.4 美国公司留住员工的秘诀

从生产力的降低和替换人手的成本来考虑，一个员工的离职可能会使这家企业损失 5 万到 10 万美元，如果你失去的是在公司工作多年、积聚了大量知识资本的高级人才，那就更糟了。因此，知道如何在具有挑战性的环境中留住人才，会成为企业真正的竞争优势。在这一点上，美国许多知名企业都有自己的绝招来挽留和吸引更多的人才。

1. 通用电气公司的诀窍是：发掘企业内最有才能的人，然后投入大量资金进行培训和指导

在每年的春天，首席执行官杰克·韦尔奇和高级人力资源负责人比尔·科纳蒂会花大约 16 个小时的时间，仔细审阅管理人员简历，看看有无领导通用电气公司的管理人才。但是这些在他们的寻找过程中显示出有希望的候选人，不是来自企业之外，而已经是通用电气公司的一员了。

这些管理人员写好内部简历，列出他们的成就、强项和期望的职位。然后部门领导向韦尔奇和科纳蒂推荐精挑细选的员工，再由他们两人决定哪些人参加公司在纽约州北部举行的管理培训。他们只挑选 360 名专业人员、分为 6 个班，每班 60 人。

科纳蒂说，这些人在那里学习怎样在公司发展，成功需要什么。教他们的人并不是来自商学院的教师，而是公司重要职位上的职员，而这些重要职位正是学员们内心追求的目标。

通用电气公司还为有希望成为一般经理的人举办培训班，一年四次。学生分组解决公司一些棘手的经营问题，然后向公司经理委员会汇报。

另一个课程为有希望成为高级经理的雇员举办，一年一次。他们会研讨公司面对的重大问题，然后在每年 11 月的公司高层会议上上报。通用电气公司认为，给予高级管理人员在公司内发展的机会，能够留住这些人才。

这种做法并非总是灵验，许多在通用电气公司开设的培训班毕业的人仍然跳到其他公司工作。最有名的例子有：斯坦利·高尔特和拉里·博西迪。他们分别主管鲁伯迈德公司和联信公司。然而，仍有许多高级经理人员留在通用电气公司，韦尔奇可以肯定，自己会从中发现精明强干的接班人。

通用电气公司 8% 的人才流失率表明，这家传统经济的超级明星企业有相当的能力抵御新经济企业的挑战。

2. 西南航空公司的诀窍是：抓住人才引进的第一个环节，在招聘过程中就投入大量资金，仔细挑选

该公司人力资源部总监利比·萨廷认为，西南航空公司所采用的谈话式的面试，使求职者感到不受拘束。“如果求职者感到他们好像在同朋友闲话家常，他们会讲出一些难以置信的事。”萨廷还记得一名求职者被问起以前怎样处理与同事的紧张关系时，承认曾经打过一名同事。但是，西南航空公司的面试不是一种审查怪人的工具，招聘人员从面试中可以看出求职者是否能成功地接受和适应以客户为中心的公司文化。

萨廷及其下属对西南航空公司雇员的行为进行了长达10年的分析，把测试员工的常识、判断和决定能力这类具有共同性的问题标准化。

招聘过程所花的时间和金钱使公司的人力流失率只有9%（上层管理人员为6%），大大低于航空业的其他公司。它还使西南航空公司在发展过程中能保持固定统一的文化，能在公司内部培养管理人才。这家航空公司高级管理人员中，外来者不到5人，许多是从员工基层提拔上来的。例如，执行副总裁科琳·巴雷特在1971年开始工作时只是首席执行官赫布·凯莱赫的法律秘书。

3. 家庭用品公司的诀窍是：把决定权交给所有雇员，不管他们的地位有多低

在服务行业，这种做法使该公司获得了与对手竞争的优势。家庭用品公司把它的销售人员称为“同仁”。在其他企业，这可能只不过是一个空洞的称呼，但是，这里的公司文化是由内到外建立起来的：非基层职位有90%以上是由公司内的职员填补；公司400名部门负责人中只有12人从外界招聘。正如创始人伯尼·马库斯和阿瑟·布兰克在纵论公司历史的《长存》一书中所写的：“同仁意味着平等。我们对商店销售人员说的话同对地区经理说的话一样重视，有时甚至更加重视。因为销售人员与顾客有更多的接触，他们才是站在第一线的人。”人力资源部主任艾尔·弗罗期待说，公司目前最大的挑战是迅速培养人才，使他们能填补业务迅速发展带来的大量高一级人才方能胜任的岗位。

此外，公司的股票购买计划也力图使所有雇员都成为真正的“同仁”。所有成员都可以在任何时候以降低15%的价格购买公司股票。公司得到的回报是：虽然没有公开的确切的人才流失数字，但公司发言人说，人才流失率要比同行业的平均水平低20%。

4. 思科系统公司的诀窍是：从第一天开始就尽一切可能，使新员工感到他们是受欢迎的

“如果你把员工看成是为公司做出贡献的人，那他们就会为公司做出贡献。”在这个公司纷纷并购的时代，需要做企业融入和新员工适应环境的工作，这方面谁也没有思科公司做得好。在过去的时间里，思科公司收购了20多家公司，但是只流失了微不足道的7%的员工。思科公司是怎样做的呢？

人力资源部总监巴巴拉·贝克说，首先，除非一家公司的文化、管理制度、工资制度与思科公司类似，否则思科公司是不会考虑收购的。收购之后，思科公司尽可能让新来的员工对企业留有好的印象。新员工到来时，他们会发现电子邮件、电话等需要的东西已经安排妥当：公司发给的情况介绍会告诉他们怎样浏览公司的网站，查找网站中有关公司福利和规章制度的资料，会说明思科公司文化的内容，提出如何在公司内获得成功的建议。给每个新收购的公司分派一个过渡班子，这意味着给每一名新员工分派一名辅导员——但肯定不是上司。等到首席执行官约翰·钱伯斯与员工进行定期的季度交谈时，新员工已感到自己就是思科家庭的一员。

13.3 IT企业人才流失调查报告

13.3.1 背景介绍

雇员流失是指“从组织中获取物质收益的个体终止其组织成员关系的过程”。雇员流失通常被分为两种类型：主动流失和被动流失。主动流失是指流失的决策主要由雇员做出，通常指辞职；被动流失是指流失的决策主要由组织做出，包括解雇和开除。尽管雇员流失对组织既有不利的影响，同时也存在有利的影响，但是对于企业管理者来说，被动流失往往是确定的，是可以被企业所控制的，主动流失却往往难以预测。一般认为，过高的主动流失对于组织是不利的。因此，相对于被动流失，主动流失得到了研究者更多的关注。（本文以下如不特别说明，“流失”均指的是主动流失。）

近年来，随着我国市场经济的深入发展以及传统刚性用工制度被打破，雇员流失现象得到了越来越多的关注。在中国，多数属于高技术领域的企业，尤其是IT企业，对管理者和技术人员的保留是非常重要的。这在像北京、上海、广州这样的大城市中尤为明显。美国Watson Wyatt咨询公司在我国几个大城市开展的一项调查也发现了相同的结论。由于我国近年来IT企业发展速度迅猛，在国民经济中占有越来越重要的地位，因此，对于IT企业中员工流失原因的考察是很有意义的。

国外对雇员流失的研究历史很长，可以追溯至20世纪初。对于IT企业主动流失的影响因素，国外已有研究。然而，由于国情、制度和文化等诸多方面的不同，中国 IT 企业雇员流失的原因和西方雇员流失的原因必然会存在差异，因此，国外已有的相关研究结论不能生搬硬套，不能直接用于指导中国的管理实践。国内已有的一些研究虽然从多方面去探讨主动流失的原因，但是缺乏系统性的分析，在揭示主动流失原因的规律性方面显得证据不足。

本调查报告主要从 IT 企业人力资源管理者的角度出发，考察有哪些个体对外界的感知因素会显著影响员工流失。我们采用了个人深访（Indepth Interview，以下简称“个访”）和小组深访（Focus Group Discussion，以下简称“组访”）两种定性研究方法。目标是在已有认识的基础上，注重把握对 IT 企业员工流失有显著影响的因素，为今后构建符合中国 IT 企业员工流失实际情况的动因模型并进行实证量化研究打下基础。

13.3.2 数据和研究方法

1. 访谈提纲的产生

在正式开始实地访谈之前，我们从以下几个方面进行了准备性的工作：①花了大量的时间参阅国内外已有的研究文献；②通过网络查到了一些国外员工流失研究专家的电子邮件地址，并建立了信件往来的联系，得到了很大的帮助；③注意收集国内有限的非学术性员工流失的调查报告；④我们曾在上海一家 IT 企业进行过员工工作满意度和流失意图的专项调查，包括问卷调查和 5 场小组深访；⑤在深圳市希捷尔人力资源公司（即中国人才热线：http://www.cjol.com）的帮助下，得到了“首届中国雇员网上跳槽总调查”的 3158 条数据并进行了细致地分析。

准备阶段产生的主要认识有：

①对 Cjol 数据的多元 Logistic 回归分析表示：婚姻状况、个人发展机会、公司发展前景和公司管理水平是显著影响 IT 企业员工流失意图的因素；

②对 Cjol 问卷中一项问题（“如果您打算辞去目前的工作或已经辞职，您主要的原因是什么?”）回答的频数分析表明：个人发展空间小、不能发挥出自己的能力、工资低、公司管理水平低、不能提供学习和深造的机会以及目前的工作已经学不到新的东西是引起 IT 企业员工流失/流失意图的前五位原因；

③在上海的 IT 企业中，我们主要考察了导致员工产生流失意图的工作要素，

它们可以总结为薪酬、晋升、管理制度和员工的成就感；

④和西方发达国家相比较，我们认为低福利制度带来的压力、户口和合同以及传统文化（主要指对权威的认同、面子、关系和集体主义）是值得重点考虑的中国化的情景影响因素；

⑤由于技术人员对于IT企业的重要性很大，我们应对这个职业群体的流失原因有专门的考虑。

总之，我们本项研究主要关注的问题具体表现在以下三个方面：

①我们辨识出的影响因素在导致员工流失方面的重要性有多大？有没有我们没有发现的影响因素？我们根据已有的认识从外部环境、与工作和组织相关的因素以及非工作因素三个方面来辅助归纳考虑；

②特别是，中国化的情景因素重要性如何？

③由于技术人员对于IT企业来说很重要，那么具体对于技术人员有哪些突出的影响因素？

基于以上的考虑我们产生了访谈时采用的内容提纲。

2. 研究方法

个访和组访是国外人力资源管理中常用的两种定性调查方法。它突出的优势在于通过与被访者的互动，可以帮助调查者发现一些现象之间内在的原因和联系。在国内，对于员工流失定量研究还很缺乏的情况下，采用这种探索性的定性调查方法来发现员工流失的影响因素是很有价值的。本研究中个访主要能够反映人力资源经理对本企业员工流失的总结和归纳，同时组访可以从员工那里获得更详细的原因和更丰富的个案。这两者的结合能够使我们对员工流失的原因有不同层面上的综合认识，有助于我们对流失影响因素的分析和提炼。

3. 数据收集过程和质量控制

在过去的两年中，我们陆续在西安高新技术开发区10家IT企业进行了个访和组访。其中：

①个访的主要对象是被访IT企业的人力资源部经理，个别企业加入了高层经理。在5家企业，与流失问题相关的人力资源部专员也加入了讨论。每次访谈的平均时间在2个半小时左右。

②组访在西安的4家IT企业中（在X2、X7、X8和X10公司），各进行了一次。每次组访的参加人员在58名上下，主要由公司的各部门业务骨干组成。每次

组访的时间在 2 个小时左右。我们用代码来表示被访的各公司，代码的 X 代表西安，10 家公司按照我们调查时间的先后排为 X1—X10。这些企业的基本状况见表 14 –3 和 14 –4。

表 14 – 3　　　　访谈企业的基本状况表

公司	成立时间	企业性质	主要产品/业务	人数规模
X1	1999. 10	民营	Intranet 节点信息处理的智能综合平台、网络安全软件	2004 年末人数在 70 人左右
X2	1996	民营	计算机和语音结合的软件产品	2004 年 10 月有 60 多人
X3	2000. 8	民营	外包软件开发以及 CAD/CAM 软件的开发	2004 年 9 月末有 72 名正式员工
X4	2001. 7	民营	环境保护软件	2005 年 3 月末有 104 名正式员工
X5	1996. 6	台湾独资	PDA 掌上电脑的软件开发	2005 年 4 月有 190 人左右
X6	1999	民营	GSM 通信工程项目安装和调试	2005 年 4 月有 300 多名员工
X8	1999. 8	民营	系统集成和 ERP 软件开发	2005 年 4 月有 260 多人
X9	2002	国有控股	面向智能建筑、电力、电信、政府及公用事业等专业领域开发大型应用软件	2005 年 6 月有员工 300 多名
X10	2003. 9	中外合资	集成电路的设计和制造	2005 年 7 月有 50 多人

表 14 – 4　　　　访谈采用的内容提纲

1. 介绍自己和讨论的目的——了解企业员工流失的原因
2. 了解公司的背景资料
3. 了解企业员工流失的基本特征：谁在流失？流向何处？流失在什么时候发生频繁？流失对企业有怎样的影响
4. 您觉得员工流失的原因有哪些
   ①与外部环境相关的因素有哪些？重要性如何
   ②与工作、组织因素相关的原因有哪些？重要性如何
   ③与非工作因素相关的原因有哪些？重要性如何
   ④一些中国化的情景因素在多大程度上影响员工的流失？如何影响员工流失
   ⑤技术人员和其他的人员在流失原因方面有什么特殊的地方
5. 总结
   还有没有我们没讨论到漏掉的因素

我们列出的是个访的完全提纲，组访的提纲和个访的类似，不同之处在于：

①组访提纲没有第 2 点；

②第 4 点组访时没有辅助归纳的小节提纲。

在开展个访和组访的整个过程中，我们非常重视调查双方信任关系和良好氛

围的建立和维持。另外，在每次个访和组访结束后，一般在当天就将详细的记录整理成文，录入计算机形成文档，并将文档及时通过电子邮件反馈给被访者，征求他们的意见，主要看文档是否存在不准确或有所遗漏的地方。这样，我们就能较好地保证访谈的质量。

13.3.3 结果和讨论

我们走访的 IT 企业共同的特点是：

①成立的时间都不长，平均成立时间在 4 年左右，最长的也不超过 9 年。

②从员工数量来看，这些 IT 企业规模都不大。从我们走访时与企业人力资源经理了解到的情况来看，在西安地区，软件企业在 200 人左右已经是“大”企业了。

③员工平均年龄年轻，受教育程度高。

④除了 X5、X9 和 X10 外，其余都是民营企业。

这些一般性的认识是我们分析所依据的一个重要背景。

IT 企业的部门可以大致划分为：研发部、市场部、行政部和工程部，有的企业还有产品部。总结起来，流失者有以下一些显著的特征：

①研发、市场和工程部的流失水平相对于行政部门要高；

②在公司工作年限达到 13 年左右的员工流失水平高，尤其是那些以前没有相关工作经验的员工，获得 2 年左右的工作经验后容易发生流失；

③研发部门中高级技术人员流失的少，程序员级的员工相对容易发生流失。另外，企业的部门经理层走的也少。主要的原因是企业意识到这批人的重要性，在方方面面的政策上会有倾斜。但是也有例外：在台资 X5 公司，部门经理的流失也是相对普遍的。

流失人员的去向主要可以分为以下几种情况：

①多数流失的人员还在西安本地的 IT 行业企业之间流动；

②有些属于“三级跳”式的：先在西安的公司积累经验，接着跳槽到北京、上海、广州或深圳，然后争取进入外企，最后向国外发展；

③有的流失人员继续上学深造，主要是到国内或国外的大学读硕士或博士。个访中大部分的被访者都反映这部分人近年有增加的趋势。

整体上看，每年的 3 月份是西安 IT 企业员工流失发生频繁的时间。主要的原因是有流失打算的人会等到拿了年终奖，用过年这段时间缓冲一下后再走。另外，考研的员工也要走。7、8 月份又是一个小高潮。主要的原因是学生毕业进入工作岗位，一批企业的老员工也要走，另外也有拿过年终奖后离开的原因。从另一个方面看，企业普遍觉得 3 月份比较容易招到能力强的人员，而 7、8 月份招到能力强的人员就会比较困难。另外，公司在做业务调整时，也是员工流失发生的高峰期，其原因我们放在流失的影响因素中分析。

流失对企业的影响大小似乎和企业的规模相关。规模大一些的企业：X5、X6、X8 认为员工流失对企业造成的影响大。例外的是 X4 和 X9 表示由于本企业的员工流失水平低，所以影响较小。小规模的企业则看法明显不一：X1 和 X2 认为处于可接受的水平；X3 认为比较大，X7 则认为对本企业的影响很大。另外，高层管理者对流失重要性的认识程度和对员工保持的支持程度也不一样。整体上，他们更关心公司的财务指标。

总的来看，越是认为流失对企业影响大的企业，对流失给予的关注就越大，尤其担心技术和商业机密的泄漏。西安高新技术开发区的管理者告诉我们，2005 年以来企业通过法律途径追诉流失员工经济赔偿金的案例明显地增多了。我们走访过的所有企业都定期的整理人事数据，并专门对本企业员工流失的水平和原因做出报告。对流失原因的分析基本上通过离职谈话和平时与员工的交流来了解，X8 还通过在流失水平较高的研发人员中举行专门的座谈会来了解流失的原因。

13. 3. 4　流失一般性的影响因素分析

1. 薪酬待遇

除 X4 没有直接提到这个影响因素外，其他所有的被访公司都提到了这个问题并列为很重要的影响因素。总的来看，对薪酬待遇这个影响因素可以有以下更细的认识：

薪酬的主要压力来自于外部。被访的公司基本上都认为：由于一些总部在外地的大公司和外资企业进驻西安，他们为了“挖人”，给出的薪酬很高，这样使他们在很短的时间内就招了很多人。这些公司无疑给西安当地的公司带来了竞争的压力。有的本地公司开始着手调整薪资，但是在这样一种“哄抬”工资水平的氛围中，压力感到很大。也有个别的公司保持着已有的工资水平，例如 X5 公司的副总经理认为：不会和外面的公司搞“挖人竞争”。这种“挖人”的薪酬和彩电行业的盲目杀价性质是一样的，只不过一个“哄抬”，一个“哄降”，结果会弄坏了行规。他认为：太在乎外部是不行的。

通过访谈我们认识到：薪酬对流失的影响需要放在流失成本（包括流失带来的物质和精神损失）这个背景下来分析。在这个背景下，根据马斯洛的需求层次理论，因为不同层次的人需求不同，因此薪酬对流失的影响也就不同。对于多数企业中的基层工作者来说，流失成本小，而且生存需要是主要的，所以对薪酬的刺激更为敏感；对于中层人员来说，除了他们的流失成本较大外，还要考虑“面子”、“圈子”（社交需要）和自尊（受尊重的需要），除非薪酬的差距较大，否则不会为了高一些的薪酬流失；至于企业的高层人员，流失的成本很大，而且信任和成就感（自我实现）是主要的。如果不出现信任危机，一般是不会因为薪酬而流失的。

员工之间对薪酬的相互比较会引起流失。例如，组访中有些员工表示，虽然其他公司给出高 1000 元的工资也可能不会走，但是如果发现和自己能力相似的同事或朋友工资比自己高时，哪怕只有 500 元甚至更低，也会引起不公平感，进而发生流失。另外，薪酬不仅仅反映了低层次的生存需要，也反映了高层次的自我发展的需求。组访中，有的员工表示高薪酬是对个人能力的肯定，拿高薪的人会有一种成就感和优越感，尤其是在和同事、朋友进行薪酬的相互比较时。

由于公司福利相当于整个“薪酬包”（Payment Package）中的一部分，公司福利对员工的影响还是比较大的。在 X3 公司，我们了解到有的员工是因为原单位分房而回到原单位的。X8 公司的 HR 经理表示福利（补充养老、假期和旅游的机会）对员工的保持是很重要的。在 X10 公司的组访中有些员工表示像假期、集体活动和旅游的机会对于他们是重要的，员工觉得这样“感觉比较舒服”，可以缓解较大的工作压力。

有的公司则采用一定的薪酬制度来达到留住员工的目的。在员工流失率比较低的 X9 公司，许多老员工因为手中有公司的原始股而不愿意离开公司，因为“只要走，拿到的原始股就完全没有了”。X9 公司的员工薪酬中还有一部分是和年功序列相联系的递增公积薪，也能在一定程度上起到限制员工流动的目的。但是这种方法建立在公司有良好前景的基础上，正如组访中有的员工针对公司的薪酬制度所说的：“公司画的饼，如果大家觉得过一两年能吃到，它才是有吸引力的。”

2. **企业发展期**

从实地走访中我们发现：IT 企业的成立时间一般都不长，在我们走访过的企业中，最早的 X2 企业距今也不过 8 年的时间。应该说，这些企业的多数还处在企业的发展初期。和企业发展初期紧密相关的流失影响因素我们认为主要表现在两个方面：企业经营策略的调整和企业文化的不成型。

由于企业处在发展阶段，公司的上层也往往处在经营战略大方向的探索状况之中。在公司的发展过程中，有的部门在探索中被调整掉了，人员被分配到其他的部门。由于被重新分配的员工不能适应新的部门环境，人心在这种调整中显得不稳定，容易发生流失。严格地说，在这种因部门的调整而引起的流失中，流失的员工往往是因为不能再在公司中找到自己的位置而“被动”地离开公司。这和主动流失——流失决策主要是由员工做出的情况本质上还有所不同。

企业文化是一个企业的“精神之魂”，但是正如一些经理们所指出的：它的形成是很难的。一旦企业文化为员工视为判断行为的准则，那么它的影响力是巨大的。在我们走访过的企业中，虽然有的人（如 X4 和 X7 的 HR 经理）提到了企业文化对于保留员工的重要性，但是真正能将本企业的企业文化包含的核心价值观讲清楚的还没有。在这个问题上我们还没有深入探讨下去，但是我们认为：企业文化对流失的影响是渗透性的、复杂的，又是不可忽略的。在我们已知的文献中，Sheridan 曾经对企业文化和员工保持之间的关系进行了研究并发现：①企业文化的变化对新员工的流失影响显著；②员工的工作绩效和任职期之间的关系在不同的企业文化下变化很大；③企业文化效应比劳动力市场和新员工的人口特征等变量对流失的影响强。

3. **管理问题**

管理问题是被访者提到的影响员工主动流失的另一主要因素。但是，“管理”是个大的概念，在个访和组访中我们尽量向被访者了解更具体的影响因素，我们将这方面的谈话记录总结成表 14－5。

表 14－5　　**影响员工流失的管理问题**

存在的问题	影响流失的一些表现
沟通不畅	1. 员工之间的沟通少。由于平时的沟通少，所以员工反映“感觉不到公司的气氛” 2. 开发部的经理虽然从技术上看是非常有经验的老员工，但是从技术岗位上升到管理的岗位上时，在和下属的沟通方面显得经验不足 3. 员工和直接上司之间的沟通是非常重要的，相互之间不沟通，就没有办法相互了解，会影响到其他方面 4. 管理高层和基层员工的沟通也是很重要的。管理高层往往站在战略的角度看公司的发展，提出的方针具有前瞻性。但是基层员工多数关注的是现在怎么样。公司的沟通中往往是中层知道高层做什么，但是基层的人员就不了解了，有的不理解高层的做法，对企业的前景不看好 5. 由于没有有效的沟通渠道，所以上级交给下级的工作指示不是很明确，下级觉得要做的工作不清晰，会带着情绪去做
上下级关系不融洽	1. 领导之间不同的领导风格使下属感到无所适从 2. 上下级的相互信任是非常重要的
认同感不够	1. 应该让员工感到管理层是重视自己的。例如有的骨干员工流失了，管理层没有什么表示，员工会觉得自己在管理层的眼中是无关紧要的 2. 反馈度不够，员工感到自己的努力没有得到承认，看不到自己努力的结果 3. 角色匹配的问题。员工觉得自己的能力很强了，但是自己的角色又用不到这种能力
职业发展的道路不畅	1. 由于公司相关的职位有限，每个人的发展空间是有限的 2. 由于工作压力大，有时虽然有培训的机会，但也不得不放弃，这使得员工在很长时间感觉不到发展

表 14－5 反映出：上下级和平级之间的相互沟通和信任对于影响员工流失是非常重要的。给我们总体的印象是：在 IT 企业的员工流失中，因为沟通不畅引起的比率是相当高的。个访中有的人力资源经理提到“管理就是沟通”，这话是相当明智的。

4. **个人因素**

个人因素主要包括：家庭因素；继续深造；思想是否成熟。具体地说，家庭因素主要指未婚者回父母所在地，或者已婚者到配偶所在地等情况；继续深造指在国内或国外的学校继续上学；思想是否成熟主要指 IT 企业的员工对自己的职业生涯规划是否有较明确的打算。需要注意的是：个访中多数的被访者认为：尽管离职谈话时员工告诉公司流失的原因是个人因素，但是有些人真实的情况可能并不是这样。这些员工出于对人际关系的顾虑、面子等原因会将真实的流失原因掩盖起来，而报告为个人因素。

由于现在社会的竞争压力大，有一份好工作不容易，所以单纯为了家庭的因素而流失的员工比较少。另外，由于现在交通和通信比以前好多了，使得沟通比较便利，所以亲属之间距离上暂时的分开通常不成问题。然而，这个因素虽然不具有普遍性，但的确对流失有影响。尤其对于那些从北京、上海和深圳回到西安的人来说，他们回来的原因除了觉得当地没有文化氛围、工作单调、没有归属感、是挣钱而不是花钱的地方等因素外，与配偶、孩子相聚以及要供养父母的因素对他们的流失决策有较大的影响。如果和我国人口结构的变动结合起来考虑的话，家庭因素的影响将来对于流失的影响会增大。这主要是由于计划生育政策会使将来的劳动力赡养老人和抚养孩子的家庭责任加大。

对于继续深造（如时下流行的考研），可以将其分为两类来考察：①有的人进公司之前就拿定主意考研，一旦考上，肯定会流失。这属于非工作因素的影响；②进公司之前没有考研的想法或想法不明确，工作一段时间后因为对工作不满意而考研，这又成了一个与工作相关的因素。总的来看，过去（2 年前）第二类人比较多，现在是第一类人越来越多。第一类人进公司之前就有心理准备，放弃考研想法的人很少，一年不行再来一年。X8 的 HR 经理告诉我们：公司去考研的员工不管考上考不上，很少有继续回来工作的，这主要是个“面子”上的问题。没有考上的员工对回来继续工作没有信心。组访中有些员工表示继续深造也可能不引起流失。有的人对自己目前的工作满意，但是为了提高自己的综合能力，往往选择在职深造。总的来说，继续深造表面上看是个人因素，本质上是受就业机会和经济因素的驱使。

个访中一部分被访者明确地将 IT 企业中有的员工思想不成熟列为影响员工流失的因素之一，突出表现在有的员工在工资“哄”抬的环境中，将自己的工资和其他企业的工资做比较时只考虑到绝对薪资的差距，很少考虑自己的能力和专长。这样的员工对自己未来发展的方向不明确，发展的路想得不够远，不能够为自己的职业生涯做出规划，会随波逐流。另外，有的员工想通过流失，实现跳跃式的发展。组访时有的员工说“跳槽是涨工资和升职的手段”，“不跳槽升不了职”，并用“螺旋上升，曲线救国”来表示这样的想法。有些员工总结出的经验就是：在一家企业干上两三年，要“动一动”，才能“提一提”，老在一个地方窝着太慢。我们认为这种“流失倾向”更像员工个人的一种工作价值观或个性倾向，和工作满意度的关系可能不大，但可能和组织承诺有较大的关联。难以总体地说这种“流失倾向”是否是思想不成熟的表现，因为从我们了解到的种种案例来看：对于个人来说，具有这种“流失倾向”的员工有的是成功的。

13.3.5　流失的中国化情景影响因素分析

需要指出的是，我们对于中国化情景影响因素的具体内容不是从实地走访的一开始就全面考虑到的（主要指传统文化因素）。我们对此的认识也有个逐渐明确的过程。经过思考，我们辨识出低社会福利制度、户口和档案、传统文化是值得重点考虑的中国化情景因素。其中社会福利比较低是长期以来形成的社会福利制度状况。它给流失带来的可能影响是：员工一旦脱离某个企业，会担心由于低社会福利制度而不能保障正常的生活；户口和档案反映了我国刚性用工制度的残余，员工在脱离企业时，可能会受到与户口和档案相关的合同限制。传统文化对流失的影响是渗透性的，虽然在员工职业生活中表现得不明显，但却是不可忽略的因素。

1. 低社会福利

个访中大部分的 HR 经理认为低社会福利对主动流失的约束效力不明显，但是主动流失的员工一般都会找到新工作或道路后再流失。X4 的 HR 经理告诉我们：他在对本公司的技术人员做社会统筹时，感到技术人员有优越感，看不上社会统筹。技术人员觉得自己的薪酬高，以后的前景也很好，所以有的人在办理社会统筹时很不主动。整体的印象是：IT 行业整体较高的薪酬水平和较多的就业机会冲淡了员工在主动流失时对低社会福利的顾虑。

2. 户口和合同

户口在人们心目中逐渐淡化了，年轻人尤其不在乎户口。合同往往和员工的档案联系在一起，虽然对流失有限制，但是总的来看效力不大。合同所规定的赔偿金，流失的员工也愿意掏。X8 的经理告诉我们，虽然合同中一般会有违约赔偿条款，但是劳动合同中有一条规定“双方达成一致，双方可以不承担任何损失”。X1 的 HR 经理认为：有的公司希望以合同来约束骨干员工，但是一方面这种期望不太现实，另一方面定期合同也给公司辞退员工带来了麻烦。如果员工真的想走，交上 2000 ~ 3000 元的违约金对公司算不了什么，但是员工交了违约金，会对公司的印象变得很差，会在外面传播公司的种种不是。

在西安也有一些 IT 公司要求员工在合同期未到发生流失时交违约金，甚至个别的公司采取了不规范的做法：在员工进公司时，要求代为保管文凭的原件。如果出现合同期内的员工流失，就会罚款。另外，西安地区的情况可能和外地的有所不同。至少我们了解到在北京的一些 IT 公司，因合同期未满而要求交付罚金的情况是比较普遍的，可能和北京市的户口还比较“值钱”有关。在组访中，有的员工也表现出对于合同违约金的一些顾虑。从员工的反映来看，有的公司对技术人员规定的违约金还是比较高的。总的看来，违约金并不是影响员工流失的关键因素，但是具体到个别企业情况可能会所有不同。

我们在前面已经提到，企业对技术机密和商业机密的泄漏是非常在意的。因此，当一些骨干员工流失时，企业会通过与之签订技术和商业保密协议的方式来加以限制。但是这方面的控制仍然是比较难的，近来企业在这方面状告员工的例子在逐日增加。

3. 文化因素

中国传统文化中有四点对于理解中国式的管理模式和组织行为是非常重要的，它们是：

（1）对权威的尊重。这一点造成中国组织对决策集权化和层级结构的认同。

（2）“面子”和和谐。面子和和谐在中国的社会生活中是重要的方面。中国人强调在工作中达成一致，不要使人“丢面子”。例如：直接批评下属或同事，尤其当这种做法是当着其他人的面进行的话，是很让后者丢面子的事情。丢面子会导致个人关系的破裂。中国式的交流模式是间接的，个体尽量减少丢面子和保持和谐的关系。

（3）集体主义。中国文化是集体主义导向的，中国人倾向于把自己视为某一特定组、队或单元中的一部分，而且“圈内”和“圈外”是有明显区别的。

例如，同一水平上的合作很少在中国组织中主动发生，这主要是因为另外一组是“圈外”的。和“圈外”人相比，“圈内”人的沟通会更个人化、更开诚布公。

（4）关系。关系是培养起来的特殊联系。在组织中，关系的重要性体现在上下级和同事之间良好的沟通。因此，某种程度上良好关系的存在会便利管理的进行。良好的关系同时也是员工和高层经理间忠诚建立的纽带。间接地，员工会建立和组织的忠诚。

这些在组织中存在的特质性中国传统文化因素对员工流失起着间接或直接的影响。从个访和组访获得的认识来看，主要表现在以下的一些方面：

（1）员工对组织的承诺往往表现为对某个人的承诺。员工在企业中，会找可依靠的“大树”，对企业的忠诚的基础是对这个人的忠诚。员工的获益在于通过“大树”和关系来获得有价值的资源，（例如提前了解企业的内部信息、更多的晋升机会等等）以及尽量避免可能的逆境带来的损失（例如因工作失误而应受到的惩罚）。当“大树”从企业流失时，会导致更多人流失意图的增加甚至流失行为的发生。集体跳槽在中国企业中是比较普遍的现象，可能和这种传统文化特质相关。员工为了发展，也存在在企业中“站哪个队的问题”，一般“队”站对了，成功的机会多（如晋升得快）。而“队”站错的，浪费的资本就多。

（2）“关系”在中国企业中和员工的工作密不可分。企业中人和人之间的“关系”是敏感的，如果“关系”受到伤害，可能引起对企业依附感的降低。例如上级如果伤害了某个下属的“面子”，假如这种伤面子是基于单纯的工作原因，流失一般不会发生，但是假如伤面子夹杂着感情因素，会伤害到关系的感情基础，引起员工对企业依附感的降低，可能会引起流失。另外，信任和信用是影响流失的一个较为突出的因素，尤其是企业的中高层更是这样。“信任”不光是对工作的信任和肯定，更重要的还包括对人的信任和肯定。企业有时也会用伤害关系的做法来间接地解聘某些员工。其中尖锐一些，不保全面子的做法例如：“把你能做的活拿走，交给别人干！”或者“待遇降低。别人涨，你却停着”等；保全面子的做法，例如：“直接向你暗示”，或者“通过别人向你漏口风”。这样，员工会感到感情受到了伤害，有时还会很没面子，而且对企业（往往具体到某个人）的信任感变得很差，就会提出辞职。这样表面上是主动的流失，实际上是被动的。

企业的高层之间也存在关系的问题，创业初期的合伙人在企业发展到一定的阶段，往往会因利益的争夺和价值观的冲突在几个人之间造成信任危机，会发生高层“裂变”。这些类似的例子虽然在国外也有，但是在中国民营企业中例子更多，甚至比较普遍。员工在流失时，也要考虑关系的问题。为了保全公司的“面子”，或不愿引起和某个人个人关系的紧张，流失的员工在流失时可能会将流失原因归结为个人因素。对于由企业其他员工介绍进入企业的员工来说，在流失时还必须考虑怎样给介绍人留面子，不至于让自己的流失行为引起双方关系的紧张。

但是关系对员工流失行为影响的大小是不同的。X4 的 HR 经理曾有过在南方沿海城市做 HR 工作的经验，他认为在南方沿海城市，工作的机会比较多，生存环境好，个人成长的环境比较宽松。员工对自己和公司的看法是：合作得好就干，不如意就辞职。而在西安，人的生存空间小，因此关系在获取稀缺资源和避免困境方面起的作用就大，现象也比较普遍。X8 的 HR 经理则认为，关系的存在和影响是有的，毕竟“有人的地方就有江湖”。但是，X8 公司的员工工作饱和，大家主要以工作上的关系居多。另外，X8 公司中一般老员工和高层经理之间有关系，但是新员工私人关系比较好的一般都是在差不多同时来的人之间。

集体主义是从小受到的熏陶，中国人对“圈里”和“圈外”人的分辨是敏感的。因此，“圈里”的某个人流失对其他的人产生的影响幅度比对“圈外”的人影响幅度大得多。需要指出的是：虽然“圈里”影响的幅度比较大，但是其他人在涉及自身是否流失时会观望事态的发展，会考虑自己的得失，不会因为纯粹的感情因素而跟从流失。

13.3.6 技术人员流失的特质性影响因素分析

技术人员对 IT 企业来说是个重要的职业群体，而这个群体流失的现象又比较普遍。组访中我们用“和其他类型的员工相比，技术员工在工作需求上有什么不同?”“技术人员的职业发展方向如何?”来引出话题。在此基础上进一步询问技术员工流失有哪些不同的突出影响因素。

总结起来，我们得到的结论主要有：

（1）由于技术人员整体比较年轻，外界可选择的工作机会也很多，因此在工作中遇到和其他类型员工相同的不满因素时，技术人员更容易发生流失。

（2）技术人员在工作需求上有别于其他类型员工的地方突出表现在技术人

员对于职业成长的追求上。具体地说，技术人员更在意自己目前的工作是否能和与工作有关的新动向保持一致。技术人员追求的是一种技术上的“受雇用能力”，只要能保持这样的能力，受谁的雇用相对来说是次要的。组访中有的员工表示：技术人员爱“跳槽”是因为这样可以接触的技术范围更广更新，流失的主要原因是想“换个新的东西看一看，学一学”。

（3）组访中的技术人员基本上都认为，技术人员的职业发展主要有两条路：一条是纯技术，另一条是技术和管理相结合。由于技术更新非常快，因此要长期在技术上保持和新动向相一致的水平是很累的。许多的被访技术员工认为“干技术最多干到35岁”，而且“新人不断产生，干这行的确很累”。相比之下，大部分的技术人员都选择了技术和管理相结合的道路。技术人员懂了项目管理，就可以选择晋升的道路。由于企业内部的职位总是有限的，所以这些发展到一定阶段的技术员工往往会另谋它就。

13.3.7 本调查报告总结

本文采用个访和组访两种定性调查方法，通过在西安10家IT企业的实地访谈，对IT企业员工主动流失的影响因素进行了细致地探讨和分析。我们将获得的主要结论总结成表14－6给出。需要指出的是：员工的流失往往不单纯是由一种因素决定的，影响因素很可能是表14－6中各种因素之间的组合。

本文属于在开展定量研究之前的一项探索性的研究，主要的不足表现在调查企业的选取上，由于实际条件的限制，主要在民营企业开展调查，对其他所有制类型的企业调查较少，因此难以从企业的不同所有制类型角度对造成员工流失的影响因素进行对比分析。另外，我们选取的企业全部在西安，可能对由于地区之间的差异而造成的流失因素的不同考虑不足。对于这些不足，我们将在今后的研究中加以改进。

表 14－6　IT 企业员工流失的影响因素

类别	影响因素	简要解释
一般性	薪酬	①主要的压力来源是企业之间的“挖人”竞争； ②对流失影响的重要性要和个体的需求层次和流失成本结合起来考虑； ③个体之间的相互比较是薪酬影响因素的一个表现形式； ④企业福利对个体流失的影响比较大
	发展期	①企业业务调整引起的人员不稳定，其中包括“被动”流失； ②企业文化可能是减少员工流失的一种重要途径
	管理	①上下级和平级之间的沟通不畅； ②上下级之间关系不融洽； ③个体的认同感不够； ④个体的职业发展道路不畅,技术和职位不能得到提升
	个人因素	①家庭因素（例如：和配偶、父母团聚）； ②继续深造的因素（例如：考研、出国等）； ③思想是否成熟,是否对自己的职业发展有明确的方向
中国情景	低社会福利	反映了我国社会福利的现状，影响较小
	户口	在人们的心目中逐渐淡化，影响较小
	合同	和档案、违约金相联，有一定的影响，但有限
	传统文化因素	①对企业忠诚的基础是对某个权威的忠诚； ②如果伤“面子”和感情因素相联系，容易发生流失； ③“关系”受到伤害，会引起对企业依附感的降低； ④“圈内”人的流失比“圈外”人的流失产生的影响幅度大
技术人员	技术发展机会	技术人员追求技术上的“受雇用能力”
	职业发展方向	大部分的技术人员选择了技术和管理相结合的职业发展道路，发展到一定阶段容易流失

小　　结

员工流失在我国是个研究相对薄弱的领域。然而，随着市场经济的进一步发展和人口结构的变化，员工流失对于企业的重要性的认识会逐渐加深。本章的一些发现将为进一步研究我国企业员工流失提供一个参考。另外，从实践的意义上讲，本章可以帮助企业人力资源管理者加深对员工流失原因的理解，有助于他们结合企业的实际情况制订有针对性的员工保持策略。

第 14 章

员工管理操作实务

14.1 危机中的员工管理

14.1.1 影响员工的危机因素

当今世界，企业所面对的外部环境越来越纷繁复杂，外部环境中的不可控因素越来越多，尽管许多企业为了应对变化采取了许多措施，但有时还是难以避免陷入突然而来的危机之中。可以说，现代企业面对危机，就如同人们必须面对死亡一样，已经成为不可避免的事情。危机处理不好，要么严重地影响企业的正常经营；要么严重地损害企业的公众形象。如何平稳地渡过危机，直接关系到企业未来的生存和发展。当企业处于危机中时，直接受影响的是企业的员工，员工的心态和情绪以及在危机中的表现直接影响到企业能否顺利渡过危机。

一般而言，影响员工心态和情绪的危机因素有以下几方面：

- 严重损害企业形象的重大事故。
- 突发经济事件使企业经济利益蒙受巨大损失。
- 主要企业领导者因不正常原因离职或去世。
- 企业遭受沉痛打击后面临被拆分或被兼并。
- 新的政策和法律的颁布使企业的原有的经营领域受到限制。
- 突发的自然灾害、恐怖事件或战争。

14.1.2 员工可能出现的情绪

在危机中，员工会往往出现以下几种不稳定心态和情绪：

1. 无所适从

当企业突然陷入危机，员工无法预料企业未来的发展时，大多数员工会出现无所适从，不知该干什么的感觉。例如，当企业的主要领导者突然离职或去世，很多人因不能预知未来领导者的管理风格，并且对未来领导者是否能够有效地领导企业持怀疑态度，这时往往会停下手边的工作，保持观望和等待，这样企业整体工作效率就会大大降低。

2. 不安焦虑

当员工了解到企业受到了严重打击，并预测到企业未来的发展形势不容乐观，并由此联系到自身利益时，他们往往会出现十分焦虑和不安的情绪，在工作中经常表现出注意力不集中，积极性不高，差错率上升。为降低焦虑感，很多员工会变得热衷于传播小道消息，并经常在一起聊天和抱怨，以至于影响到其他员工的工作。

3. **伤心悲痛**

由于巨大的天灾人祸，不仅使企业自身受到重创，也威胁到员工的生命安全和员工家人的生命安全，甚至个别员工和员工的家人在灾难中丧生。此时对于公司上下所有人的震撼和打击都是巨大的，整个公司会沉浸在悲痛的气氛之中，人心涣散，此时公司整体工作的停滞可能在所难免。

4. **恐惧担心**

由于自然灾害、恐怖事件、战争等危机事件波及面广，打击沉痛，不可预测性非常强，一旦发生，往往使很多员工陷入极度恐惧担心情绪之中。这种情绪产生后，在很长时间内都很难消除。人们惶惶不可终日，致使公司的工作事故频发，整体工作效率下降。

5. **悲观失望**

由于某种原因，受员工爱戴的企业领导离开公司或不幸去世，企业的业务遭受重创，这使员工对企业失去了信心，原来对企业的热切希望往往会转变为悲观失望。

由此可见，当企业遭遇危机时，不仅自身经济利益和生存发展受到了严重损害，企业员工的不稳定心态和情绪反过来也会对企业的生存发展带来很大的消极影响，使企业的经营更加困难，雪上加霜。管理者如何管理和对待危机中的员工，消除员工的种种不稳定心态和情绪，稳定人心，对于企业顺利渡过危机是至关重要的。

14.1.3 管理者的处理方式

首先，管理者明确自己在危机中的角色至关重要，管理者要做到以下几点：

1. **保持镇定**

在危机中，应该说管理层的不安和感受到的压力比其他人更大。尽管如此，管理者一定不能轻易流露出任何惶恐情绪，管理者在危机中要明确自己的“顶梁柱”角色。“顶梁柱”若是倒了，别指望整座大厦还能撑多久。事实上，危机中人们感兴趣的往往不是事情本身，而是管理层对事情的态度。这时候，几乎所有员工的目光都会不自觉地集中到组织中主要领导者身上，领导的每一个细微的动作和表情都会传递出某种信息，员工会就此猜测企业的真实状况到底如何。如果让员工察觉到连管理层都丧失了信心，企业再做任何努力也很难让员工有一个良好的心态。

2. **表示关注和关心**

管理者在危机中要保持镇定，并不是说管理者对危机事件不闻不问，毫不关心。相反，管理者要表现出对危机事件的格外关注和对员工的关心。如果管理者表现得好像什么也没发生，若无其事，不仅不会减轻人们的惶恐感，还会更加加重人们的猜疑心态，一些员工会觉得这样的管理者没有人情味，对企业更加失去信心。管理者在危机中就像家长一样，对自己的员工要比平时给予更多的关心和鼓励。而且，如果危机已经暴露无遗，管理层就不应该再遮遮掩掩，反而要及时正式地向员工通报危机情况和危机处理的进展，告诉大家危机虽然发生了，但迟早会被解决，这样才有助于员工在危机中保持正常的心态。

3. **留心细微之处**

注意员工的需求，当危机发生时，管理者应及时深入第一线，了解员工的情绪和与员工有关的各种情况。危机的影响往往是多方面的，忽略它们任何一方，其代价都将是高昂的。留心那些细微的地方，对企业非常有益。例如，在 1992 年安德鲁飓风过后，美国某电话公司发现，它们在南加利福尼亚州短缺的不是电线杆、电线或开关，而是日间托儿中心。许多电话公司的野外工作人员都有孩子，需要日间托儿服务。当飓风将托儿中心摧毁后，必须有人在家中照看孩子，这就导致在企业最需要人的时候工作人员反而减少了。这一问题的最终解决，是通过招募一些退休人员开办临时托儿中心，从而将父母们解脱出来，投入到电话网络的恢复工作中去。

14. 1. 4 企业应采取的措施

企业一旦陷入危机，就与正常时有所不同。一些灵活的、专门针对危机的管理措施和策略的采纳是非常有必要的，它有助于缓解员工的不稳定心态，帮助企业尽快解决危机，顺利地渡过难关。可借鉴的做法有：

1. **成立危机应变委员会**

让一部分职员专职从事危机的控制工作，这是一种非常明智的做法，一来有助于危机的尽快解决；二来可向大家说明公司对危机处理十分重视；此外，还能让其他管理者有精力继续公司的正常经营工作。危机应变委员会的职责是对危机情况进行全面的调查研究，对所获信息加以分析，尽快制定出能快速解决危机的方案。

2. **弹性工作制**

当企业遭遇巨大的自然灾害、恐怖事件和战争所带来的危机时，员工会非常担心自我和家人的生命安危，有些员工的家庭已在灾难中受到了重创，这时企业不仅要给予受创伤的员工一定物质和精神上的帮助，而且最好采取弹性工作制。多和家人在一起可能是危机中释放恐惧心态的最好方法。而且每个家庭的实际情况不同，弹性工作制可以让人们根据自己的需要选择工作时间。尽管弹性工作制会使某些公司的运营成本上升，但由于这种工作方式最能体现出对人性需要的满足，是在危机中能缓解各种危机情绪的好办法。

3. **危机隔离策略**

一种危机处理不当，往往会引发另一种危机，这种危机的涟漪效应在企业经常出现。例如，企业的经济危机往往会引发企业的人才危机，使企业陷入更加艰难的境地。因此，可通过建立跳闸机制，当企业某一部分发生危机时，应迅速采取措施，切断这一危机对企业其他经营方面的联系，及时将爆发的危机予以隔离，以防扩散。当企业面临财务危机时，如果管理者能够及时向重要的员工承诺保证他们的待遇，并且对他们予以足够的关心和重视，取得他们的理解的话，往往可以避免因人才的进一步流失而给企业带来新的危机。

4. **变不利为有利策略**

事实上，企业的每一次危机既包含了导致失败的根源，又蕴藏着成功的种子。聪明的领导者会想办法把坏事转变为好事，即在综合考虑危机的危害程度之后，努力促成有利于企业某方面利益的结果。例如，在市场疲软的情况下，有些企业不是忙着推销和降价，而使眼睛向内，利用危机造成的危机感，发动员工提合理化建议，搞技术革新，降低生产成本，开发新产品。有研究表明，当一个群体共同面对外来威胁时，其内部的凝聚力反而会加强。管理者可以利用这一点趁机培养员工的互助友爱和团队精神。危机也给人们提供了更多的沟通和了解的机会，无论是管理者还是员工都可以借此机会了解一下自己在其他人心目中的角色和工作失误的地方，以改进自己今后的工作。有些时候，危机的发生直接暴露出企业管理体制中的很多漏洞，企业也可利用危机处理的机会进一步提升自己的组织管理水平。“塞翁失马，焉知非福。”企业能不能变坏事为好事，关键在于领导者的把握和引导。

最后，要管理好危机中的员工，保证他们有面对危机的良好心态，并不仅仅在于事后采取一些措施和办法去应对，更重要的是企业要有危机预防的意识，做到未雨绸缪。企业在平时就应该加强员工危机管理的教育，树立上下全体员工的危机意识，使整个企业保持对危机的高度警惕，这样才能在危机到来时，不至于全体乱了阵脚。有条件的企业可以将所有可能会对商业活动造成麻烦的事件一一列举出来，考虑其可能的后果和处理办法，并估计所需的费用，这样做可能很费事，但却非常管用。此外，企业平时就要注意员工的自律精神和团队精神的培养，利用一些培训的机会增强员工的心理素质，利用企业文化培养员工对企业的忠诚度。

总之，当企业面对危机时，不仅应以社会公众和消费者的利益为重，也应该尽可能地保证企业员工的利益不受侵害。企业若失去了自己内部员工的支持，将成为无源之水。“得人心者得天下，失人心者失天下。”企业渡过危机难关最终依靠的必将是自己的员工。如今，几乎所有的企业都强调人本管理的思想。当企业面对危机的考验时，最能体现出企业的核心管理思想，企业究竟是不是真的以人为中心。希望“以人为本”不只是企业的一句口号。

14.2 小企业如何做好员工管理

同大企业相比，小企业人员少，业务范围较窄，其人事管理相对简单。但小企业因受经济实力、业界声望等客观因素的影响，不易留住人才。员工因缺乏高收入、成就感的激励，积极性不高。这样，选择一种适合小企业的人员管理办法，对小企业的发展尤为重要。

14.2.1 小企业应以监管式为主

1960 年，著名管理学家道格拉斯·麦格雷提出两种风格完全不同的人员管理理论：独裁式风格的 X 理论和民主式风格的 Y 理论。监管式作为独裁式管理风格的一种，麦格雷是这样阐述他的立论假设的：管理者清楚自己的员工急需干什么。这个假设实质上蕴含了两个立论条件：一是管理者必须清楚了解员工的个人专长；二是管理者了解企业的业务内容。只有如此，管理者才能找到二者的结合点。监管式理论说明适应它的企业规模不宜过大，人员不宜过多，业务相对简单，大企业很难实现。

与“监管式”相对的“参与式”、“社团式”管理则比较适合大企业。同属民主风格的“社团式”管理是一种比“参与式”管理民主度更高的管理方式。二者有相同的理论假设前提：正面的自然的激励和员工自发的愿望促使其提高工作效率。大企业，尤其是著名企业，工资福利待遇高；在大企业、名企业就职的成就感，往往都能诱发员工的积极性。小企业使用物质利益刺激的可能性较小，相反，“管”字对员工的督促效果较好。

监管式管理注意明确分工，强调员工的责任，督促员工努力工作。就像一个小孩子，当他本身积极性不是很高时，家长就得“管”。

14.2.2 小企业的管理之道在于“善借力”

企业管理人员的基本使命,在于借部属的力量,实现企业的经营目标。小企业借用部属力量的方法可简分为二,一为“计划”,二为“控制”。

“计划”，在这里泛指企业要求员工将要完成的所有“目标”及将来用的“办法”。

计划是企业效率的保证，能起到方向性激励作用。由于小企业管理大多属于策略性经营管理，企业一般执行着中短期计划。所以小企业管理者在制订计划时，应注意计划的“实用性”、“灵活性”和“可操作性”，能随时根据经营环境的变化迅速调整。

“控制”在这里泛指确保计划目标实现的措施。

我们可以简单地将措施分为两大类：一为“组织机构”，即企业规范性、制度性的控制功能；二为“人员督导”，这类控制灵活性、随机性较强。“控制”为整个企业管理的核心，直接关系到企业计划的贯彻执行，企业目标能否实现。“组织结构”、“人员督导”缺一不可。

同大企业一样，小企业的组织结构也应体现一体三面的作用：第一，它应把个人的职位层次界定完整，明确权资。第二，它应明晰企业上下沟通渠道，避免因人人都直接找主管，凡事都去请示的混乱。第三，组织结构必须有协调功能。

小企业人手少，虽说人人有不同的岗位，但一有业务，可能就得要所有员工的相互合作。因此，小企业更需要一个反应快捷的协调机制，统一指挥，统一协调，使员工为同一目标而共同努力。

小企业除了要有严密的组织结构外，还必须有“人员督导”。“督导”在此可以理解为企业领导日常纠正及指导下属的行为。假设每一位下属皆能自发自觉依照上司的目标而努力，则可以不用“督导”。而事实上，基层人员很少能做到自动、自发地实施目标管理及自我控制，而且也很难杜绝执行中的错误和个人看法的偏颇，所以主管对其下属行为的日常督导工作不能废弃。

将上述“计划”与“控制”两个管理基本要素的内容综合起来，我们可以得出小企业的管理要点：管理者的职责在于确定部属需要完成的目标，协助并督导他们有效完成目标。

14.2.3 小企业管理者要善于发挥自身“榜样效应”

上面，我们谈了小企业主管应当如何管理企业人员。其实，在小企业，企业领导自身素质的高低对企业的发展也非常重要。

我们知道，在大企业中，招募的经理往往是“雇员型企业家”（大企业经营权和所有权相分离，经理一般是所有者招募的职能经营者）。相反，小企业则由“风险企业家”直接创办并领导，他不仅享有企业的经营管理权，而且基于所有者的地位，他还必须承受巨大的经济责任和风险。在日常企业管理中，小企业所呈现出的一些不同于大企业的特点值得我们注意：

（1）小企业领导一般通过口授指示和个别谈话直接领导和管理，管理者和员工面对面接触较多。

（2）小企业“风险企业家”，集经营权、所有权于一身，决策权限集中，决策效率较高，但个人素质缺陷往往难以弥补。

（3）小企业领导和管理的好坏由个人素质的高低所决定，而且决策容易带有个人偏好，主观感情色彩。

小企业的管理决策迅速，灵活性强，非官僚化的企业领导和管理使企业决策更具权威性，决策效率优于大型企业雇员型企业家的职能决策。然而，小企业的“风险企业家”因缺乏第三者监督，存在“流动偏好”变化的危险，可能一错再错，甚至无法补救。

小企业管理上的特点要求领导者具有较高的综合素质。确定经营方向、联系员工、个人领导艺术等方面要求管理者有较高的专业素质；而和员工的日常接触，则要求管理者有较高的个人修养。尤其是那些管理者和所有员工或多数员工直接接触较多的企业，领导者更要注意自身的“榜样效应”。具体来说，小企业家领导应从以下几个方面着手提高自己：

1. **培养创新精神**

一个小企业要想在变幻莫测的经营环境中生存、发展，就必须有自身独特的经营理念、管理方式和业务内容。创新，是小企业在激烈的市场竞争中的必然选择。它包括观念创新、制度创新和产品创新等。对于企业领导者来说，首先要有新理念，这是领导者进行创新设计的前提。小企业领导者必须从思想观念入手，更新理念，大胆创新，培养自己的创新精神。

2. **加强理论学习**

小企业的管理者，一方面要加强对国家政策法规的了解、学习，确保经营行为的合法性，在国家政策允许范围内，选择合适的经营项目。另一方面，要加强对经营管理知识的学习。很多小企业领导者是工程技术人员出身，对国家法规政策了解不多，普遍缺乏经营管理知识，所以，一定要补上这一课。

3. **提高品德修养**

小企业个人拍板决策的机会较多，但并不意味着小企业领导就可以独断专行，不尊重员工。一些小企业人员流动快，留不住人才，其中一个重要原因就是因为管理者过于专横，不相信员工，不尊重员工意见。小企业虽说应以“监督式”为主，但不仅仅限于简单的一个“管”字，而应是在尊重人才、尊重知识的氛围中和员工广泛交流，在充分吸收员工建议的基础上，提高决策效率，保证决策质量。

14.3 如何管理员工的心理契约

14.3.1 什么是心理契约

在企业中，在工作场合，雇主和雇员之间也存在着一种没有文字表述的不言的契约。企业的管理人员必须了解这种不言的契约的存在，理解并学会管理这种心理上的社会契约，才能激励员工，保持良好工作关系，促进良好的工作效果。如果违背了这种社会契约，将可能导致严重的后果。下面的例子可能对您并不陌生。

（1）一位 IT 业的高科技人员，希望在他为期两周的婚假期间能够继续携带使用公司的笔记本电脑，可他的要求遭到他的直接领导的拒绝。这位员工当即就辞职了。

（2）一位工厂的工人对他的主管经理变得越来越蛮横，不服领导。经过反复的和员工咨询和谈心，他说出了自己心中的困惑：该员工曾就自己个性中的弱点与他的主管经理进行过交谈，希望得到经理的帮助，可没想到该经理却把他们之间的谈话作为闲话在员工中传播。

（3）一位一贯遵规守矩，深得好评的员工在主动提出中止与公司的聘用合同时，却拒绝按照合同书的规定向公司支付违约金，因为他了解到另一位和他情况完全相同的员工在辞职时由于其与公司人事经理的私交被免除了违约金。

（4）某部门一群曾经非常优秀的员工变得消极怠工，原因是该部门经理碍于情面，对一位有问题的员工一直姑息容忍，从未给予有关他本人问题的反馈，甚至连奖金分配都不少于部门的其他成员。

（5）一名工厂的工人十分厌恶他的主管对员工的训话方式，他甚至宁可回家待业。该主管因为有公司总经理在用工方面的授权，常会对工人们说："你们还想不想要你们的饭碗了？我告诉你们，你们的饭碗掌握在我的手中，如果你们不好好干，肯定会开除你们。"

上述这些情况均程度不同地使员工有丢面子、失尊严、失望和遭受背叛的感受。这些矛盾冲突的事例令人深思。矛盾的一方是企业的经理人，是企业管理的代表，他们能够说出一千条理由证明自己对上述事件的处理没有错，他们的处理可能确实没有违背公司的规章条例或员工的聘用合同。矛盾的另一方是企业的普通员工，同样是企业的宝贵财富。显然在这些事例中，被员工们认为是一些"常识"和"基本权利"的东西，没有被作为公司管理方代表的经理人顾及或者被忽视了。一方由于忽略了另一方所信赖的社会契约而违背了该契约，由此导致了关系破裂甚至信仰崩溃。

如上述事例所涉及的社会契约一般不可能在书面契约中约定。社会契约是一种感受或是一种表白的期望，由一种特定文化环境养育而成。社会契约也是涉及双方对于相互责任义务的一种信念。在工作场合，员工一方常常用“公平”、“礼遇”来理解和表达这种社会契约，而管理者一方通常用“忠诚”和“投入”来衡量这种不言的社会契约。

14.3.2 如何管理员工的心理契约

公司在激励和挽留员工方面、在保持高产出和稳定工作环境方面，社会契约的作用在一定程度上要比正规的劳动合同更为重要，比见诸文字的规章条例更有说服力。忠诚投入的员工是公司需要设法挽留的，公平礼遇的公司则赋予人们留下来工作的信心。在一个企业内部我们有时也会遇到不平衡的情况：有些部门员工士气很高，积极投入，而另一些部门却在为留不住员工而烦恼。

员工管理的艺术在于经理人在多大程度上了解员工的需求以及如何在员工的需求层面上与员工进行适当的沟通，使员工从工作中得到满足。公平就是以人们可接受或可以理解的方式来对待他们，了解和尊重他们所信奉的社会契约，激励他们对工作的激情和对团队的融入。

毋庸置疑，掌握技术和技能、忠诚投入并能有高产出的员工对公司而言意味着成功。高效工作的员工能使公司维系住有很好支付能力的用户。公司一旦拥有忠诚高效的员工，即使增加薪酬，公司也会长期获利。企业常常说“员工是最宝贵的财富”，要“好好关照员工”。关照员工不仅仅从薪资福利的角度，也不仅仅是从政策保障的角度来理解，关照员工还意味着尊重和关心，这对于员工来说，是重要的事，包括除了金钱和政策以外的许许多多。金钱固然重要，却买不来工作的忠诚、服务的激情以及革新创造性。同样，政策和原则很关键，但仅靠政策和原则不能解决消极怠惰、猜忌隔阂或宗派主义情绪，而这些是团队工作的极大障碍。在很多情况下，非财务性和非制度性的因素在员工个人价值体系中占有很大的比重。

除去上面引述的一些因素以外，在社会契约中非财务性和非制度性的因素包括公司的声望、公司的业务前景、管理风格、直属经理人的人格个性、工作团队的协作机制、能否人尽其能、能否实现个人的职业发展追求、与同事之间的人际关系，等等。

总之，在各个方面，个人价值的体现都会成为关注的焦点。每个关注方面的重要程度对于不同的员工个体，基于他们的不同需要是不尽相同的。对某个员工来说很重要或很有帮助的方面，对另一个员工却不尽然。一件事可以被某个个体接受而却不能被另一个个体接受。比如说，排队“加塞”这件事，有些人可以漠然处之，而另一些人却不能容忍。也就是说每一个人在心理上所持的社会契约是不尽相同的。从这个意义上讲“好好关照我们的员工”实际上是要求经理人同他的每一个员工建立良好的理解关系。简单地讲就是他们应该懂得什么人关注什么事，哪些因素能激励哪些人，并要求经理人找出时间与每一个下属员工探讨双方相互间的责任义务，切实了解他们的信念、期望和感受。社会上曾经流行过“理解万岁”的口号，“理解万岁”确实有道理。理解是沟通人们心灵的钥匙。在企业，理解是管理员工心理契约的敲门砖。

14.4 如何管好不合群的员工

管理好不合群员工不是一件易事，但如果真做到了，那么所付出的时间和精力绝对会物有所值。

不合群员工是令每个管理人员都有点头疼的员工：大部分员工都往左转，他们却想向右转；公司早 9 点到晚 5 点是上班时间，而这些人却想在上午 10 点到午夜 12 点来工作；他们的一些怪异做法或想法常常给其他人带来不便。尽管如此，大部分公司却想方设法要留住他们，因为他们一般都有公司不可或缺的技术或才能，他们也常常给公司带来一些新的设想或意外收获，而且，他们一般也不过多地追逐名利。

14.4.1 有不合群者不是坏事

调查发现，不合群员工并不总是一个公司里最具创造力和想象力的人，技术革新也不是总靠这些人。但有这样的人存在．对公司却不能不说是一件好事。他们时常会提出一些观点，做出一些举动来挑战或对抗公司的某些规章制度。而往往因为这些人不循规蹈矩，公司才显得更有活力。因为他们使管理者在应付不“协调”时重新思考公司现有的一些规章制度和做法，而这种再思考往往导致公司对规章制度或做法的改进。不合群者使管理者能听到“不和谐音”，从而避免管理者耳朵里老是充满“是”、“好”、“对”之类的声音。美国一家公司的调查发现：组织中成员越是多样，作出正确决策的可能性越大。

一个棒球队有时需要一个左撇子投手，一个公司也会需要一些与众不同的员工，因为这些人能起到别人无法起到的作用。

社会对高水平管理人才需求的增长速度远远高于大学培养这些人才的速度，因此一个公司在当今激烈的竞争下能否成功，很大程度上取决于它是否能吸引并留住人才。美国的贝思管理咨询公司总结出了这样的观点，“如果每个公司只雇用那些严格符合公司用人要求的员工，实际上它是在抹杀人们的才智和创造力。如果每个公司都拥有一个人才库，只有那些拥有不同类型人才的公司才会更有竞争力。”

14.4.2 什么是“不合群”员工

不合群员工具有如下一些特征：

（1）工作习惯。

有些员工希望早6点上班，上午10点下班；有些人觉得晚上或夜里工作更有热情和创造力；有些人因为家庭的原因希望不按固定时间上班。解决这个问题的一个办法是对这些人实行弹性工作制。

（2）生活节奏。

有些人喜欢一周工作80小时然后休息一周，而有些人却希望在工作和家庭生活方面维持相应的平衡。解决这个问题的办法还是弹性工作制，只要他们能保质保量完成工作。

（3）心理需求。

不合群员工也在兢兢业业地为公司工作，他们也希望得到认可，只是他们实现目标的方式与众不同。他们不希望所做的每一步都得到别人的欣赏，而只希望达到目标时能得到与其他人同样的认可和回报。

（4）事业动机。

不合群员工一般具有比别的员工更强的事业心。他们在公司工作可能是为了学到新东西、积累经验，以便跳槽或单干。他们不太想得到快速的提升，他们只想检验自己的能力或尝试着把自己的一些想法付诸实践。

14.4.3 搞好与不合群者的关系

了解不合群者在工作习惯、生活节奏、心理需求及事业动机方面与其他员工的异同，有助于管理者协调好与他们的关系，实施有效管理。

下面几点是一个管理者应该记住的：

（1）恰当与公平。

对不合群者实行弹性管理，尽量满足这些人的不同需求，这会大大改善管理者与不合群者的关系。这样做可能会引起其他员工的嫉妒，因此管理者必须记住这样一条原则：每个员工都应得到恰当的安排，但并不是每个员工都应得到相同的安排。只要保证每个员工都能获得他应得到的就可以了。换句话说，在一个公司里，有的员工可以不按公司的统一时间来上班，有的可以在家上班，但并不是所有的员工都能享受这种特权。

区别对待这些不合群者可以使雇用双方受益：员工可以按自己的时间和方式舒适地安排自己的工作，公司也可以从这些员工更有激情、效率更高的工作中获益多多，甚至得到一些意想不到的收获。

（2）耐心和信心。

几乎所有的能成功协调好与不合群者关系的老板都说：搞好与他们的关系需要在时间和精力上有较大投入。因此管理者应该知道什么时候去指导不合群者，什么时候去做自己的工作。“首先我们需要的是观察”，一家软件开发公司的老板很有心得地说，“个性就像是新生的婴儿，很容易受到伤害。如果仅凭表面现象、听一面之词，我们很容易采取老板们的通行做法——解雇他们。我们要给他们足够长的时间去证明自己。拴在他们身上的绳子要放得足够长，不要过早地往回拉。”

（3）妥善对待敏感。

不合群者一般会非常敏感。他们给人的印象可能是什么都不在乎，但实际上他们却比常人更在乎。他们需要人们的注意，人们的倾听，人们的认同。管理者不能对他们的话充耳不闻或者不给他们讲话的机会。

要使这些不合群者学会和别人相处，也要让别人容忍这些不合群者。如果一个班组或团体里有一个不合群者，就会给别人带来压力。这时要么团体里的人学会和这个人相处，要么管理人员出来帮助这个不合群者学会和别人和睦相处，以缓解紧张局面。管理人员的责任是让大家相互认清对方的优点，化解误解和潜在的矛盾。

14.5 如何管理年轻员工

人是企业最宝贵的资源，年轻员工是企业的生力军。然而，目前许多组织指出年轻员工的管理问题愈来愈多，包括：工作流动性大；与年长员工的代沟大；他们在受雇的第一年中缺乏创造力、革新力和精力，天真烂漫，抱有不切实际的期望等。要使年轻员工发挥激昂的士气和生力军作用，这是员工管理的一大课题。

14.5.1 了解年轻员工

年轻员工正式参加工作后，大致有四个方面的表现：

(1) 他们的待遇较少，较不受家庭因素的影响，较不受年资、员工福利的限制，因而流动性较高，使他们成为潜在的流动人选。

(2) 态度和价值观易变，对组织的期望多，对他们认为较差的管理状况比较难以忍受。

(3) 希望能马上发挥自己的才华，能立即对组织有所贡献，近年的大学毕业生尤其如此。

(4) 希望从工作中求得较高层次的满足，如心理和自我实现的需要，并渴望参与会影响其职位与工作条件的决策。

年轻员工对工作都报有较高的期望，包括：有意义的工作、个人发展机会、工作范围能令人好奇并引人入胜、富有挑战性、良好工作的认可与赞许、地位和名望、工作团体的友谊和志同道合、薪俸、尽量减少纪律和团体管制、一定程度的安全感、晋升机会、经营的绩效评估与反馈等。

14.5.2 年轻员工的管理技巧

在了解了年轻员工的特征和他们对工作期望的基础上，实用的管理技巧有：

(1) 提供期待的工作知识。

工作应依期望的成果来界定，让员工知道怎样做仍是不足，提供年轻员工期待的工作知识；让个人有机会自由发挥其主张与才能，使他们能有成就感而自信，并有效地学习、工作和认识组织。年轻员工对培训他们的雇主心存感激，并且对雇主的指示较有自信，能正确地执行。

（2）提供帮助与支持。

管理人员应提供年轻员工必要的部门间与部门内的协调与指导，年长的中阶层管理人员应与年轻员工保持密切联系，了解他们，关心地们，提供建议并和他们磋商，帮助年轻员工早期的学习和职业上的发展。

（3）职位丰富化是向年轻员工挑战的有效方法。

一般而言，个人能力越强，越希望从事不同或富有挑战性的工作。但由于个人对富有挑战性和有趣工作的看法极为不同，因此管理人员必须评估个人才能与需要。

（4）良好的工作环境。

年轻员工喜欢对他们的工作地点有种骄傲感，阴沉的工作气氛中是不会产生这种感觉的。愉快的工作环境可视为一项卫生保健因素，它对员工没有激励效果，但缺乏此项因素时会造成员工的不满。

（5）重要的、安全的工作。

觉得从事重要工作的员工其效率较不觉得如此的员工要高。虽然工作安全不是年轻员工的主要考虑因素，但经营不善会造成包括年轻员工在内的所有员工士气低落，停业或免职的传闻必然会引起员工不安，管理人员很难使年轻员工甘心情愿地放弃一份迫切需要的工作。

（6）绩效评估与反馈。

持续评估员工绩效，对其工作绩效一定要加以反馈，以扩大个人学习效果；也要让个人了解绩效的评估方法。

（7）明确易解的薪资制度。

年轻员工尤其重视薪资计划的公平，他们领到特别的高薪时会觉得待遇公平而感到满足；提供给已取得成果的报酬，激励员工确认自己的成就与进步。

（8）公平晋升的机会。

大多数员工在晋升机会较少或消失时，他们便对工作感到不愉快，年轻员工尤其对这种情况感到困惑。管理人员应使有“野心”的年轻员工了解晋升的可能性，但应避免做出无法达到的承诺。

（9）认同。

年轻人需要被认同，当他们觉得自己在从事一件“看不见”的工作时尤其如此。认同有许多方式：正面的，如加薪或口头上的鼓励；负面的，即以纠正方式行之。但是不恰当的赞许将不会有任何效果。要使赏识的行为成为管理年轻员工的有效工具，那么管理人员应相信赏识行为的有效与成果。

（10）慎重批评或惩罚员工。

需要批评时尽量不针对个人，慎重的惩罚会带来良好的效果，考虑欠妥的惩罚会造成员工的反抗行为，并且不再尊重管理人员。

（11）沟通。

“沟通”是有效管理员工的关键名词。年轻员工比年老员工更需要沟通。经常的沟通，认同年轻员工认为重要的小问题，不做无法兑现的承诺；指示时应详尽明确，当指示很复杂时，一次只解释一部分，鼓励提出问题和反馈问题，以达到公开的政策效果。

（12）重视高学历年轻员工是管理人员第一重要的问题。

管理这类新进员工，要选择成熟并有丰富学识的管理人员，训练他们去了解大学毕业生并和大学毕业生一起工作。确认这些管理人员的报酬是依其管理新进员工的效率与效果而定。

（13）社交的机会。

大多数年轻员工喜欢与其他年轻员工一起工作，尤其是与志同道合的年轻员工一起工作备感愉快。

14.6 怎样管理消极被动的员工

消极被动型员工和气、友善，是个好好先生，人缘不错。但他们对自己要求不高，只愿维持现状，不愿面对冲突，不愿竞争，不愿改变。一旦问题出现，永远是被动地等待。

14.6.1 消极被动型员工的人格分析

他们是与世无争的好人，对人生没有太多的要求。他们心地善良，洁身自好，习惯在处理事情中忍让、退缩、息事宁人，避免与他人发生冲突。他们也不愿意看见身边有任何人发生冲突，因此经常会以和事佬的形象出现。

他们消极被动，总是认为自己受环境和他人的左右，如果别人不指点，环境不改变，自己就只有消极地生活下去。碰到问题的时候，他们首先想到的是找人帮助解决，因为自己是无法完成事情的。他们总是在等待着命运之神的眷顾。他们总是把工作看成“要我做的事”，以为是工作找上他们，自己无法推动事情的发展。他们允许或期望环境控制自己，喜欢一切听别人安排。

由于害怕与人冲突，他们表现得被动、怯懦，常常是部门中的弱者。他们不仅对自己的言行不检“负责”，甚至对别人的过错也“负责”。明明是别人瞪了自己一眼，他也会立即觉得自己肯定做了不好的事。

消极被动型的员工常会用反常的办法保护自己。越是怕出错，越是将眼睛盯在过错上。一句话会后悔半天，人家并未介意的事情，他也会神经过敏。他对人际冲突极为恐惧，解决人际冲突的办法也很奇怪。与别人发生冲突，在对方恃强要挟之下，他甚至会当众打自己耳光，以求宽恕。

他们悲观失望，在他们看来：人生来就是要受苦的，无论你怎么努力都免不了人生的苦楚。于是，整天愁眉苦脸，看什么都不顺眼。只要出现一点困难就备受打击。

很显然，一种消极的、悲观的态度是容易在团队内部传播的。

当被问及员工抱有消极否定的工作态度是否是一件非常严重的事情，一位资深职业经理人十分肯定地回答“是的”。他举了这样的一个例子来说明情况：

有一名经理就经常用强迫性的手段和行为来对待自己手下的员工，简直到了让人难以容忍的地步。这使得员工的自尊受到了损害，也使他们失去了工作的热情，他们觉得不管自己怎样努力，所得到的结果都是一样的。于是，消极被动的情绪像传染病一样在整个部门蔓延。在这位经理服务部门工作的很多人都已经在公司里工作了十多年的时间，但是你难以想象他们的工作态度是多么的消极，大多数人之所以会来工作只是为了拿到薪水而已。

也许有人会提出这样一个问题：为什么这些人还要继续留在这里工作，而不去寻找另外一份工作呢？答案是大多数抱有消极等待的工作态度的员工缺少寻找另外一份工作的热情和动机——这是消极否定的态度所带来的另外一个恶果。

消极否定的情绪和工作态度在部门内的蔓延，不仅会损害小组成员之间的互动，还会对小组的生产力产生不利的影响。美国劳工局曾以有力的数据证明了这个命题：由于受到消极否定的工作态度和工作行为的影响，全美的公司每年要损失大约三十亿美元左右。这种损失主要是从员工病假数量增多、生产力受到损失的角度来衡量的。

14.6.2 消极被动型员工的典型表现

消极被动者的表现各不相同。他们或者悲观失望，或者愤世嫉俗，或者过于循规蹈矩，又或者终日浑浑噩噩。

1. 悲观主义

有一位搬运工被意外地锁在了一个冷冻车厢里。第二天,人们打开车厢时,他已经死了,但他不是被冻死的,因为车厢里的冷冻系统并没有打开。

那位搬运工人死了,因为他确信:在冷冻的情况下,人是不可能活命的。

悲观主义者事事都会往最坏面去考虑，他们总是说“怎么样都是没有用的”之类令人泄气的话。每一个提案拿来讨论时，他们首先看到的永远是它的不可行性。他们总是叹气，总是愁容满面，总是模糊管理者的重要判断。他们的人生观已经在影响团队其他成员的情绪和工作热情了。

悲观主义者的一些言行举动有时会令人发笑，有时又令人可悲。为了说服悲观失望的人，管理者耗费了大量的时间和精力。

2. 愤世嫉俗

他们对周围的丑陋面特别敏感。他们嘴里常念叨着什么“世风日下”，“人心不古”。

老实说，作为领导者，如果他只是对社会现象作评论，那么管理者没有什么可以非议的。毕竟这是个人行为，人人都有言论自由。但是，当某一天，他对公司的制度、福利有意见时，管理者就应该引起注意了。

就和流感病毒一样，对公司的这些意见是有传染性的。如果管理者没有及时处理，那么这些意见就会消磨掉其他员工对工作的热情，对公司的信任。

3. 过于循规蹈矩

他们缺乏创意，喜欢模仿别人。不但为人、处世如此，工作也是永远地墨守成规。他们既没有自己的主见，也没有自己的风格。如果你没有给他定下规矩，他就不知该如何办事了。

一旦事情出现改变，他们或者不知所措，或者搬出老皇历来寻找依据。灵活应变对他们来说真的是太难了。所以，对于新事物、新规则，他永远是最后一个接受。但是事情似乎总是在变化之中，所以他们常常感到无所适从。

4. 浑浑噩噩

卡耐基博士讲过这样一件事：

有位二十六七岁的男士，不满意自己的工作，来找卡耐基博士咨询。卡耐基博士问他想要达到什么样的境界，“我现在还没有确切的目标。我真的不知道我想要做什么。我从来没有想过。”这就是这位男士的回答。对此，卡耐基博士的忠告是：“你想要从你现有的位置打出一片江山，但是你却不知道你想要打出什么样的江山。你不知道你可以做什么，或是你想要做什么。你必须把你的想法好好组织一下，先期待你要达到什么目标，才能够开始出发。”

这位男士的病症就是浑浑噩噩，没有目标。企业中浑浑噩噩的员工也是这样，他们总找到不目标，从来不对自己的职业生涯作必要的规划。

14.6.3 管理消极被动型员工的一般办法

其实，你很容易就能看出消极被动的工作态度已经在你的部门里生根的迹象：员工的高流动率、缺勤率的上升、工作动机的丧失、士气的低落、工作态度存在问题、对小组或企业的忠实度降低等等，这一切都足以说明你的部门已经出了问题。

对于管理者来说，要想阻止消极被动的工作态度在自己的小组的蔓延，消除它的潜在影响，就要认真管理部门里消极被动型的问题员工。

你要充分认识并承认消极被动型员工的存在，然后帮助他们，使他们改变自己的状态。这对你有一定的要求。你可以先问自己这样几个问题：

你是否是一个积极的倾听者？

你是否是一个好的交流者？

你是否知道在员工工作表象的背后存在着什么问题？

你是否能为员工提供充分的指导？

你是否能为员工提供具有建设性的反馈意见？

如果你的答案是肯定的，那么，你只需要掌握一些基本的技巧，就可以游刃有余地管理他们了。

1. 悲观主义

当他们在表达一个消极的观点时，你要让他们描述得尽量具体一些。为什么这样不行？这仅仅是一种猜测呢还是建立在客观事实基础之上的客观判断？它仅仅是一种无根据的预感呢还是在许多教训的基础上得出的经验之谈？总之，管理者一定要设法让他们明确地指出计划中的哪一部分会出现问题，产生这样问题的具体原因是什么。

询问他们解决这些问题的办法。当然，也要让他们尽可能详细具体地作答。你不能满足于他们如下的答案，“我不太清楚——要说明白这个问题，我有点力不从心。”

悲观主义者通常都十分害怕失败，因此，他们不敢冒险，并且会试图阻止团队其他人的冒险。这时，你不妨让他们描述一下一旦实施了这个“危险”的计划之后可能出现的最坏的结果。这样的描述可以帮助悲观主义者们对未来的前景作出比较客观的预测。

尽量解除悲观者肩上的责任。他们害怕失败的最根本原因是担心承担失败后的结果。解除了他肩上的责任,让他意识到即使整个计划失败,他们也不用承担任何责任,那么他们就会表现得积极一些。

不要太过反感他们，要知道，这种悲观主义者往往可以防止集体发生失误。也不要动不动就对他们进行严厉的批评，如果到了非批评不可的时候，也要始终保持冷静的态度。

从批评的全过程来看，有的开始尚能冷静，但在批评的过程中，感情也发生了起伏变化，产生兴奋激动，越说越气愤，甚至涉及对方的人格问题，这是一种最不可取的批评方式。人们对语言的刺激是最敏感的，仅说几句过分出格的话，就足以使人心扉紧闭。正确有效的批评，绝对不要掺入个人感情的成分，而应该十分冷静，处处体现说理性。真正的批评，应该是一次经过细腻处理的、冷静的、充满理智的谈话。

总之，对于他们，作为管理者，你既要小心谨慎地开发他们善于发现错误的敏锐力，同时又要避免让他们的悲观情绪影响到整个团队的士气。

2. 愤世嫉俗

愤世嫉俗的人对人的本性和动机根本就不信任。他们怀疑一切。管理这样的人，首先就是要赶紧消除他给团队带来的消极情绪。

也许有的管理者会把他们解雇了事。但是，这样做并不能有效去除消极情绪的蔓延。人人都有一种逆反心理，你越是要阻止的事情，他们越是要进行。所以，你最好的方法就是将愤世嫉俗者的行为漫画化。给消极的观点穿上一件幽默的外衣，没有比这更好的办法了。

当然，你也可以用事实为证据，来击碎愤世嫉俗者危言耸听的论点。而且要及时。

总之，在做这件事件时，你要充分发挥你的幽默才能，让这个令士气低落的观点在笑声中消弭于无形。

3. 过于循规蹈矩

虽然因为过于循规蹈矩，缺乏创新精神，没有远见，但是他们仍然是有优点的。他们做事情认真仔细，一丝不苟。他们很少，几乎不会发生原则性的错误，所以他们易于管理。只要是有明确目标的一般性的事务，交给他们办，他们能够按照这些具体的指标把事情做到令你万分满意、难以挑剔的程度。

所以，管理这类人，管理者不妨安排一些不违反常规的琐事给他们做，他们能够严格按照你的指示，并且模仿你的风格，搬用你的行事方法，把事情做得完全符合要求。

4. 浑浑噩噩

很显然，他们需要的是一个目标。正如卡耐基博士给那位男士的忠告："你必须把你的想法好好组织一下，先期待你要达到什么目标，才能够开始出发。"你要督促并帮助他们完成这个过程。

有了目标之后，你要经常地提醒他，促使他坚持完成目标而不会半途而废。

制订目标时，他们最好有一个长期的目标和一些短期的、易于达到的目标，让他们尽早品尝到实现目标的满足感。

另外，你对他们必须下猛药。你要时刻督促他，使他改变自己，顺利完成任务。即使你批评他们，也要紧抓不放，直到确实改正错误为止。因为，领导者批评下属的过错，就是为了使下属改正过错，做好工作，以利于整个团队的发展。因此，领导者批评下属的时候，要特别注意批评的实际效果。所以，你对他们的过错，要抓住不放，多次批评，一直到他们以实际行动改正了过错为止。

小　　结

本章主要介绍了员工管理中实务操作的一些内容。

危机管理是现代企业管理中的一项重要内容，企业如果对危机处理不好，要么严重地影响企业的正常经营，要么严重地损害企业的公共形象。如何平稳地渡过危机，直接关系到企业未来的生存和发展。所以危机来临时，管理者和企业都应该采取积极的对策，有效地化解危机可能产生的影响。

小企业虽然小，但员工管理不可忽视。由于小企业的特点，小企业的员工管理主要以监管为主，作为小企业的负责人，一方面要对公司业务非常熟悉，另一方面要有良好的职业素质和品德，只有这样才可能以“德”管人。

每位员工都与企业有着微妙的心理契约，不论我们是否重视，这种心理契约都是真实存在的。在企业，理解是管理员工心理契约的“敲门砖”。

如果公司有不合群员工的存在，这对公司却不能不说是一件好事。因为他们时常会提出一些观点、做出一些举动来挑战或对抗公司的某些规章制度。这样管理者就可以时刻反省自己的管理方式和企业的管理制度。